国际金融中心建设的法制创新研究

黄震　占青　著

中国金融出版社

责任编辑：肖　炜　董梦雅
责任校对：李俊英
责任印制：丁淮宾

图书在版编目（CIP）数据

国际金融中心建设的法制创新研究／黄震，占青著.—北京：中国金融
出版社，2021.7
ISBN 978-7-5220-1223-0

Ⅰ.①国… Ⅱ.①黄… ②占… Ⅲ.①国际金融中心—建设—法律制
度—研究—上海 Ⅳ.①D927.510.228

中国版本图书馆 CIP 数据核字（2021）第 125135 号

国际金融中心建设的法制创新研究
GUOJI JINRONG ZHONGXIN JIANSHE DE FAZHI CHUANGXIN YANJIU

出版
发行　中国金融出版社

社址　北京市丰台区益泽路 2 号
市场开发部　（010）66024766，63805472，63439533（传真）
网 上 书 店　www.cfph.cn
　　　　　　（010）66024766，63372837（传真）
读者服务部　（010）66070833，62568380
邮编　100071
经销　新华书店
印刷　保利达印务有限公司
尺寸　169 毫米×239 毫米
印张　19.5
字数　250 千
版次　2022 年 2 月第 1 版
印次　2022 年 2 月第 1 次印刷
定价　68.00 元
ISBN 978-7-5220-1223-0
如出现印装错误本社负责调换　联系电话（010）63263947

导　言

在世界金融发展史上，关于国际金融中心地位的争夺从未停止，国际金融中心的转移也正是大国兴衰背后金融实力的较量表现。1609 年，当世界上第一家真正意义上的公共银行——阿姆斯特丹银行建立后，世界上第一个金融中心阿姆斯特丹的地位便开始逐步确立。历史学家布朗曾经说过："欧洲的版图是在战争的铁砧上锤出来的。"自 16 世纪中叶起，在数不清的国家战争中打出了一个强大的大不列颠"日不落"帝国，打出了一个现代超级大国的雏形——美利坚合众国，打出了一个 20 世纪唯一能与美国相抗衡的超级大国苏联，大国崛起与衰落也引起了世界格局的变化和国际金融中心的转移。

与此同时，国际金融法是一幅没有国界，只有金融中心与边缘关系的地图。[①] 在过去几百年全球法法治发展史上，不同法系间的竞争也从未停止。法律的竞争主要体现在不同法系在全球影响力的扩张，到目前为止，在世界法律竞争中，普通法与大陆法始终难分伯仲。但在金融商事领域，随着欧美国家顶级国际金融中心地位的确立，各类金融中心的法律规则基本是采用普通法，在国际贸易中也以普通法适用居多，对此而言，于国际金融中心建设而言，普通法系究竟是"因"还是"果"，可谓见仁见智。

---

① 缪因知. 中国证券法律实施机制研究 ［M］. 北京：北京大学出版社，2016：3.

20 世纪 90 年代末期，美国法与金融学研究领域的"四剑客"——LLSV 组合①共同发表《法律与金融》一文，他们通过比较分析不同法系国家间金融市场的强弱程度，认为普通法系更有利于金融市场的发展，从而开创了"法律与金融"的研究先河，该研究成为"法律与金融"理论的奠基之作，引领着法律与金融运动研究的潮流。②

时至今日，尽管关于世界主流两大法系孰优孰劣的话题已近似无解之争，但普通法系下更易建成国际金融中心的理论已被越来越多人接受。无论是在传统的普通法系地区建立起来的国际金融中心，如伦敦、纽约、香港等世界金融中心，还是大陆法系国家如日本东京、阿联酋的迪拜等国际金融中心，其趋势也是越来越趋向于采用普通法系，主要大陆法系国家的金融法如德国、法国、日本和欧盟基本是向英国、美国学习。伴随着金融全球化，主体态势是英美法律规则全球化。19 世纪后，全球的金融工具创新、金融组织创新、金融交易创新和金融市场创新基本来自普通法系，现今我国金融业的蓬勃发展基本受惠于此，但我国对金融运行背后的游戏规则系统是如何配套运行的却理解还不够深刻，甚至忽略了徒有法条却不一定能充分发挥效果的道理，即当前的法治环境与国家高质量发展和经济转型的内在要求还不匹配。③

本书在第一篇首先，概述国际金融中心的概念、成因以及当前对全球金融中心的主要分类。其次，从制度层面概述法制环境对国际金融中心兴衰的影响。从法律制度层面来说，完善的立法、强有力的执法和公正高效的司法被认为是确保国际金融中心建设的重要软实力；从法系渊源层面来说，普通法系下更易建成国际金融中心的论述虽然无据可循，但基于当前全球金融中心现状和制度经济学的路径依赖理论而言，法系渊源对金融中

---

① 拉波特（Afael La Porta）、西拉内斯（Florencio Lopez-de-silanes）、施莱弗（Andrei Shleifer）和维什尼（Robert W. Vishny），由于他们四人经常一起共同署名发表文章，故称作 LLSV 组合。

② RAFAEL LA PORTA, FLORENCIO LOPEZ - DE - SILANES, ANDREI SHLEIFER, ROBERT VISHNY. Law and Finance [J]. The Journal of Political Economy, 1998, 106（6）.

③ 汪其昌. 专业化金融法院，为区域金融发展提供司法保障 [EB/OL]. 2020 - 10 - 29. https：//mp. weixin. qq. com/s/62JGGVPvjuusasRcULnfiw.

心建成的影响不可不察。最后，金融商事交易有着创新性、国际性、重视保护弱者等特点，这些特点也为金融市场带来一系列的法治挑战，而从全球审判竞争视角来看，国际金融中心的建设也同样面临着司法挑战。

第二篇主要梳理当前上海国际金融中心的法制建设现状。近年中美贸易摩擦、香港风波、英国脱欧以及新冠肺炎疫情在全球肆虐等事件加剧了全球国际金融中心地位的异常波动。面对国内外变化格局，2020 年 5 月，特别是全国"两会"以来，习近平总书记多次强调要加快形成以国内大循环为主体、国内国际双循环相互促进的新发展格局。这更需要我国在建设全球顶级国际金融中心上发力，充分利用较早控制住新冠肺炎疫情的优势，发挥对全球资本的吸引作用，加快金融中心建设的步伐，从法制环境层面为金融中心建设保驾护航。事实上，除香港外，中国目前被公认为国际金融中心的城市仅有上海，其主要优势也是因为自身庞大的金融体量，但在法治环境层面，上海成为国际金融中心依然任重道远，特别是金融执法监管和金融司法全球影响力的扩张以及全球仲裁院建设方面，上海要走的道路还很远。

第三篇重点梳理比较域外国际金融中心的法制现状。基于各个金融中心不同的法制变革措施和法系渊源差异，将各大金融中心的法制变革分为四类。第一类是在普通法系下建设起来的，以英美国家为代表的纽约、伦敦等国际金融中心，这类金融中心主要是由于战争等历史因素形成，其法制层面较于其他国际金融中心较为温和，称为"传统派—温和型"。第二类是以新加坡为代表的普通法系下政府主导型金融中心，相比纽约、伦敦等老牌国际金融中心，新加坡政府对金融中心的建设可谓鼎力支持，从税收政策到法制环境等各方面，新加坡政府均采取积极推动的方案，笔者将其称为"传统派—积极型"。第三类是以中东国家阿联酋和卡塔尔等国为代表，在伊斯兰法系下建立起来的法制创新型金融中心，考虑到普通法系对金融中心建设的益处，近年阿联酋先后基于普通法建设了迪拜和阿布扎比国际金融中心，其利用自身强大的主权财富基金建立了两个离岸国际金融中心，卡塔尔和哈萨克斯坦也基于迪拜的经验同样建设了普通法域的金融中心。在法制层面，相比纽约、新加坡等金融中心，迪拜等国际金融中心的做法显然较为激进，倘若认为普通法系是建设国际金融中心的必要条件，迪拜等金融中心的做法可谓是"逆天改命"了，由此笔者将其称为"激进派"。第四类是大陆法系下的传统派国际金融中心，如法兰克福国际金融中心和东京国际金融中心，尽管其在法制层面尚有进益，但相比迪拜、新加坡等金融中心而言是相对保守的，笔者将其称为"保守派"。在总结各个国际金融中心的法制建设经验的基础上可总结它们的相对"法制公约数"，为我国金融中心的法制建设提供经验。

第四篇基于当前我国国际金融中心的建设现状和域外国际金融中心的法制建设经验，总结出我国不同地区应采取不同的法制建设侧重点来巩固自身金融中心地位这个论点。对于上海国际金融中心而言，在立法层面，"包裹立法"的方案或许可为一种思路，在司法层面，上海金融中心的法系制度不可能效仿阿联酋，加之新冠肺炎疫情在全球肆虐对世界经济的影响，上海国际金融中心应加快国际仲裁院的建设，在法制层面加快国际规则衔接以及对国际规则话语权的重视。而北京、深圳等金融中心尽管在全球金融中心指数排名中位置尚前，但究其根本原因还是因为金融体量的庞大，在法制建设方面还需再接再厉，在基于自身的现状下向全球顶尖国际金融中心靠拢。

《孙子兵法》有云："兵者，国之大事，死生之地，存亡之道，不可不察也。"金融也一样，是关系到国家兴衰成败、生死存亡的关键。基于世界国际金融中心的历史和现状，法律制度对国际金融中心建成的影响值得进一步加以研究和探讨。国际金融中心的建成事关一个国家上百年的兴衰成败，我国国际金融中心的建成同样事关我国经济发展新格局的成败，事关改革开放40年成果的坚守和迈进，事关十四亿人口未来百年的生活状况。中华文明上下五千年，早于工业革命之前，我国也曾在历史上是世界强国，清政府"闭关锁国"政策带来的"落后就要挨打"的道理让我们的先辈为之砥砺奋进了上百年。遵循传统，敢于创新，我国国际金融中心的建设尚须从各方发力，为全球金融中心格局揭开新篇章！

目　录

第一篇

国际金融中心建设与法制环境

第一章　国际金融中心概述

一、国际金融中心的概念

国内外学者对于"金融中心"的定义各不相同。美国金融学家金德尔伯格（Kindleberger，1974）是国外最早研究金融中心的学者，他认为从金融中心承担的功能来看，金融中心是银行、证券、金融中介等高度聚集的区域，因此承担了资金交易中介和跨地区价值储蓄的功能。[1] 格拉斯（Grass，1922）认为金融中心是城市经济发展，金融聚集的必然结果。[2] 我国学者饶庆余（1997）认为，金融中心是银行等金融机构高度集中，金融交易较为高效和频繁的区域。[3] 余秀荣（2011）研究认为，国际金融中心发展史可划分为五个阶段：第一个阶段是农业经济时代晚期国际金融中心的萌芽阶段；第二个阶段是商业革命时

---

[1]　Kindleberger, Charles P. The Formation of Financial Centers, Princeton Studies in International Finance n. 36. Princeton，[M]. NJ: Princeton University Press, 1974.

[2]　Grass, N. S. B. An Introduction to Economic History [M]. New York: Herper, 1922.

[3]　饶庆余. 香港：国际金融中心 [M]. 香港：商务印书馆（香港）有限公司，1997.

代国际金融中心的初步发展阶段；第三个阶段是工业化早期国际金融中心的形成阶段；第四个阶段是工业化成熟期国际金融中心由成熟走向分化；第五个阶段是后工业化时代国际金融中心多元化格局的形成。① 姜波克（2003）指出，国际金融中心应该包含三个层次，分别是资金集聚中心、金融产品定价中心和金融信息中心②。资金集聚中心是资金存量和资金流量的集散地，是国际金融中心形成的基础。金融产品定价中心拥有丰富的且交易额巨大的金融产品，同时掌握着金融产品的定价基准。金融信息中心是金融信息生产、分配和消费的地方，全面掌握个人和市场的各类金融信息。③ 陈小辛（2017）指出，要促进资金加速向国际金融中聚集，无疑需要提供多样化和多元化的金融产品。而要提高国际金融中心的国际影响力，需要增强对金融产品的定价能力。只有迅速全面掌握个人和市场的各类金融信息，才能作出有利的市场决策，才能吸引更多的资金向国际金融中心集聚。④ 段军山（2005）给出了国际金融中心的定义及其影响因素，他指出国际金融中心是一个金融业集聚的城市。而影响金融中介机构集中程度和金融市场活跃程度的因素主要有基础因素、拉力因素和推力因素三个方面。其中，基础因素是国际金融中心发展的先决条件，包括区位优势、规模效应、网络基础等基础设施和市场基础。拉力因素是带动国际金融中心向前发展的制度因素、科学技术条件、现有经济条件、资本存量等因素。推动因素则是加速国际金融中心发展的各种政策因素、市场供求关系、城市因素、历史因素。⑤ 伦敦金融城则将金融中心定义为

---

① 余秀荣.国际金融中心功能的历史演进［J］.河南师范大学学报（哲学社会科学版），2011，38（2）：91-95.

② 姜波克关于国际金融中心的三个层次论在学术界产生较大影响。尽管有部分学者认为国际金融中心的基本要素远不止于此，并概括出"四中心""五中心"等多种内涵，但大多都是建立在姜波克的三层次论调基础之上的。

③ 姜波克.上海国际金融中心建设的基本思路［J］.新金融，2003（7）：3-5.

④ 陈小辛.香港国际金融中心地位演变与路径选择［D］.长春：吉林大学，2017：4.

⑤ 段军山.国际金融中心成长因素的理论分析及在上海的实证检验［J］.上海金融，2005（7）：16-19.

金融机构大量聚集、金融市场比较发达、金融交易较为频繁、金融制度较为完善、金融调控能力较强的中心城市。国际金融中心首先,应当具备较大的金融规模,这既包括金融机构、金融人才、金融资产等重要客体的数量,也包括金融产业的多样化以及金融产品的多元化;其次,金融中心相比其他区域应当具有较高的金融效率,这主要体现在金融作为中介促进资金流通,实现通融资便利方面;再次,金融中心越来越依靠软实力的竞争,具体包括金融基础设施的完备、金融法制环境的稳定、金融风险的有效控制等;最后,国际化程度是评判一个金融中心的影响力的重要因素,即该地区的金融业务、金融工具以及金融机构在制度规范等方面都与国际接轨。①

关于国际金融中心的内涵界定是研究国际金融中心的出发点,界定了什么样的区位才是真正意义上的国际金融中心。其中,金德尔伯格结合多个国际金融中心的历史发展规律,总结得到的国际金融中心内涵比较接近其本质。在清晰界定研究对象的基础上,下一个研究问题自然而然就集中在研究对象的形成机制上。② 随着国际金融中心内涵层次的划分趋于清晰,不难发现,上述关于国际金融中心的定义都涉金融服务业产业集聚的机制。换言之,深入分析国际金融业产业集聚的形成机制,再结合金融服务业的特殊发展规律,就能揭示出国际金融中心的形成机理。

二、国际金融中心的形成因素

自 20 世纪 70 年代以来,国内外有关国际金融中心的研究越来越多。对于金融中心形成的原因,金德尔伯格(1973)认为跨境资本流动和国际贸易与金融中心的形成具有密切的逻辑关系,故国际贸易的

---

① 吴弘. 上海国际金融中心建设的法制环境 [M]. 北京:北京大学出版社,2010:1.
② 陈小辛. 香港国际金融中心地位演变与路径选择 [D]. 长春:吉林大学,2017:5.

发展、稳定的国际收支盈余以及监管环境是金融中心形成的基本条件。① 格里克（Gehrig，2000）既关注金融中心形成的向心因素，也关注不利于金融中心形成的离心因素。通过研究，他发现规模经济、信息溢出效应以及市场流动性是国际金融中心形成的向心因素，而市场进入成本、政治干预和地方保护则不利于金融中心的形成。② 西拉（Sylla，2002）则认为，在现代金融制度与国际金融中心的形成中，政府的作用是最为重要的。③ 刘丰名（1996）认为，一国能否建成享誉全球的国际金融中心，关键取决于其法律环境。伦敦金融城曾经作为世界第一的国际金融中心，尽管其经济实力不如美国和日本，但正是法律环境为投资者增添了信心。④ 潘英丽（2003）研究发现，金融中心的形成与金融服务业的市场供求、当地软硬件环境有关，具体包括人力资源的规模与质量、电力设施的先进性与安全可靠性以及监管环境与税收制度。⑤ 李虹、陈文仪（2002）认为，建设国际金融中心的必要条件包括法律、监管等金融体制的健全，本币币值的稳定、较大的金融规模、较稳定的经济增长以及较为适宜的文化地理条件。⑥ 徐冬根、王传辉（2004）则表示，强有力的经济发展是金融中心建成的基础条件，完善的金融基础设施和充足的人力资源是金融中心建成的硬性条件，而稳定的政治环境和健全的法律制度为金融中心建成增强了良好

---

① Charles Poor Kindleberger. The Formation of Financial Centers: A Study in a Comparative Economic Theory [J]. working papers, 1973, 5 (4).

② Gehrig T. Cities and the geography of financial centers [J]. Economics of cities: theoretical perspectives, 2000: 62.

③ [美] Richard Sylla, 等; 吕刚译. 国家、金融体制与经济现代化 [M]. 成都: 四川人民出版社, 2002 (5): 1-28.

④ 刘丰名. 国际金融法 [M]. 北京: 中国政法大学出版社, 1996 (6): 11.

⑤ 潘英丽. 论金融中心形成的微观基础——金融机构的空间聚集 [J]. 上海财经大学学报, 2003 (1): 50-57.

⑥ 李虹, 陈文仪. 建立国际金融中心的条件和指标体系 [J]. 经济纵横, 2002 (2): 35-38.

的软实力。[①] 干杏娣（1997）从历史唯物主义的角度深入研究了国际金融中心的演变历程，并从中总结归纳出国际金融中心产生并迅速发展的原因。她认为，国际金融中心是金融业和跨国经济两大支柱产业有机融合发展，并经市场经济自由发展演化而成。一方面，跨国经济发展产生国际贸易和国际投资需求，进而产生跨境资金进出的需求，银行通过提供企业资金结算和投融资服务发展起来；另一方面，银行业的发展反过来又为跨国企业提供更好、更优质的服务，二者注定是相辅相成的。同时，国际金融中心是顺应经济全球化发展的产物，因而能够促进经济增长并发挥积极作用。因此，政府应当出台扶持政策促进国际金融中心的形成、发展和壮大。[②] 胡坚和杨素兰（2003）研究认为，国际金融中心的成因与当地政治、经济和金融环境密不可分。[③] 李迅雷（2015）在研究了全球主要国际金融中心后总结出纽约、伦敦、香港等国际金融中心的成因和发展经验，认为完善的金融基础配套设施对金融中心的形成至关重要。[④] 王力、黄育华等（2004）则认为，一国建设国际金融中心应具备的内在条件包括金融实力的强大、本国货币的国际化以及对外来文化的包容。[⑤]

Peter J. Taylor（2003）利用地理信息系统对伦敦地区的金融服务企业进行了定位和分析，指出地理位置集中是伦敦国际金融中心的基本特征。地理上的企业集中是金融服务产业集群式发展的重要基础，因为企业集中为建立面对面的企业合作关系，深化企业之间的分工协作

---

① 徐冬根，王传辉. 上海国际金融中心建设中的法律主导作用 [J]. 法学，2004（11）：107-116.

② 干杏娣. 试论当代国际金融中心发展的基本动因与政府介入 [J]. 世界经济研究，1997（1）：47-50.

③ 胡坚，杨素兰. 国际金融中心评估指标体系的构建——兼及上海成为国际金融中心的可能性分析 [J]. 北京大学学报（哲学社会科学版），2003（5）：40-47.

④ 李迅雷. 2020年上海国际金融中心发展规划与战略研究 [J]. 新金融评论，2015（4）：24-46.

⑤ 王力，黄育华，等. 国际金融中心研究 [M]. 北京：中国财政经济出版社，2004：92.

提供了重要的基础条件，也使得企业金融需求得以有效扩大，金融创新活动得以活跃，企业金融业务得以发展，尤其是银行间的同业拆放业务、银团贷款等融资性金融交易活动得以充分活跃起来，既增强了流动性，也化解了金融风险。这些都是伦敦成为国际金融中心的重要因素。①

形成产业集聚除了地理上的企业集中，内部和外部规模经济以外，还有一个重要因素就是信息传递与信息扩散。由于金融服务业对于信息传递和信息扩散异常敏感，表现为先掌握信息的金融机构或企业、个人，能够迅速制订应对策略，从而在瞬息万变的金融市场竞争中能够获得更高的回报。因此，不少学者将信息经济学的相关理论应用到国际金融中心的相关研究当中。David J. Porteous（1995）重点分析物理距离与信息不对称之间的关系，研究结论即物理距离与信息不对称之间存在正相关关系。物理距离越长，信息不对称程度越大，金融风险就越高，反之亦然。② Risto Laulajainen（1998）也发表过类似的观点，其强调金融企业之间的信息搜集、加工、处理能力决定了信息传递的有效性，进而决定了国际金融中心的集聚效应。③

总体来说，目前国内外关于国际金融中心建设的必要因素的研究大多集中在金融学、财政学甚至地理、信息传播等学科，与其相关的法学研究相对较少。

三、国际金融中心的主要类别

依据不同的指标，国际金融中心的分类各不相同。传统上通常从

---

① Peter J Taylor. Financial Services Clustering and Its Significance for London［M］. London：Corporation of London, 2003.

② D. J. Porteous. Geography of Finance：Spatial Dimensions of Intermediary Behavior［M］, Averbury, Aldershot, England, 1995.

③ Risto Laulajainen. Financial Geography. A Banker's View［M］. Gothenburg：Gothenburg School of Economics and Commercial Law, 1998.

国际金融中心的特点、地理位置、形成主因等因素进行分类，本书聚焦金融中心的法律制度，因此将从法制层面重新将国际金融中心进行归类。

（一）按国际金融中心主要特征分类

在类别方面，依据国际金融中心的主要特征可将国际金融中心分为三大类，主要包括：全球顶级国际金融中心、一般国际金融中心和国内金融中心。

第一类全球顶级国际金融中心目前仅有两个，即纽约和伦敦，也称为融资性金融中心，其主要特点在于拥有强大的国际资源配置能力和定价权，服务着全球的金融市场，在国际金融体系中拥有绝对的金融规则制定权、话语权和领导权，它们凭借强大的经济实力吸引了全球投资者，发展成为外国银行和其他金融机构聚集的区域。

第二类一般国际金融中心又可细分为区域性国际金融中心和具备特殊功能的国际金融中心，区域性国际金融中心在某一区域内拥有较强大的领导力和金融资源支配能力，服务范围主要在该区域内，是国际金融市场的重要参与者，此类金融中心包括亚洲的新加坡、香港、东京、上海以及欧洲的法兰克福、巴黎等。具备特殊功能的国际金融中心主要是在某些业务领域具有全球性的竞争优势，一种是如开曼群岛、百慕大、泽西岛等记账型金融中心，它们也常被称为"避税天堂"，这类金融中心通常是离岸型金融中心，是"名义上"的金融中心，它们仅仅是不拘泥于地理位置的集中，主要凭借低税率和宽松的金融监管政策来吸引投资者，为跨国金融机构提供注册和记账的便利。另一种是如迪拜、卢森堡、苏黎世、芝加哥等国际金融中心，其经营货币、主权财富基金等特定业务。

第三类国内金融中心主要又分为全国性金融中心和地区性金融中心。全国性金融中心通常服务范围覆盖全国金融市场，如中国的北京和深圳金融中心，韩国的首尔金融中心，美国的华盛顿金融中心等。地区性的金融中心则服务范围仅在国内局部区域或特定领域，如重庆金融中心、西安金融中心、休斯敦金融中心等。相比国内金融中心，国际金融中心可允许其他国家居民自由参与金融市场交易活动，而不受所在国的金融管理当局控制，能够促进资金在国际间自由流动和国际贸易的扩大。

（二）按国际金融中心形成因素分类

受世界政治和经济秩序变动的影响，促成国际金融中心形成的因素也会悄然发生改变，这些因素自身的发展变动以及相互影响也诠释了世界主要金融中心命运的起伏。从金融中心形成要素来看，就当前世界重要金融中心的发展变动可将其分为以下三类。

第一类是自然形成型国际金融中心。依据需求反应理论，自然形成模式被认为是遵循通常事物发展的规律，在金融中心形成上是指由于生产力的发展，金融体系的逐渐庞大导致经济的增长产生了对金融业新的需求，于是金融机构与金融市场相应扩张，制度层面的金融决策与法规也随之发生变化。这一金融体系的产生与发展途中形成的国际金融中心被称为"自然形成型国际金融中心"，这类国际金融中心的典型有纽约、伦敦和香港[①]。

第二类是政府主导型国际金融中心。金融体系产生的另一途径是供给引导，即金融体系并非经济发展到一定阶段的产物，而是通过国家或地区有关部门的人为设计、强力支持而产生的，其产生和发展具有一定的超前性。金融体系的超前产生和发展刺激了经济的发展，对经济发展有先导作用，即供给刺激需求，而不是靠需求引发供给。在刺激经济发展的金融体系的变动中，金融制度的变化具有先导作用。

---

① 吴弘．上海国际金融中心建设的法制环境［M］．北京：北京大学出版社，2010：38.

在供给引导的途径中产生的国际金融中心，是国家或地区有意识建设的结果，其产生模式称为"政府主导型或国家（地区）建设模式"，典型的有东京和新加坡。在这种模式下，金融业的国际化带动国内金融业的发展，进而促进经济各部门的发展；国际金融业与国内金融业及国内经济其他部门的发展在此基础上产生互动效应，最终产生了国际金融中心。

第三类是法制创新型国际金融中心。近年来，中东一些国家在成文法法域内成功建设了基于普通法的国际金融中心，它们意图以普通法为基础，通过构建独立的金融法制环境来增强自身在金融中心建设时的竞争力，这些新型金融中心近年来在全球金融中心指数排名中的位置不断上升，被认为是"法制创新型的国际金融中心"，包括阿联酋于2004年建立的迪拜国际金融中心（DIFC）和2015年建立的阿布扎比国际金融中心（以下简称ADGM），以及卡塔尔国际金融中心和哈萨克斯坦建立的阿斯塔纳国际金融中心。

（三）按法制变革实践分类

从不同金融中心的法系渊源、形成主导因素以及金融法制的具体实践方面，忽略名义金融中心的地位，将当前世界主要国际金融中心依据其法制变革的措施分为以下四类（见表1-1）。

表1-1　世界主要国际金融中心依据法制变革措施分类

国际金融中心（代表型）	法系（学界通说）	金融中心类型	金融法治变革派别
纽约、伦敦、香港	普通法系	历史形成型	"传统派—温和型"
新加坡	普通法系	政府主导型	"传统派—积极型"
迪拜、阿布扎比、卡塔尔	伊斯兰教法	法制创新型	"激进派"
法兰克福、上海、东京	大陆法系	历史形成型/政府主导型	"保守派"

注：关于以上金融中心派别的描述仅为相对而言，不存在优劣褒贬之分。

第一类是以英、美国家为代表的纽约、伦敦等国际金融中心，在普通法系下建设起来，这类金融中心主要是由于战争等历史因素形成，其法制层面较于其他国际金融中心较为温和，笔者将其称为"传统派—温和型"。

第二类是以新加坡为代表的普通法系下政府主导型金融中心，相比纽约、伦敦等老牌国际金融中心，新加坡政府对金融中心的建设可谓鼎力支持，从税收政策到法制环境等各方面，新加坡政府均采取积极推动的方案，笔者将其称为"传统派—积极型"。

第三类是以中东国家阿联酋和卡塔尔等国为代表的在伊斯兰法系下建立起来的法制创新型金融中心，考虑到普通法系对金融中心建设的益处，近年阿联酋先后基于普通法建设了迪拜和阿布扎比国际金融中心，其利用自身强大的主权财富基金建立了两个成功的离岸国际金融中心，卡塔尔和哈萨克斯坦也基于迪拜的经验同样建设了普通法域的金融中心。在法制层面，相比纽约、新加坡等金融中心，迪拜等国际金融中心的做法显然较为激进，倘若认为普通法系是建设国际金融中心的必要条件，迪拜等金融中心的做法可谓是"逆天改命"了，由此笔者将其称为"激进派"。

第四类是大陆法系下的传统派国际金融中心，如德国的法兰克福国际金融中心和东京国际金融中心，尽管其在法制层面尚有进益，但相比迪拜、新加坡等金融中心而言是相对保守的，笔者将其称为"保守派"。

第二章 法律制度与国际金融中心的变迁

一、法系格局与国际金融中心变迁

(一) 全球经济与法系格局的变动

一国法制的扩张与当地金融市场的发达程度是互为因果的关系。一方面,良好的法制体系有利于金融市场的发展;另一方面,金融的发展带来的国际贸易繁荣反之也会进一步推动该国法制在全球影响力的扩张。过去几百年,欧美国家金融中心的崛起和法制在全球的扩张正展现了这一因果关系。

世界经济格局的变化首先与世界各国法系的划分休戚相关。20 世纪之前,全球法系的划分显然呈现出了欧洲中心论的观点,以英国为代表的欧洲国家率先在工业革命中取得进步,随着英国在全球资本实力和殖民范围的扩张,以英国为代表的"普通法系"也被英国殖民者带到全球各地。然而经过两次世界大战后,特别是在 20 世纪 50 年代之后，随着苏联和东欧等社会主义国家的崛起，欧洲中心主义的西方法研究模式受到挑战，世界的法系格局也随之变化。除了以德国为代表的大陆法系和英、美国家为代表的英美法系外，社会主义法系阵营得以壮大。与此同时，我国清政府的"闭关锁国"政策不仅使得我国开始沦为近一个世纪的"半殖民地半封建"主义国家，也使得从法律传统角度划分的中华法系受到严重挑战和冲击，时至今日，中华法系或被大陆法系同化或已趋于消亡。

20世纪末，随着世界经济格局的变动，法系格局也随之出现了新的变化。首先，"冷战"结束后，由于作为主要社会主义国家的苏联解体以及东欧国家的转型，作为社会主义法系核心的苏联法律体制已经消亡，其他如朝鲜、古巴、中国、越南等少数社会主义国家也不同程度地借鉴和移植了西方法系国家的法律制度，因此作为主要法系的社会主义法系是否仍然存在遭到质疑。其次，美国成为世界超级大国之后，逐渐在全球经贸关系中掌握了主导权，得益于经济全球化与法律全球化的背景，美国法系出现了扩张的趋势，无论在前社会主义国家还是在大陆法系国家，美国法系都显示出强大的影响力，导致英美法系成为西方法学的主导，甚至美国法系影响了法律全球化的主要方向。最后，随着全球经济一体化的发展与法律全球化的变化，"一超多强"的国际政治经济格局基本形成，各国法律文明全球性互动随之加强，两大法系原本在很多方面具有的显著差异逐渐变得不再清晰，原来为某一法系所特有的法律制度在一体化的大潮下逐渐被其他法系所效仿，两大法系在诸多方面出现融合与趋同。大陆法系下对以往案例的重视程度加深，指导案例的出台即是实证，英美法系也频频出台各项成文法律。同时，伴随着世界范围内法律输出与法律移植现象增多，在一些国家出现同时受到英美法系与大陆法系法律传统影响的现象，越来越多的学者开始在两大法系之外提出混合法系的概念。

（二）欧美国际金融中心的地位变化

1. 伦敦金融改革与国际金融中心地位变化

早期欧洲的金融中心地位变化主要受全球贸易的国家地位变化影响。17世纪左右，伦敦凭借大航海时代开辟的新航路，贸易开始繁荣，已初具形成金融中心的基础条件，如1690年巴克莱银行和1694年英格兰银行在伦敦的成立，这是世界上成立最早的两家现代银行。19世纪，工业革命带动了英国经济迅速发展，相对稳定的国内政治环境以及英荷、英法西战争的胜利也为英国积攒了大量资源和人力，遍布全球的殖民地使得伦敦逐渐成为连接英国本土、欧洲与殖民地的中心。

两次世界大战之后，欧洲受到的破坏巨大，尽管英国本土在战争中受损有限，但其与欧洲大陆的贸易及其金融伙伴关系造成巨大破坏。与此同时，美国借两次战争成为对外输出资本和物资的重要国家，由此成为战争的最大经济受益者，经济上美国崛起和英国沦陷是伦敦国际金融中心地位下降的重要原因。

自20世纪80年代以来，伦敦逐渐通过一系列的改革重拾国际金融中心的重要地位。总体来说，英国的金融改革包含两条主线，首先是金融监管环境的放松，即金融的自由化和市场化程度提高，另一条就是金融监管架构的优化，以此强化金融监管的效率。1986年，英国取消了一系列的涉及金融市场的监管法律，掀起了一波金融去监管的浪潮，带来了"金融大爆炸"发展，其主要目的在于纠正英国长久以来市场上的金融不合理规定，大力发展市场经济，促进市场的竞争，具体举措包括取消了伦敦证交所的最小佣金，允许经纪人和做市商用自由账户交易和代客交易等。此外，这些变革也进一步提升了伦敦金融市场的效率，促使大量的银行和金融机构并购整合，外资进一步进入伦敦金融业，这种金融市场的充分竞争尽管使得英国部门金融机构被外资收购，但它也开启了伦敦自20世纪80年代起重振全球金融中心地位的周期。在这一过程中，英国的金融监管体系从开始的"自我管制"到央行干预、混业经营再发展为分业经营、分业监管，最终向"双峰监管"发展。1979 年，英国颁布了首部银行法案，限定吸存公众存款的机构需要审批和执照。1987 年，英格兰银行监管条例被纳入银行法案。1998 年之后，《英格兰银行法案》和《金融服务和市场法案》相继发布，英国金融机构正式确定了混业经营、混业监管的规则，同时保险和担保等业务也被纳入监管的范围。

历经 2008 年国际金融危机后，英国开始了新一轮针对金融业的改革。2012 年英国金融服务监管局（Financial Services Authority，FSA）被撤销，开始实施"双峰监管"模式，在新的架构下，英格兰银行不但是法定中央银行，还是宏观审慎、微观审慎和金融企业监管者。英格兰银行下设金融政策委员会，作为宏观审慎监管机构，金融政策委员会对区别、监控和防范系统性金融风险总负责。金融政策委员会通过审视金融系统可能的风险，为监管机构提供政策方向，同时还拥有宏观审慎工具对抗系统性金融风险。金融政策委员会可以引导和责成审慎监管局及金融行为监管局采取措施降低风险，可以对央行的流动性政策提出建议，并有权检视支付系统、结算系统和清算公司，权力不仅限于系统性金融风险的监控，甚至包括对威胁金融稳定性的关键问题和实施宏观审慎政策的潜在障碍提出改革方案。英格兰银行还下设审慎监管局，负责对银行业和保险业的微观审慎监管。该机构重点对银行业和保险业审慎政策实施情况进行监督管理，判断其是否健康运行，评估其现在和未来的可能风险，尤其对涉及金融系统性稳定和对客户可能导致最大风险的银行和保险机构或事项采取防范措施。另外，还有由财政部任命的独立监管机构金融行为监管局，向财政部和议会负责，主要监管参与资本市场的各类金融或服务机构的经营行为。2016 年英国正式开启脱欧程序后，伦敦国际金融中心的地位开始受到广泛质疑，但至今伦敦金融中心的地位似乎尚未减弱，未来还需长期关注。

2. 纽约国际金融中心后来居上

从国际重要金融中心的发展历史中可以发现，金融业的早期集聚主要发生在贸易的集散地。纽约也经历了类似的过程。纽约港历史上一直是世界重要的天然港口。自 17 世纪开始纽约迅速凭借港口及连通五大湖的水道成为进出美国的主要转运港，与贸易相关的银行业、保险业迅速发展，1785 年至 1790 年间纽约还一度成为美国首都。

18 世纪，纽约成为吸引欧洲移民的重要"桥头堡"。一方面，在欧洲受到排挤的犹太人，部分移民进入美国后进一步加强了银行业的发展。现今美国的大型投资银行多数都能追溯到 18 世纪前，犹太移民对美国银行业的发展起到了奠基作用，高盛、雷曼兄弟等投资银行均为犹太移民创立。另一方面，工业革命后对劳动力有大量需求，吸引移民上的优势使纽约在工业化的道路上领先美国其他地区。到 19 世纪时，纽约已经当之无愧成为美国国内的金融中心。

19 世纪末 20 世纪初，美国经济总量超过英国，成为全球第一的经济大国。两次世界大战后，随着美国经济扩张和英国实力的下降，伦敦国际金融中心的地位进一步受到冲击，美国成为欧洲最大的债权国，加之美国推行的"马歇尔"计划，大量对欧援助使得美国资本流入欧洲，美元的国际地位得到迅速提升。1944 年布雷顿森林体系的成立，IMF 和世界银行总部落户于美国，美国成为国际贸易、投资规则与秩序的领导者。

金融业发展的历史，也是金融监管与金融自由化博弈的历史，这在纽约成为国际金融中心的历程中也得到了相应体现。美国金融监管体系的发展也经历了多次较大变革。综合而言，美国银行业经历了由混业到分业再回到混业经营之路。1933 年，美国颁布《格拉斯—斯蒂格尔法案》，实行商业银行与投资银行分业经营、分业管理。1999 年颁布《格雷姆—里奇—比利雷法案》，允许通过建立控股公司全方位参与银行、证券承销与自营以及保险业务。2010 年，美国颁布《多德—

弗兰克法案》，从政府监管机构设置、系统性风险防范、金融细分行业及其产品、消费者保护、危机处理等方面全面加强金融监管。

经过国际金融危机后，美国各界反思危机前后金融市场机制的失灵，认识到金融监管缺失的问题以及重要性，于是出台了一系列手段厘清美国的金融监管体系，进一步增强了纽约国际金融中心的实力。

3. 法兰克福和巴黎国际金融中心

法兰克福是德国最重要的金融中心，也是欧洲大陆的金融中心之一。自第二次世界大战后，德国银行业逐渐搬离柏林，大银行在法兰克福的落户促进了法兰克福取代柏林成为德国金融中心。从德国的经验来看，银行业的集聚对于金融中心的初期发展起到了关键作用。票据、存单业务发展带动了货币市场的发展，资本市场也在同一时期兴起，银行总部、法兰克福证券交易所和投资基金互相支持发展，法兰克福开始崛起。作为欧盟国家最大的金融中心，法兰克福在英国脱欧后被寄予厚望。很多人将德国政治稳定作为法兰克福替代伦敦成为顶级国际金融中心的加分项，欧洲中央银行、欧盟保险和职业养老金监管机构、德国中央银行、德国交易所等机构纷纷落户法兰克福。

巴黎国际金融中心自19世纪兴起，但由于受两次世界大战与"经济大萧条"的严重影响，法郎币值的大幅波动和贸易的严重受损使得巴黎的金融中心竞争力难以提升。在20世纪60—70年代，法国经济虽然经历了快速发展，但巴黎的证券市场却越来越被边缘化。进入20世纪70年代后，全球金融改革带动了法国资本市场的发展。1970年时，法国资本化率还是西欧国家中最低的，1980年后巴黎证交所已经是仅次于东京、纽约、伦敦、德国、多伦多证交所的第六大证券交易所了。

法国金融业拥有悠久的发展历史，其金融市场的监管体系也较为庞大，监管机构较多，相互间的关系也更为复杂。2003年法国的《金融安全法》授权政府设立金融市场监管局（AMF），取代了证券交易委员会（COB）、金融市场理事会（CMF）和金融管理纪律理事会（CDGF），成为证券市场的统一监管机构。银行业的监管主要有：法国中央银行法兰西银行（Banque de France）协调各监管机构、保险业监管机构还包括保险与互助保险监管局（ACAM）和保险企业委员会（CEA）。因此，法国金融市场监管主要还是以分业监管为主，法国央行发挥了核心和牵头作用，组织协调银行业、证券业和保险业，在一定程度上共享监管信息、协调监管行为，金融部门企业监管机构则在金融控股集团多行业经营的监督问题上起到重要作用。

（三）亚洲国际金融中心的竞争

1. 东京国际金融中心的兴衰

20世纪70—80年代，日本成为继美国之后的世界第二大经济体，经济增速超过4%，高于英美国家，东京不仅成为亚洲最大的金融市场，也成为继伦敦和纽约之后的第三个全球金融中心。对内方面，日本证券市场交易频繁，市值约占全世界市值的三分之一，超过其GDP增速的两倍。东京的外资企业增多，东京证交所也得以发展。对外方面，受日本政府鼓励，加上日元的升值和资产价格的增长，日本的银行、证券公司和保险公司向美国和欧洲开展了大量的投资，日本成为世界重要的债权国。

"广场协议"后日本经济泡沫破裂，随后又经历了"失去的十年"，日经指数在20世纪90年代曾经下跌了约60%，银行的金融行业遭受重创，银行业不良贷款激增。1996年，为重拾东京金融中心地位，日本政府计划效仿英国推行日本版的"金融大爆炸"，试图将东京打造成与纽约和伦敦相当的国际金融中心。然而受制于经济增速和日本人口老龄化程度增加的影响，日本的家庭金融资产规模增大，信托行业发展起来，但其监管政策偏内向性导致自身营商环境的不利于全球竞争。同时，日本对金融创新的重视程度远低于英美等发达国家，金融创新的应用晚于其他市场，在法制层面，日本秉持的成文法在金融市场方面乏善可陈，这些都导致东京金融中心仅凭借基础设施的相对完善和良好的国际声誉而尚居高位。

2. 新加坡国际金融中心的发展

新加坡金融中心的发展起源于亚洲美元市场的建立。20世纪60年代，由于亚洲经济的高速发展，跨境资本流动迅速攀升，跨国金融企业纷纷在亚洲设立分支机构，方便资金跨国使用。新加坡是跨境资本的重要节点，1968年新加坡首次允许外资银行设立境外分支机构，即亚洲通货部门（Asian Currency Unit，ACU），自此非本国居民的外币存款利息免税，进而亚洲美元市场诞生。1978年，新加坡放弃外汇管制，其外汇市场迅速发展，如今的新加坡已经成为仅次于伦敦、纽约和东京的世界第四大外汇交易中心。此外，新加坡的证交所也开始接受外国企业在二级市场上发行股票，新加坡证交所得以快速增值。2008年后，新加坡抓住美国次贷危机带来的机遇，锐意进取，果断放松监管力度，一举成为世界第三大外汇交易中心，2016年新加坡超过瑞士成为世界最大的私人财富管理中心。同时，新加坡也在努力争取成为世界最主要的离岸人民币交易和结算中心。

如今新加坡已经成为重要国际金融中心之一，不仅服务新加坡经济本身，也为境内外其他经济体服务。金融服务业占据新加坡经济的重要部分，其对GDP的贡献也超过四分之一，高于新加坡的制造业。在法律体系方面，新加坡共和国现行法律体系以英国普通法为基础，其主要法律渊源包括成文法、判例法和习惯法。作为普通法国家，新加坡的主要法律领域，尤其是合同法、信托法、物权法与侵权法等法律领域的某些方面法律规定已在一定程度上进行了法规化，但仍极大地保持着法官创制法的传统。法官通过自书判决解释新加坡成文立法，发展普通法、衡平法的法律原则规则，并成为具有法律强制力的判例法。另外，在如刑法、公司法及家庭法等法律领域，已经基本文法化。新加坡的判例法方面，除了作为法律渊源的新加坡判例，新加坡法官仍继续援引英国判例法，尤其当所审判案件争点落脚于传统的普通法领域或有关以英国法为基础制定的新加坡成文法及适用于新加坡的英国成文法。在金融监管方面，新加坡政府的积极干预政策对金融市场的发展起到重要作用，即在鼓励外国金融机构进入的同时，也要保护本国金融机构的实力及国内金融市场的稳定性。

3. 香港国际金融中心的繁荣

19 世纪中叶，香港现代金融业开始兴起。1845 年，英国在香港开办了首家具有现代意义的银行——金宝银行，1859 年，英国渣打银行在香港开办分行，1864 年又成立了香港汇丰银行。之后，美国大通等几十家银行纷纷落户香港。1891 年香港建立证交所，"二战"后香港在以中英贸易为中心的转口贸易的基础上开始着手经济复苏，金融业也主要服务于转口贸易，为其提供资金融通业务并以此为基础形成了香港银行体系的雏形。

20 世纪 60 年代，香港经济开始起飞，制造业和其他产业的迅猛发展，使金融业也从为转口贸易提供金融服务转为以促进工业化为宗旨，融资对象转向制造业、地产业、运输业、建筑业等，使金融业逐步与各产业融为一体，为了适应经济迅速增长的需要，银行业、外汇市场和黄金市场也得到较快发展，并且开始成为地区性的金融市场和金融中心。香港政府经常充当幕后的商业推动者，偶尔也会充当危机管理者。尽管香港的房地产市场很难称得上自由和有竞争力，但直接税很低，政府权力相当分散，这使得金融市场保持开放、充满活力和弹性。20 世纪 70 年代以后，香港金融业进入了国际化和多元化的发展时期，凭借连接亚太地区南北通道和东南亚国家联结的交通枢纽，香港成为联结东西两半球金融交易的重要"接力站"。反观新加坡，一个中央集权的政府促进了新产业的发展，并鼓励本地"离岸"银行和债券市场的发展。香港政府通常在公共部门和私营部门之间建立不透明的联系，相对而言，这种联系使得国内和国际市场（尤其是银行业）能够进行深度互动。然而，自 20 世纪 80 年代中期以来，新加坡银行的总资产已经远远超过了香港银行。同期，香港强调股市的增长，而新加坡则在国际债券市场建立了强大的影响力。广义而言，这两条政策路径都导致了充满活力和合理多元化的金融机构的发展。然而像新加坡发展银行这样的大型国有机构在这些市场占据主导地位，而在香港大多数主要做市商都是私营的，规模相对较小。同样，新加坡货币管理局在监管所有金融部门方面发挥了最突出的作用，包括证券、期货、外汇、保险和银行。在香港，这些职能由证券及期货监察委员会（证监会）负责。①

21 世纪初，利用背靠中国内地的优势，香港作为中国对外开放的窗口，成为全球重要的募资场所。随着银行制度日趋健全，银行业务迅速扩展，股票市场、黄金市场、期货市场、保险市场逐步成熟，金融市场交易十分活跃，成为重要的新兴国际金融中心。

（四）中东国际金融中心的创新发展

随着亚洲经济的发展，中东国家的国际金融中心纷纷建立。近几年来进入国际排名的中东国际金融中心越来越多，如迪拜、阿布扎比、卡塔尔、阿斯塔纳等。这些金融中心的特点在于其都是在广义民法体系下建立了一个基于普通法的金融中心。最早的实践者是阿联酋迪拜金融中心，在之后阿布扎比、卡塔尔、阿斯塔纳均仿照其建设经验建设了国际金融中心。

阿联酋迪拜是一个新兴的、具有竞争力的国际金融中心。在伦敦金融城的国际金融中心排名中，有数次排名高于上海。迪拜之所以成为国际上迅速崛起的发展中国家金融中心，得益于迪拜各种特殊制度。

---

① Pauly, Louis W., Hong Kong's Financial Center in a Regional and Global Context (2011) [J]. Hong Kong Journal (Carnegie Endowment for International Peace), 2011 (21).

阿联酋联邦政府批准迪拜酋长国可采取一系列特殊政策来推进国际金融中心建设。2004 年 9 月，迪拜政府决定设立迪拜国际金融中心（DIFC），使其成为迪拜十余个自由区中的一个。迪拜国际金融中心是一个占地面积 110 公顷的金融自由区，实行金融高度自由化的政策：入住区内 100% 是外资企业；实行零所得税和营业税政策；无任何外汇管制；外资企业资本以及利润可 100% 汇回本国；实行美元为主的交易体制；高标准、透明的操作环境；对洗钱进行严格监管；与所在国实行无缝连接。

与一般离岸金融中心不同，设在迪拜国际金融中心的必须是实体公司。迪拜国际金融中心采用英国的金融监管体系来规范金融中心的运作，由三个独立部门管理组成：负责基础设施的迪拜国际金融中心管理局（DIFCA）、负责监管的迪拜金融服务局（DFSA）和迪拜国际金融中心法院。除了《刑法》仍沿用阿联酋相关法律，高度独立的迪拜金融服务局借鉴英国法律，制定了如《合同法入劳动法》《破产法》《仲裁法》《财产法》及规范其他民事和商业活动的一系列法律法规，其健全程度不亚于欧美。国际通用的规范和严厉的法规，是决定迪拜具有强大竞争力的优势所在。

以上所有政策极大地吸引了国际投资者，提高和保持了其国际地位和影响力。直到迪拜爆发金融危机，以及后来国际金融危机冲击，迪拜的金融中心地位才有所下降。

二、法律制度影响国际金融中心建设

（一）法制的特性影响国际金融中心建设

法制环境是决定国际金融中心地位的重要因素之一，契约精神与规则的遵守是商业运作的基础，尤其是对于国际金融中心日常产生的金融交易而言，法律规则的不完善或者执行的缺陷，可能会对交易产生复杂与深远的影响。不仅是对金融交易的直接影响，法治也是国际资本和人才选择市场的重要考量因素，金融业务往往涉及各种长度期限，稳定与预期明确的规则环境是吸引资本与人才的必备条件。[①] 综观纽约、伦敦、香港等老牌国际金融中心，我们不难发现，完善的法律制度、强大的执法体系是构建国际金融中心的重要制度保障，其中又包括明晰的产权制度、合同制度、财务会计制度以及税收、信息披露、有效监管等。[②] 但在重视法律制度对金融中心建设的重要作用时，还需要明晰法制本身的特性对金融中心建设的影响。

历史上，有学者认为"宽松的法律制度和监管政策可能更有利于国际金融中心的发展"。然而法律制度对于金融中心建设的影响可能远比我们认为的复杂。首先，法律对金融中心的作用必然要受到金融周期性波动特征的影响，即宽松的法律和监管环境可能导致金融创新背后形成虚假繁荣，从而引发金融泡沫，带来金融危机，通常危机下的当政者会加强监管实行严法，严法之后为求发展又会再次放松的周期性循环。其次，如果认为宽松的法律与监管制度更有利于金融中心的发展，其并不能够解释为何纽约国际金融中心相比伦敦国际金融中心拥有更为严格的信息披露和执法制度，而更多的国际化大企业更愿意选择在纽约上市。事实上，金融市场的参与者们通常会为了实现自身的利益最大化而选择最有利于自己的市场，而法律诉求仅是其中之一，即便更为宽松的法律环境可能并不能使其利益达到最优。[③] 科菲教授研究发现，境外公司对国际证交所上市的选择通常取决于股票发行人的选择，在美国上市的境外发行人主要是为了获取高于其他交易所的股票溢价和较低的资本成本；而选择在伦敦上市的境外发行人通常

① 孙福庆，刘亮，等．上海改革开放与创新发展理论和实践丛书 转型国家的国际金融中心建设 上海国际金融中心建设的实践与经验［M］．上海：上海社会科学院出版社，2018（6）：235.
② 王力，黄育华，等．国际金融中心研究［M］．北京：中国财政经济出版社，2004：84.
③ 周仲飞，等．国际金融中心法制环境研究［M］．北京：经济科学出版社，2017（9）：23.

是为了抓牢企业的控制权。[1] 最后，一部法律在国际金融中心建设过程中所起的作用有时候可能与立法者的初衷背道而驰。如 20 世纪 30 年代，美国为实现大萧条后的经济重建，颁布了《Q 条例》，对银行存款的利率上限进行管制，尽管这一制度在早期对战后经济恢复起到一定作用，但最终导致以商业银行为代表的存款类金融机构在国际竞争中失去竞争力。《Q 条例》因此也被认为是 20 世纪中叶削弱纽约竞争力，且促使伦敦国际金融中心崛起的重要因素。[2]

总体来说，金融市场的法制建设不足，会直接导致市场对于投资者、融资者和资本的吸引力不足。而法制建设过程中需要加强对综合因素的考量，且始终关注法制施行预期与实际的差距。在面对境外有着良好信誉和法制环境的金融市场时，如何增强法制对于我国金融中心建设的保障作用，已然成为一个关乎国家金融业兴衰的大问题。

（二）"良法"助力国际金融中心的建设

法律在很大程度上是政策的工具。[3] 金融法律制度的主要作用是减少金融交易成本和降低金融交易风险，其建立的实质并不是国家对金融的控制，而是为了使金融效率最大化。[4] 法律制度历来有"良法"和"恶法"之分，就应对金融创新来说，"良法"能更快地适应金融创新的变化，为金融创新提供制度空间，从而提高金融效率，降低风险保护金融消费者；"恶法"使得金融创新无法可依，甚至造成金融市场主体利益受损，带来深层次结构性矛盾，阻碍金融市场充分发挥活力和创新力。[5] 因此，灵活的法律法规制度对于国际金融中心应对金融创新

---

① See John C, Coffee, Jr. Law and the Market: The Impact of Enforcement ［M］, 2007: 7-8.

② 周仲飞，等. 国际金融中心法制环境研究 ［M］. 北京：经济科学出版社，2017 (9)：23.

③ ［英］P. S. 阿蒂亚 (P. S. Atiyah) 著；范悦，等译. 法律与现代社会 ［M］. 沈阳：辽宁教育出版社、牛津大学出版社，1998 (9)：134.

④ 刘丹冰. 金融创新与法律制度演进关系探讨 ［J］. 法学杂志，2013 (5)：107.

⑤ 蔡奕. 法制变革与金融创新——兼评《证券法》《公司法》修改实施后的金融创新法制环境 ［J］. 中国金融，2006 (1)：54.

和金融全球化发展意义重大。

单纯立法与法律监管已经难以跟上金融科技飞速发展的步伐，[①] 及时有效的金融监管是构建国际金融中心的重要因素。自 2008 年国际金融危机爆发后，防范系统性金融风险成为金融中心需要应对的任务之一。英国自 2012 年开始探索"双峰监管"[②] 的模式，此举对于我国当前防范系统性金融风险有一定的启示作用。[③]

金融纠纷能够得到多元化、专业化的解决，并以此较大程度保护金融消费者是建设国际金融中心应当具备的法制保障。尽管当前学术界对于设立专门金融法院来集中应对金融纠纷的看法不一，[④] 但从积极意义上来说，设立专门的金融法院提高金融案件审判效率和专业化水平无疑有利于发展中国家在全球竞争格局下获得建设国际金融中心的有利条件。

金融纠纷多元化解决机制的设立对于国际金融中心法制环境的建设也尤为重要。英国通过金融监察专员服务（FOS）来解决消费者和金融企业间的纠纷，以此提供法庭之外的非正式途径。[⑤] 美国设立了专门处理金融个体消费者之间纠纷的 ADR 系统，金融消费者与经纪自营

---

① 邓建鹏，李雪宁. 监管沙盒的国际实践及其启示 [J]. 陕西师范大学学报（哲学社会科学版），2019，48（5）：66.

② "双峰"理论是英国经济学家迈克·泰勒（Michael Taylor）在 1995 年提出的一种金融监管理念，认为金融监管的目标应当是"双峰"的：一是实施审慎监管，如英国的金融行为监管局（FCA），其旨在维护金融机构的稳健经营和金融体系的稳定、防范系统性风险；二是实施行为监管，如英国的审慎监管局（PRA），其旨在纠正金融机构的机会主义行为、防止欺诈和不公正交易、保护消费者和投资者利益。

③ 陈斌彬. 从统一监管到双峰监管：英国金融监管改革法案的演进及启示 [J]. 华侨大学学报（哲学社会科学版），2019（2）：85-95.

④ 积极者认为专门法院有利于提高金融纠纷审判水平和效率，有利于培养较高水平的法律人才，有利于法院在实现基本纠纷解决的目标后充分发挥规则供给的功能。但消极者认为此举集金融与法律的复合型人才来集中审理金融案件，实质会造成对其他类案件人才资源的剥夺，而由于缺乏审判竞争的考量，专门法院易形成"深刻但偏狭"（deep but narrow）的司法见解，以至于无法观照到反映在其他法律领域的法律发展新趋势以及社会潮流的变迁，甚至出现"绝缘化"倾向，此外，考虑到法官群体相对稳定的职业状态，专门法院还可能带来司法利益俘获问题等。参见丁冬. 金融司法的逻辑 [D]. 上海：华东政法大学，2019.

⑤ 金融监察专员服务 [EB/OL]. 2020-02-05. https://www.financial-ombudsman.org.uk/.

商或其代理商之间的大多数纠纷都通过 FINRA 争端解决机构仲裁解决。①

多元化纠纷解决机制的建立也能更好地处理金融纠纷，保护金融消费者。对比老牌国际金融中心，其法治建设中对于金融消费者的保护非常重视，如英国的金融服务补偿计划（FSCS）和美国完善的金融消费者保护立法和金融司法制度等。② 随着金融混业经营的态势越发强烈，原先针对不同金融服务主体的保护制度界限越发模糊，而在建设国际金融中心时加大对金融消费者的保护无疑有利于金融市场良好秩序的建立和金融开放格局的形成。

三、法系渊源影响国际金融中心建设

（一）法系渊源与国际金融中心建设

关于法制环境对金融市场发展的影响，20 世纪 90 年代末，拉波特（La Porta，1998）等人基于 150 个国家的经验样本，比较分析了不同法系国家间金融市场的强弱程度后，认为普通法系国家政府的干预较少、司法较为独立、更重视投资者保护，而这些因素进一步导致产权更安全、合同执行效率更高，也因此更有利于金融市场的发展。③ 在过去的 20 多年里，对于这一理论观点可谓见仁见智。④ 但这项研究作为"法律与金融"理论的奠基之作，无疑引领了法律与金融运动研究的潮流。

---

① Byron Ⅱ Crowe. Financial Services ADR：What the United States Could Learn from South Africa [J]. Cornell International Law Journal, 2013, 47 (1)：145–180.
② 吴弘，徐振. 金融消费者保护的法理探析 [J]. 东方法学，2009 (5)：13–22.
③ Rafael La Porta, Florencio Lopez-de-Silanes, Andrei Shleifer & Robert Vishny, "Law and Finance", The Journal of Political Economy (1998) 106 (6).
④ 皮天雷著. 法与金融理论研究及中国的证据 [M]. 北京：中国经济出版社，2010 (4)：9–30.

张建伟（2006）在对拉波特等人的"法律与金融"理论进行实证分析后认为，法律与金融发展的复杂关系需要引入更多变量或约束条件来加以说明。[①] Berkowitz 等人（2003）则认为，一国法律体系最初被移植和接受的方式深刻影响其经济发展，法律移植的过程对于一国建立良好的法律制定至关重要，仅将其归咎于不同的法系过于粗浅。[②] 游家兴（2020）在对全球数十个主要经济体进行跨市场比较分析后发现，在投资者法律保护较好的国家和地区，金融危机的传染效应能得到有效阻隔，而这无疑有利于金融市场的发展。[③] Hein Kotz（2001）认为，普通法强调尊重当事人对于合同条款的约定，保护当事人合理的依赖对方的意思表示。由此普通法更符合"金融商事领域需要的性格偏好"。[④] Gennaioli 等人（2008）通过模型证明，普通法系下司法观点的多样性来源扩大了争议解决的集合，提高了法律质量和准确性，因此相比刚性的法律传统更能有效促进金融发展。[⑤] 相反，那些推崇法律形式主义、强调司法过程、限制法官自由裁量权、高度依赖制定法判决的法律传统，不利于法律的演化，因此会阻碍金融发展。[⑥] 还有一些学者认为，相比于法律起源，政治、文化甚至地理因素更能影响地区

① 张建伟. 比较法视野下的金融发展——关于法律和金融理论的研究述评 [J]. 环球法律评论, 2006（6）：594-600.

② Berkowitz, Daniel, Katharina Piator And Jean - francois Richard. Economic Development, Legality, and the Transplant Effect [J]. European Economic Review, 2003（47）：163-495.

③ 游家兴, 张哲远. 金融发展和危机传染：基于"法与金融"的研究视角 [J]. 国际金融研究, 2020（6）：3-13.

④ ［德］海因·克茨（Hein Kotz）著；周忠海等译. 欧洲合同法（上）［M］. 北京：法律出版社, 2001：251.

⑤ Gennaioli, N., and A. Shleifer. The Evolution of Common Law [J]. Journal of Political Economy, 2008（115）：43-68.

⑥ Djankov, S C. Mcliesh and A. Shleifer. Private Credit in129 Countries [J]. Journal of Financial Economics, 2007（84）：299-329.

性金融发展。[1] Beck 等人认为法律渊源通过影响宗教构成和其他国家特性与金融发展紧密联系。优先保护私人产权，能快速适应社会变化，使法律体系更有利于金融的发展。[2]

在关于法系渊源、法律制度对国际金融中心建设的影响方面，刘丰名（2007）认为，一个国家能否成为国际金融中心以及这个国际金融中心的地位如何，并非完全根据经济实力，主要是凭法制环境。[3] 法系渊源究竟是否成为金融发展的关键因素，对于国际金融中心的法律制度建设也同样极为重要。周小川认为，可以针对只有普通法下才能使资本市场顺利发展，而大陆法系里搞不出真正大规模、国际化，能够随时演变的资本市场中心这一观点进行讨论。[4] 丁学良（2020）认为，以英格兰普通法延续下来的普通法系是国际金融中心形成的基础条件。[5] Horace Yeung（2018）在研究香港国际金融中心后认为，香港作为国际金融中心建立在几个基础之上，其中包括：拥有稳定的商业

---

　　① 如政治论认为政治决定着法律对投资者的保护程度，决定着私人合同的执行力度，决定着法律体系在何种程度上强调财产所有者相对于政府的权力，从而决定着金融发展的水平。文化论的代表人物 Stulz 和 Wlliamson 指出不同的宗教对待债权人权利的态度不同。天主教的传统是对收息行为与债权人权利持否定态度，同样，伊斯兰教也禁止收息行为，至今一些国家仍保留此禁令。另外，宗教改革使宗教对待金融的态度发生了转变，利息支付被认为是正常的商业行为，从而在那些信奉新教的国家，债权人权利得到了有效的保护。根据这一观点，具有天主教传统的国家，其借贷市场的发展程度往往较低，贷款发放的金融制度安排也往往比较薄弱。地理观认为，地理与环境的差别对政治、制度和经济发展的形势有着非常重要的影响，在疾病较难发生的地区，欧洲人选择在其中定居的殖民化政策；而在疾病容易发生的地区，他们选择掠夺式的殖民化政策。"定居式"政策带来的是保护私人产权的长期制度的建立，有助于金融市场的发展。而掠夺式政策带来的是允许少数精英分子利用其优势地位的长期制度的建立，私人产权得不到有效保护，不利于金融发展。See STULZ, R. WILLIAMSON, R., 2003, Culture, openness, and finance, Journal of Financial Economics; DIAMOND, D. Reputation Acquisition in Debt Market [J]. Journal of Political Economy, 1989, 97 (4)：828 -862.
　　② Beck, Bemirguc-Kuntand Levine. Law And Finance：Why Does Legal Origin Matter [J]. Quarterly Journal of Economics, 2002.
　　③ 刘丰名. 国际金融法 [M]. 北京：中国政法大学出版社, 2007：49-52.
　　④ 建设国际金融中心. 上海应该如何进行金融法治创新？[EB/OL]. 2020-07-27. http：//finance. sina. com. cn/roll/2020-06-19/doc-iirczymk7959814. shtml.
　　⑤ 丁学良. 目前内地没有产生国际金融中心的基本条件 [EB/OL]. 2020-07-27. https：//cul. qq. com/a/20160317/045722. htm.

环境、资金的自由流动、低税率以及基于英国普通法的可靠法律体系。香港拥有从英国继承的普通法制度。在这种法律制度中，法官有能力以判例法的形式制定法律，这是由对法律先例的裁定决定的。这使香港的法律体系比内地的大陆法系强大得多。内地的大陆法系在最近几十年中已制定了许多法律，但尚未经过尝试、检验和应用，香港的法律制度在国际商业活动方面目前仍然强于内地。① 何文蔚（2020）更是断言，没有普通法，就没有国际金融中心。普通法的"杀手级"应用在于构建了一个生态系统：所有的普通法法官、律师和法学家同时都在更新迭代同样一套判例系统。在大陆法系国家建设国际金融中心，就像是在安卓系统上跑苹果应用，而在大陆法系下要建成国际金融中心必须具备效率不低于迭代更新几百年的普通法体系（目前普通法国家和地区依然在共同迭代同一套系统），显然这并非一个可行的方案。② 而 Graff（2008）则认为，除了能够支持普通法系和大陆法系对待投资者确又不同外，尚无充分的证据可以支持普通法系国家要比大陆法系国家更能保护金融投资者。③

与之相反，冯果（2016）认为，法律渊源并非国际金融中心建设的关键性因素，良好的国际金融中心法治体系应当包括相对完善的金融法律法规体系、科学而有效的金融监管体系、强大的金融司法体系。其中，强有力的司法体系是金融中心建设至关重要的。不同法系国家司法传统对国际金融中心司法环境的形成也具有重要影响。④ 宋晓燕（2016）在研究法系渊源对金融发展的影响后，认可了普通法系下建设

---

① Horace Yeuny. Why Hong Kong will remain an international financial centre, despite new security law [EB/OL], 2018. https：//qrius.com/why-hong-kong-will-remain-an-international-financial-centre-despite-new-security-law/.

② 何文蔚. 为什么中国唯一的国际金融中心只能是香港？[EB/OL]. 2020-07-27. https：//mp.weixin.qq.com/s/WdfmXZXNzAPIoY2BLbEO8Q.

③ Michael Graff. Law and Finance：Common Law and Civil Law Countries Compared：An Empirical Critique [J]. Economica, 2008（75）：76.

④ 冯果. 营造与国际金融中心地位相适应的司法环境 [J]. 法学, 2016（10）：71-78.

国际金融中心的相对优势条件，认为法系渊源可作为国际金融中心建成的重要因素，但不应是决定性因素。[①] 李卓和缪因知[②] （2004，2013）也认为相比于法系渊源，一国具体的法律制度更能影响金融和经济发展。[③] 周仲飞（2017）也认为，法律传统无疑对于一国的金融发展包括国际金融中心的建设有一定的影响，但过分强调法律传统在其中所起的不同作用尚且缺乏说服力。[④] 吴弘（2017）认为，国际金融中心的核心竞争力更多体现在政府效率、法制和税收等软环境上。基于现代金融市场的规模庞大和交易复杂，金融中心必须要有健全灵活的法律制度基础以及独立有效的司法体系来支撑和执行各种法律制度。以判例法为典型的英美法系正好为金融活动的创新求变提供了一种稳健灵活的法制环境，因此普通法体制在建设金融中心时具有相当的优越性和生命力。[⑤] 单豪杰和马龙官（2010）在对国际金融中心建成的理论解释进行评述后发现，一个城市能够成为国际金融中心，制度建设、金融政策、是否位于央行所在地以及是否具有强大的开放经济腹地都尤为重要，而我国上海要建成国际金融中心，还需要在制度和政策上进行改革创新和发展。[⑥] 夏春（2020）则否认了普通法更加有利于金融市场发展的结论，认为所属法系并非是促进或阻碍金融中心发展和竞争力提升的关键因素，而政治博弈和历史进程更能决定国际金融中心的影响力。[⑦]

---

① 宋晓燕. 法系渊源、金融发展与国际金融中心形成 ［J］. 法学，2016（9）：67-75.

② 李卓. 不同的法律渊源对金融及经济发展的影响——欧洲大陆法系与英美法系的比较 ［J］. 法国研究，2004（2）：157-166.

③ 缪因知. 法律如何影响金融：自法系渊源的视角 ［J］. 华东政法大学学报，2015，18（1）：92-102.

④ 周仲飞，等. 国际金融中心法制环境研究 ［M］. 北京：经济科学出版社，2017（9）：16.

⑤ 吴弘. 法治经济的理论探索与市场实践 ［M］. 北京：法律出版社，2017（10）：235.

⑥ 单豪杰，马龙官. 国际金融中心的形成机制——理论解释及一个新的分析框架 ［J］. 世界经济研究，2010（10）：32-33.

⑦ 夏春. 普通法更有利于金融市场发展吗？ ［EB/OL］. ［2020-07-27］. https：//mp. weixin. qq. com/s/miDTIt5mbCTSBEo1cFMlkg.

总体来说，国内外研究均认可法律制度对于金融中心的建设具有重要影响，但法律制度并不等同于法系渊源。尽管很多学者认可普通法系的特性可能更有利于金融市场的发展，但实行普通法是否是建成国际金融中心的必要条件，学界还存在一些争议。

（二）普通法系更支持国际金融中心建成的理论分析

1. 普通法系下的相对制度优势

从世界法治历史发展的轨迹来看，大陆法系和普通法系平分秋色，在不同的国家法治道路上遵循各自的规则深根壮大。"存在并发展着带来的合理性"，在法治全球化的今天，我们并不需要拘泥于大陆法系和普通法系孰优孰劣的问题，但就某些特定法制领域，可以就不同法系间是否还存在相对优势条件来讨论。

与大陆法系国家的"法条主义"传统相比较，普通法系国家可能在以下几方面更能迎合金融中心建设时对法制的需求。第一，连续性和变化是法律的基本特征。尽管频繁变更的法律因为不能给予公众合理稳定的预期而易受诟病，但法律必须变革以适应时代需求。不同法律—政治制度以不同的方式平衡连续性与变化的需求，一些制度重视连续性，一些制度则更重视变化。而普通法系下的法院则很好地解决了这两种需求。[①] 不同于成文法坚持仅有国家立法机关才能"创设废改"法律传统，普通法系的判例机制在保持法律的确定性和增强社会适应性方面更具优势。相比大陆法系国家法官机械地适用"三段论"原则，坚持在制定法律甚至金融监管行政规章中寻找裁判依据的行为，[②] 普通法系国家法官的社会地位、选任条件都能促使其产生积极造

---

① ［美］卡拉布雷西著；周林刚，翟志勇，张世泰译. 制定法时代的普通法［M］. 北京：北京大学出版社，2006（11）：5-6.

② 如我国最高院在福建伟杰投资有限公司与福建天策实业有限公司营业信托纠纷案［（2017）最高法民终字529号］的裁判要旨中，通过引入《保险公司股权管理办法》来作为判断合同效力。

法的功能。① 尽管在制定法律方面，立法机关拥有宪法赋予的最终决定权，但通常这项权利较为保守，且主要处于一种修正性的地位。因此，通过普通法法院的裁判和对先例的修正，法律就可以被常规的更新，从而避免了激烈的突变。虽然这一功能被质疑有违司法独立性，但就金融商事领域而言，法官造法无疑有助发挥司法在金融创新过程中的规则供给功能。②

第二，"法律的生命不在于逻辑，而在于经验"。③ 判例法下的经验理性主义更能为金融创新提供试错和进化的空间。普通法裁决的渐进主义性质意味着，没有一个单独的法官可以全然改变法律，诸多法官能做的仅仅是随着时间推移，回应变化了的实践和态度。④ 这种渐进式的变动既能为金融商事的发展提供创新的空间，也能在一定程度上使其始终被控制在法制的范围之内。

第三，传统认为，大陆法系更为重视集体本位，而普通法则更强调"个人本位"，即在价值序列的选择方面，普通法更尊重当事人对合同条款的约定，保护当事人的合理信赖意思表示。普通法的这一特点也被一些学者称为"一种商业需要的性格偏好"。⑤ 由此普通法也被冠以"商人的法律"之名。

2. 路径依赖理论下的历史因素分析

事实上，关于法系渊源对金融中心建设的影响在学界从未停止过

① 陈少宏. 大陆法系与普通法系法官的区别及原因探析 [J]. 法制与社会，2013（18）：240-241.
② 参见 Lum v. Fullaway，42 Hawai 500，502-503（1958）："作为我们法学之基础的普通法的全部特征在于其有序成长的能力……其成长的媒介便是所谓的法官造法。在学富五车的法律圣贤的意见中表露无遗……或许，对于法律的成长，最近的趋势更倚赖于立法机关而非法院。然而，司法造法仍然不可动摇。"
③ ［美］小奥利弗·温德尔·霍姆斯著；冉昊、姚中秋译. 普通法 [M]. 北京：中国政法大学出版社，2006：5.
④ ［美］卡拉布雷西著；周林刚，翟志勇，张世泰译. 制定法时代的普通法 [M]. 北京：北京大学出版社，2006（11）：7.
⑤ ［德］海因·克茨（Hein Kotz）著；周忠海，等译. 欧洲合同法（上卷）[M]. 北京：法律出版社，2001：231.

争论。随着拉波特等人"法律与金融"理论受到越来越多的质疑，有学者认为"即便忽略其时代的束缚性，单从其结论本身出发，也不难发现其存在显著缺点。"① 仅以两大法系的孰优孰劣来论证其对金融中心建成的影响也越来越似无解之题。

近年来有学者认为，即便忽略普通法系与大陆法系的优劣之分，就建设国际金融中心这一议题，普通法系依然比大陆法系更有助于建成国际金融中心，这背后的理由有以下几方面。

国际金融中心的选择虽具偶然性但并非完全随机，其发展轨迹反映了历史对现在和未来的影响，因而体现了制度上的路径依赖作用。② 在过去近一百年里，世界重要金融中心的建成历史主要是由以英美为主的普通法域国家书写的，正如"马屁股的宽度决定了火箭的大小"，③ 当前资本的国际轨道已经是普通法体系。同样在司法领域，最积极的国际参与者无论来自哪里，在考虑到如何处理自身的争端时，最终都会触及普通法的管辖权。④ 而当双方当事人中有一方来自另一方无法接受的司法管辖区时，基于普通法上的司法管辖权之争就会变为不同法系间的司法管辖权之争。⑤ 而就商事事项而言，目前公认的

---

① 如 Christopher 认为：LLSV 理论中主张"对小股东的法律保障决定了股权分散程度，而给定国家的法律制度的大方向则决定了对小股东的法律保障"，但这一观点无法解释英美国家的在公司治理上的分散所有权体制，也同样不能解释普通法国家或某一给定国家的股东保护措施和股份分散的相对水平。[美] 克里斯多夫·M·布鲁纳著；林少伟译. 普通法世界的公司治理 股东权力的政治基础 [M]. 北京：法律出版社，2016 (6)：110-111.

② 20 世纪 90 年代，新制度经济学的重要代表人物 North 提出制度上的路径依赖理论，并指出所谓的路径依赖是制度变迁中存在着报酬递增和自我强化机制，而路径依赖的"锁定"（Lock-in）效应就是传统制度框架通过选择定型可能形成"锁定"而制约了新的制度路径。参见吴大器，张学森，等. 上海国际金融中心发展环境专项研究，[M]. 上海：上海财经大学出版社，2014 (7)：6.

③ 这一观点源自"火箭直径由来"的历史，其认为火箭是由铁轨运输的，而最早铁轨的宽度是由马车的宽度决定的，马车的宽度又是由马屁股决定的，现用来论述历史经验对现状的决定作用。

④ Htay S. The Transformation of Islamic Law in Global Financial Markets [J]. Banking & Finance Law Review, 2017, 33 (1).

⑤ The Law Society of England and Wales, Why Choose English Law, England and Wales: The Jurisdiction of Choice [EB/OL]. 2020-07-27. http：//www.eversheds.com/documents/LawSocietyEngland-AndWalesJurisdictionOfChoice.pdf.

事实是普通法系的管辖权更易被理解与接受。这也是在国际贸易中交易双方当事人通常约定发生纠纷时适用普通法的原因。因此，鉴于金融中心之间的竞争，只有采用普通法的法律框架，才能增加被接纳的可能性。故而大陆法系的后发国家在建设国际金融中心时重视法系渊源，援引普通法可能已成为无奈之选。

第三章　国际金融中心建设面临的
金融法制挑战

一、金融商事交易的特点与发展带来的法制挑战

与现代民商事交易相比，金融商事交易既需具备一般民商事交易的基本特征，也基于自身性质产生了一些典型特征。随着现代社会金融市场的发展，大量以公司为代表的组织在开展投融资活动以及生产经营活动时从事了各类金融商事交易，承担了大量的风险，商事交易的复杂化发展将金融商事法律不断从民事法律中抽离出来，民法的商法化或者说商法的民法化已成既定事实。① 商事法律交叉在公私法之间，日益受到政治及社会公正、和谐等价值因素的考量。现代金融商事交易已呈现出一些典型特点，为金融法制的运作带来挑战。

---

① ［日］尾崎安央；张杨译 . 日本商法典的"解构"与日本民法的"商法化"现象 ［R］. 中国政法大学学报，2018（1）.

（一） 金融创新加剧金融法制规则供给不足

法律具有不完备性。[①] 成文法下对刻板定型的套用，习于成规的模态及其在法条规定中出现过分笼统、过于抽象、过分高度概括、过于简单原则等问题，甚至会在某些方面由于其所存有的缺陷而造成"成文法"所需要的相对稳定性和社会价值观念与行为规范的动态化矛盾难以协调，进而使得成文法条与具体的法律事实之间存在着许多规则模糊的"盲区"甚至是"空白区"，对法律实际功效的冲突甚大。随着市场的发展，金融产品的交易结构日趋复杂，大量的创新型金融业态不断出现。不完备法律对金融市场特别是创新型金融业态的发展产生重要影响。

相比传统金融业态，当前的金融商事交易愈加凸显创新性特征，特别是近年来科技与金融的融合越发密切，金融科技的崛起已经成为金融创新典范。2019 年全球金融科技领域至少发生 1166 笔融资；公开披露的融资总额约 2619 亿元人民币。金融领域的破坏性创新 （Disruptive Inno-

---

[①] 法律的不完备性是指法律对一些问题未作规定或规定不清，即只有在法律能准确无误地规定出所有相关的适用情况，而且在证据充分时即能切实地加以执行，则认为法律是完备的。这要求法律能够自我说明，并且不需要进行司法解释。否则，法律就是不完备的。基于法律内在不完备的现实，哥伦比亚大学卡塔琳娜·皮斯托教授和伦敦政治经济学院许成钢教授创立了"不完备法律理论" （Incomplete Law Theory），并在此基础上阐释了金融监管的最优权力分配问题。参见 Katharina Pistor &Chenggang Xu. Incomplete Law—A Conceptual and Analytical Framework and its Application to the Evolution of Financial MarketRegulation ［J］. Journal of International Law and Politics, 2003 （35）, 34. （中文译本见卡塔琳娜·皮斯托、许成钢：《不完备法律——一种概念性分析框架及其在金融市场监管发展中的应用》 （上、下） ［M］. 北京：中信出版社，2002 （3-4）；Katharina Pistor & Chenggang Xu ［G］. Fiduciary Duty in Transitional Civil Law Jurisdictions Lessons from the Incomplete Law Theory. SSRN Working paper No. 343480, 2002；Katharina Pistor & Chenggang Xu. Law Enforcement under Incomplete Law：Theory and Evidence from Financial Market Regulation ［G］. SSRN Working paper No. 396141, 2004；Katharina Pistor & Chenggang Xu. Governing Stock Markets in Transition Economies Lessons from China ［G］. SSRN Working paper No. 628065, 2004；Katharina Pistor &Chenggang Xu. The Challenge of Incomplete Law And How Different Legal Systems Respond to It ［G］. Paper prepared for the Project Le Bijuridisme：Une approche economique, 2004 （中文译本见卡塔琳娜·皮斯托，许成钢，李雨峰译. 不完备法律之挑战与不同法律制度之应对 ［M］. 北京：中国政法大学出版社，2005 （2）.

vations）在颠覆传统金融业态，赋能金融行业升级，重塑金融商业模式的同时，也为金融市场带来了一系列安全隐患。经济活动发展超前于法律规范供给越来越成为一种常态，这也导致驱动金融法律发展演变的是实践人士而非立法机构。[①] 法制规则的滞后性则进一步加剧了金融创新导致的风险溢出效应，进而引发更多的金融商事纠纷。

在司法领域，金融创新领域带来的法律规则供给不足已成为金融市场的常态，由此给金融司法对金融交易的行为评价和效力判断带来了一些挑战。比如，在缺乏明确法律法规的情况下，法官是否可遵循先例或将金融监管部门的监管政策作为裁判依据？例如，在网络借贷问题上，关于网贷平台提供担保、设立风险准备金等行为的法律效力认定问题，涉及如何准确把握《网络借贷信息中介机构业务活动管理暂行办法》中规定的"直接或变相向出借人提供担保或者承诺保本保息"这一条款。[②] 有观点认为，平台设立风险准备金等类似机制违反了监管政策的相关规定，应当认定无效，也有观点认为，目前监管部门在未明确判定平台违规时，司法不应当就合同与监管政策的差异而否定合同效力，应当遵循民法中的意思自治原则，依法判决双方依照合同约定履行义务。总体而言，金融法律规则的供给不足，导致金融司法裁判在金融交易行为评价和效力判断上存在相当的难度。在传统金融商法领域也存在类似的挑战。各种新型融资担保方式的法律效力评价问题、内幕交易的认定问题等，都是具有代表性的挑战。

（二）金融专业化发展为金融法治带来挑战

为满足多样化的资金融通需求，金融市场产品供给趋向丰富化；为追求利益最大化，金融产品交易结构设计渐趋复杂化。这些都导致

---

① ［英］艾利斯·费伦；罗培新译. 公司金融法律原理［M］. 北京：北京大学出版社，2012：350.

② 参见《网络借贷信息中介机构业务活动管理暂行办法》第 10 条第 3 项。

金融商事交易行为在法律认定方面存在更多的"迷雾"。这些"迷雾"既挑战了金融监管的执行力，也给金融司法的功能发挥带来困境。

以金融衍生品交易为例，在司法裁判领域，仅从法律角度对该类创新型的交易进行准确的认定已经变得越来越困难。通常认为金融衍生品的应用是为降低融资成本或对冲分散金融风险，① 但金融衍生品的过度使用可能会引发较大的金融风险。信用违约互换（CDS）的异化就是典型的例子，其作为风险管理工作，设计初衷在于分散证券化产品的投资人、持有人风险。但在实践中由于信用违约互换买方不需要实际持有被保险的债券，从而使其可能从风险管理工具沦为投机工具。实践中的信用违约互换合约在异化过程中也将自身的合同属性逐步让位于"证券"特征且规避了证券法的监管，最终引发对手方风险。② 这一异化过程也反映出法条式的法律形式与功能型的金融创新产品间的差异，以合同形式表现的 CDS 游离于传统金融监管之外。美国的证券交易委员会、商品与期货交易委员会、各州的保险监管机构，都未将 CDS 纳入监管范围。③

又如，近年私募基金领域乱象渐显，登记备案的私募基金涉非法集资案件逐渐增多。尽管这些基金在外观上表现出"合法化"，但在募集资金和实际投资过程中常突破合规要求，从而迷惑投资者。对此，若此类资金管理不善很可能带来短期类大量基金无法赎回、基金财产处置困难等问题。在此背景下，监管机制还需进一步健全，转变监管思路，强化监管联动与信息共享，实现从严监管和"从虚向实"的科学、系统、均衡的金融监管模式。④ 此外，在金融专业领域，关于

---

① 楼建波. 金融海啸中的三重危机与法律应对 [J]. 社会科学，2009（6）.
② 楼建波. 金融商法的逻辑：现代金融交易对商法的冲击与改造 [M]. 北京：中国法制出版社，2017：28-29.
③ 楼建波. 金融商法的逻辑：现代金融交易对商法的冲击与改造 [M]. 北京：中国法制出版社，2017：65.
④ 朝阳区检察院. 金融检察白皮书（第五辑）[EB/OL]. 2020. http：//www.bjjc.gov.cn/bjoweb/minfo/fwz/index.jsp？FWZBH=8.

部分通道业务的认定、虚假陈述的民事赔偿以及内幕交易的认定，司法都表现出知易行难的特征。金融司法受制于这种专业知识的欠缺，从而使得基于对金融产品模式和逻辑结构准确认知基础上的法律评价带来挑战。

(三) 金融市场的周期性波动影响金融法制实效

21 世纪以来，世界经济已逐渐演化为以金融为核心的体系，受金融周期性波动的影响，金融市场始终在创新与监管的反复博弈和互动中发展。从宏观来看，金融创新的发展趋势大致可归纳为金融工具的证券化、金融业务的表外化以及金融市场的全球化。[①] 金融法制在宏观法律体系健全的情况下，仍需要依赖不断更新的监管规则和政策文件来应对金融创新，也不得不面对金融商事先行带来的基础性挑战。

金融商事交易易受监管政策影响。当前我国金融体系规模庞大，但各类配套设施尚不健全。主要表现在两个方面，即以银行为代表的金融机构占据了金融体系结构的主体地位，以及国家对于金融市场发展的行政干预和政策施加在全球都位居前列。[②] 受金融市场周期性波动的影响，金融监管政策也随着市场波动呈现定期变动的态势，无论是宏观的司法政策还是微观的司法个案裁判都很难摆脱周期性波动监管政策影响，加之我国法院体系中法官考核制等因素的影响，行政部门政策对司法影响难以回避。由此也会影响到金融商事交易在不同监管环境中的不同表现，一个典型例子就是，在实体经济成本攀升、利润微薄，相对宽松的货币环境，实体企业融资受阻等情况下，企业的活动重心可能从生产经营活动转向投资金融市场，加剧金融市场泡沫风险。而在强监管背景下，监管机构能够更好地抑制企业脱实向

---

① 季奎明. 金融创新视野中的商事法变革 [M]. 北京：中国法制出版社，2011 (8)：9.

② 黄益平. 金融政策应尊重金融规律 [EB/OL]. [2020-08-26]. http://finance.sina.com.cn/zl/china/2019-01-21/zl-ihrfqziz9757525.shtml.

虚，避免企业过度金融化现象的出现。①

此外，金融商事交易具有国际性特征。相比其他国内法律部门，商事法律自诞生就带有国际性特征。无论是实体规则还是商法统一程序规则的扩张，现代商法的发展都呈现出国际统一化趋势。② 金融商事交易在全球金融业相互渗透、融合的同时也在呼吁国际金融法制规则的衔接。

最后，静态的金融法制是否能化为有效的动态法制还存在一定困难。金融法制细则的明确涉及甚广，法制规则知易行难的现状长存，如对于证券市场内幕交易行为的认定和民事责任细化问题。③

总体而言，无论是传统金融还是近年来流行的创新金融，其在提升金融产品和服务可及性、提高国家和地区经济竞争力等方面都扮演着越来越重要的角色。金融市场的发展，一方面为优惠配置资源，激活一国经济贡献了重要力量，另一方面在扩展了市场经济复杂性的同时也不断冲击和改造着传统民商事法律理念和体系。在金融商事领域，各类层出不穷的创新型金融产品的出现，以及由此引发的金融司法需求，显然已不同于法律和司法裁判的"古典"领域。

二、审判竞争视角下国际金融中心建设的司法挑战

（一）当前国际金融中心的格局变动

发达国家长期占据国际金融帝国的地位，其历史可以追溯至 16 世

---

① 黄海涛，余志君，杨贤宏.金融监管对企业金融化的影响及监管角色构建——基于期限结构异质性视角下的经验证据 [J]. 金融经济学研究，2020，35（3）：146-160.

② 实体规则的扩张主要表现在国际层面的立法范围不断扩大，如国际商事公约、示范法和国际标准合同、国际惯例的出台；统一程序规则的扩张主要体现在商事仲裁领域，如《纽约公约》的出台。参见：王瑞.商法基础理论与专题研究 [M]. 北京：中国政法大学出版社，2017（4）：128-131.

③ 缪因知.内幕交易民事责任制度的知易行难 [J]. 清华法学，2018，12（1）：188-206.

纪意大利达克多占领世纪货币地位。随着英国金融势力的强大，进一步巩固了西方金融帝国的地位，直至第二次世界大战后美国取代了英国继续保持西方的金融领先地位。可以说，在过去长达近百年的历史中，发达国家的金融帝国地位从未被撼动过，而 2008 年的国际金融危机风暴首次使得这座金融帝国的大厦开始动摇。尽管当前在国际金融市场上美欧依然引领世界，但自国际金融危机爆发后，以华尔街为代表的发达国家金融帝国地位开始动摇，以中国为代表的新兴国家金融地位正在不断上升是不争的事实。①

近年来，贸易的不确定性、社会动荡、政治因素以及新型冠状病毒大流行的经济影响等导致了国际金融中心指数结果的波动性超过了正常水平。

1. 伦敦国际金融中心

伦敦国际金融中心的崛起始于 18 世纪英国在全球经济中主导地位的确立。早于 1870 年，伦敦的地位开始得到加强，此后 40 年它一直处于国际金融体系的中心。这种地位的加强不仅从量上增加了伦敦金融从业人员的人数和伦敦金融资本的扩张，也从质上加强伦敦作为全球首个现代化金融中心的地位——那些迄今为止都很难获得的（至少是很难找到）服务在伦敦都有提供，这一点是其他金融中心难以企及的。②

现今伦敦金融城（City of London）已成为世界外汇交易的领军者，超过 30% 的全球外汇交易是通过伦敦进行的。金融服务占英国经济产出的 7.2%，占政府税收总额的 11%。然而，自 2016 年 6 月英国脱欧公投以来，伦敦金融业出现边缘化风险，一方面，自 2020 年 1 月

---

① 典型表现包括金融危机自发展中国家转向经济发达国家；债务危机风险自发展中国家转向经济发达国家以及发达国家的实体经济出现倒退等。参见：周炼石. 上海金融中心的金融结构研究——基于国际金融格局变动的视角 [M]. 北京：中国言实出版社，2016（9）：41-42.

② 尤瑟夫·凯西斯著；陈晗译. 资本之都 国际金融中心变迁史 1780-2009 年 [M]. 北京：中国人民大学出版社，2013（4）：73.

1 日起，英国金融公司失去了全面进入欧盟的机会，而不得不依赖个别成员国的一系列规定，[①] 英国金融业曾希望保留能实现银行轻松与欧盟贸易的"护照权"（Passporting Rights）也不被布鲁塞尔方面认可，其只保留给英国单一市场的成员享有英国特区。另一方面，伦敦金融城的开发市场受到阻碍后，当欧洲市场业务转向其他欧洲国家时，伦敦金融中心就不得不挖掘新的增长动力。[②] 特别是从长远看，如果欧盟在等价问题上采取强硬立场，伦敦作为金融中心的吸引力必将降低。同时，英国退出欧盟对该国银行体系的稳定性产生了负面影响，它导致该国的信用评级下降，英镑兑美元汇率下跌以及英镑贬值。[③] 而英国脱欧也导致一些金融企业将办公室和投资转移到欧洲其他城市。[④] 未来几年，伦敦可能会落后于其他城市。[⑤]

最新的全球金融中心指数（Global Financial Centres Index）显示，尽管受到法兰克福和巴黎的挑战，伦敦目前依然是欧洲大陆最具竞争力的金融中心。伦敦具有优越的语言、法律制度和金融基础设施三大要件，并非欧洲其他金融中心可在短期内替代。2020 年 12 月，伦敦金融城表示 11 月收到开发商提交的土地规划申请，较上年同期增加了 7%。这些数据表明，尽管新冠肺炎疫情肆虐，伦敦金融城依然是一

---

① 为保持英国脱欧前的类似联系，英国依赖布鲁塞尔对其金融服务部门给予同等监管。但到目前为止，布鲁塞尔只在衍生品结算和爱尔兰证券交易这两个领域给予暂时等同。只有等英国证明自身金融监管服务与欧盟一样强大时才会被给予永久等同，这使得伦敦金融业被削弱。参见：德国之声（DW）：世界第二大金融中心伦敦的下一步是什么？https：//www.dw.com/zh/%E5%9C%A8%E7%BA%BF%E6%8A%A5%E5%AF%BC/s-9058.

② 孙庆庆，刘亮，等. 上海改革开放与创新发展理论和实践丛书 转型国家的国际金融中心建设 上海国际金融中心建设的实践与经验 [M]. 上海：上海社会科学院出版社，2018 (6)：237-239.

③ Development prospects of London as the world's financial center in the conditions of Brexit'，https：//cyberleninka. ru/article/n/development-prospects-of-london-as-the-world-s-financial-center-in-the-conditions-of-brexit.

④ 自英国决定脱欧，伦敦金融公司在法兰克福、阿姆斯特丹和都柏林等欧盟城市设立了新的办事处并转移了 1 万亿美元的资产。如银行业巨头摩根士丹利、摩根大通和高盛将逾 3500 亿美元合并资产从伦敦转移到德国，60 多家国际银行还与德国金融监管机构巴芬（BaFin）签署了协议。

⑤ These are the top ten biggest financial centers in the world, according to the 27th GFCI report. [EB/OL] value walk. https：//www.valuewalk.com/2019/10/new-brexit-deal/.

个对开发商和全球投资者有吸引力的地方。

2. 纽约国际金融中心

19 世纪末叶，纽约已成为顶尖的国际金融中心。尽管最新的全球金融中心指数报告中，纽约依然保持在全球第一的地位。但受政治及新冠肺炎疫情等因素影响，当前美国依然处于半封闭的状态，持续的低就业可能在未来持续带来一系列重要影响。根据美国就业市场进行排名的软件公司 ThinkIQ 分析，直到 2026 年，纽约市的金融业才能从新冠肺炎疫情造成的灾难中恢复过来。2020 年纽约市失去了大约 8% 的金融工作，比 2019 年 8 月的峰值 80 万人有所下降。新冠肺炎疫情引发的封锁对从租金到抵押付款所有事物都产生了"多米诺骨牌效应"。金融业涵盖从银行和证券到房地产和保险的各个行业。大多数华尔街公司承诺在新冠肺炎疫情流行期间不裁员，总部位于加利福尼亚州阿利索维耶荷的 ThinkIQ 使用 10 个关键经济指标来对美国就业市场进行排名——包括工作和工资增长，人口统计和教育程度。纽约在人口方面排名第一位，但在其他指标［如工资增长（第 47 位）和工作增长（第 143 位）］方面表现不佳。[①] 尽管当前尚无法预知后疫情时代的经济格局，然而疫情已经深刻改变了全球商业，也毫无疑问会导致全球金融资本向安全的国家转移。

3. 亚洲国际金融中心

在最新的全球金融中心指数报告（GFCI）中，中国香港由于 2019 年关于引渡法案的抗议及国家安全法的出台等因素导致其金融中心的地位下降至第六位，比上次调查下降了三个等级。比其排名变化更能说明问题的是其评级变化，该变化下降了 34 点，是本次调查的前 50

---

① NYC's Finance Jobs Won't Recover for Six Years, Analysis Shows ［EB/OL］. Alex Tanzi, Bloomberg News. https://www.bnnbloomberg.ca/nyc-s-finance-jobs-won-t-recover-for-six-years-a-nalysis-shows-1. 1443649.

个金融中心中最高的。① 中国香港自排名下降后，作为亚洲最具优势的国际金融中心地位就持续性受到质疑，关于哪一个金融中心将取代香港的争论也甚嚣尘上。在此方面，包括日本、韩国在内的其他亚洲国家和地区先后出台了相关政策，吸引中国香港的金融公司和金融人才以此提高自身作为亚洲新金融中心的形象。②

新加坡金融中心一直被认为是中国香港在亚洲地区最有力的竞争者，一方面，新加坡和中国香港具备相似的优势：都曾有作为英国殖民地的经历，有着高效的营商环境和贸易经验，它们都保留了英国普通法律体系，建立了透明、高效的法律制度，拥有世界顶尖的国际仲裁中心；具有世界级的基础、港口等基础设施；吸引了大量专业国际化金融人才。另一方面，中国香港在过去40年受益于中国内地经济的高速发展，加速了金融业的腾飞，作为"超级连接器"的这一优势也隐含了潜在风险。并且，中国香港特区政府的规划易受立法会牵制，缺乏科学长远的规划，较高的房价和商铺租金也使得中小企业难以为继。相比之下，新加坡国际金融中心的发展路径与之不同。新加坡以其独特的地理优势与经济模式周旋于美中印、东南亚各国贸易伙伴之间，加之新加坡发达的多边贸易和较高的政策支持，其金融地位不容小觑。

尽管中国香港和新加坡多年来不断竞争，但亚洲顶尖金融中心的地位也很可能在未来花落第三者。依据2020年9月发布的第28期全球

---

① Finews. asia：Hong Kong Financial Center Competitiveness Plunges ［EB/OL］. 2020. https：//www. finews. asia/finance/31370-hong-kong-financial-center-competitiveness-plunges.

② 如首尔计划为在本地开设办事处的外国金融公司提供免费租金。釜山向三个将在釜山国际金融中心大楼内开设办事处的实体提供25年的免费租金，同时还提供公司减税措施。参见 http：//www. koreatimes. co. kr/www/biz/2020/07/367_293042. html；日本自三年前资产膨胀的泡沫经济崩溃以来，国际金融中心一直未能成形。但香港金融中心地位降低后，其同样提出降低税率、免租金等方式吸引香港的金融公司和金融人才，但高税率和缺乏投资者将是日本金融中心发展的障碍。参见 https：//asia. nikkei. com/Spotlight/Japan-immigration/Japan-fires-up-plans-to-scout-Hong-Kong-talent-for-financial-hub；https：//uk. reuters. com/article/us-japan-immigration/japan-to-step-up-measures-to-attract-foreign-finance-workers-ruling-party-draft-idUKKBN23U1DO.

金融中心指数（GFCI），中国上海已经位于全球国际金融中心第三。

此外，随着近年来以新兴国家为主的主权财富基金的兴起，中东地区的国际金融离岸中心也渐趋发展壮大。① 东京、首尔和印度等金融中心也同样为争夺国际地位而实施各项政策。一方面，我国新冠肺炎疫情的有效控制对于国际金融中心建设来说是一个好现象，有利于外资的流入，另一方面，亚洲各国以及传统发达国家的金融竞争依然十分激烈，我国金融中心的建设既存在重大机遇，也面临严重挑战。法制环境作为金融中心建成的重要因素，在我国参与金融中心建设时需增强重视，尽快提高法治文化软实力。

（二）国际金融中心建设的司法需求

法制环境是决定国际金融中心地位的重要因素之一，遵守市场交易规则是商业得以运作的基础条件，特别是对于国际金融中心日常的金融商事交易而言，法律规则的健全和有效执行，对于交易的可持续性具有深远影响。法制环境不仅影响金融交易，而且是国际资本和人才选择市场的重要考量因素，金融业务期限较长往往是常态，稳定和预期明确的规则环境是吸引资本和人才的必备条件。②

法律在很大程度上是政策的工具。③ 金融法律制度的主要作用是减少金融交易成本和降低金融交易风险，其建立的实质并不是国家对金

---

① 主权财富基金始于 1953 年科威特投资局，兴于近十年，是国家用外汇资金组建而投资各种国际金融资产寻求投资回报的基金。目前中东地区占全球主权财富基金的半壁江山，主要包括阿联酋、阿布扎比、卡特尔、科威特等地。参见 SWFI. Top 92 Largest Sovereign Wealth Fund Rankings by Total Assets［EB/OL］. 2020. https：//www. swfinstitute. org/fund-rankings/sovereign-wealth-fund；周炼石著. 上海金融中心的金融结构研究 基于国际金融格局变动的视角［M］. 北京：中国言实出版社，2016（9）：69-71.

② 孙福庆，刘亮，等. 上海改革开放与创新发展理论和实践丛书 转型国家的国际金融中心建设上海国际金融中心建设的实践与经验［M］. 上海：上海社会科学院出版社，2018（6）：235.

③ ［英］P. S. 阿蒂亚（P. S. Atiyah）著；范悦，等译. 法律与现代社会［M］. 沈阳：辽宁教育出版社；牛津大学出版社，1998（9）：134.

融的控制，而是使金融效率最大化。① 法律制度历来有"良法"和"恶法"之分，就应对金融创新来说，"良法"能够更快地适应金融变化，为金融创新提供制度空间，从而提高金融效率，降低风险，保护金融消费者，"恶法"使得金融创新无法可依，甚至造成金融市场主体利益受损，带来深层次结构性矛盾且阻碍金融市场充分发挥活力和创新力。② 因此，首先，灵活的法律法规制度对于国际金融中心应对金融创新和金融全球化发展意义重大。其次，单纯立法与法律监管已经难以跟上金融科技飞速发展的步伐，③ 及时有效的金融监管是构建国际金融中心的重要因素。最后，金融纠纷能够得到多元化、专业化的解决，并以此最大限度地保护金融消费者，金融法律制度是建设国际金融中心应当具备的法制保障。尽管当前学术界对于设立专门金融法院来集中应对金融纠纷的看法不一，④ 但从积极意义上来说，设立专门的金融法院提高金融案件审判效率和专业化水平有利于发展中国家在全球竞争格局下获得建设国际金融中心的有利条件。

同样，金融纠纷的多元化解决机制的设立对于国际金融中心法制环境的建设也尤为重要。英国通过金融监察专员服务（FOS）来解决消费者和金融企业间的纠纷，以此提供法庭外的非正式途径。⑤ 美国设

---

① 刘丹冰 . 金融创新与法律制度演进关系探讨 [J]. 法学杂志，2013（5）：107.

② 蔡奕 . 法制变革与金融创新——兼评《证券法》《公司法》修改实施后的金融创新法制环境 [J]. 中国金融，2006（1）：54.

③ 邓建鹏，李雪宁 . 监管沙盒的国际实践及其启示 [J]. 陕西师范大学学报（哲学社会科学版），2019，48（5）：66.

④ 积极者认为专门法院有利于提高金融纠纷审判水平和效率，有利于培养较高水平的法律人才，有利于法院在实现基本纠纷解决的目标后充分发挥规则供给的功能。但消极者认为此举集金融与法律的复合型人才来集中审理金融案件，实质会造成对其他类案件人才资源的剥夺，而由于缺乏审判竞争的考量，专门法院易形成"深刻但偏狭"（deep but narrow）的司法见解，以至于无法观照到反映在其他法律领域的法律发展新趋势以及社会潮流的变迁，甚至出现"绝缘化"倾向，此外，考虑到法官群体相对稳定的职业状态，专门法院还可能带来司法利益俘获问题等。参见：丁冬 . 金融司法的逻辑 [D]. 上海：华东政法大学，2019.

⑤ 金融监察专员服务 [EB/OL]. ［2020 - 02 - 05］. https：//www. financial - ombuds-man. org. uk/.

立了专门处理金融个体消费者之间纠纷的 ADR 系统，金融消费者与经纪自营商或其代理商之间的大多数纠纷都通过 FINRA 争端解决机构仲裁解决。①

多元化纠纷解决机制的建立也能更好地处理金融纠纷，保护金融消费者。对比老牌国际金融中心，其法治建设中对于金融消费者的保护非常重视，如英国金融服务补偿计划（FSCS）和美国金融消费者保护立法和金融司法制度等。② 随着金融混业经营的态势越发强烈，原先针对不同金融服务主体的保护制度界限越发模糊，而在建设国际金融中心时加大对金融消费者的保护无疑有利于金融市场良好秩序的建立和金融开放格局的形成。

现代金融市场发展对金融司法提出了更高的要求，除了满足纠纷解决的基础功能外，金融司法还被期待发挥规则供给的功能，特别是针对金融创新出现的新类型案件，金融司法对于个案的裁判关系到将来同案的发生概率与裁判结果。

除此以外，就国际金融中心建设而言，金融司法面临着全球审判竞争的格局。近年来有学者认为，即便忽略普通法系与大陆法系的优劣之分，就建设国际金融中心这一议题，普通法系依然比大陆法系更有助于建成国际金融中心，这背后的本质理由是：国际金融中心的选择虽具偶然性但却并非完全随机，但其发展轨迹反映了历史对现在和将来的影响，因而体现了制度上的路径依赖作用。③ 在过去近一百年里，世界重要金融中心的建成历史，主要是由以英美为主的普通法域

① Byron Ⅱ Crowe. Financial Services ADR: What the United States Could Learn from South Africa [J]. Cornell International Law Journal, 2013, 47 (1): 143-180.

② 吴弘，徐振. 金融消费者保护的法理探析 [J]. 东方法学，2009 (5): 13-22.

③ 20 世纪 90 年代，新制度经济学的重要代表人物 North 提出制度上的路径依赖理论，并指出所谓的路径依赖是制度变迁中存在着报酬递增和自我强化机制，而路径依赖的"锁定"（Lock-in）效应就是传统制度框架通过选择定型可能形成"锁定"而制约了新的制度路径。参见吴大器，张学森，等. 上海国际金融中心发展环境专项研究 1 [M]. 上海：上海财经大学出版社，2014 (1): 6.

国家书写的，正如"马屁股的宽度决定了火箭的大小"，[①] 当前资本的国际轨道已经是普通法体系。特别是在司法领域，最积极的国际参与者，无论来自哪里，在考虑到如何处理自身的争端时，最终都会触及普通法的管辖权。[②] 而当双方当事人中有一方来自另一方无法接受的司法管辖区时，基于普通法上的司法管辖权之争就会变为不同法系间的司法管辖权之争。[③] 而就商事事项而言，目前公认的事实是普通法系的管辖权更易被理解与接受。这也是在国际贸易中交易双方当事人通常约定发生纠纷时适用普通法的原因。并且，相比大陆法系国家，普通法系法院的金融案件受理范围更广、法官能动性更大，能更灵活地对新型金融交易模式的合法性与否予以判断，把握创新风险与欺诈骗局之间的界限，合理厘定混合性质的法律关系中的权利义务配置，匡正许多关键的弹性法律概念尺度。[④] 因此，鉴于金融中心之间的竞争，只有采用普通法的法律框架，才能增加被接纳的可能性。尽管当前学界对此结论见仁见智，但就司法而言，普通法框架的司法环境被认为更加尊重当事人对合同条款的约定。普通法的这一特点也被一些学者称为"一种商业需要的性格偏好"。[⑤] 由此普通法也被冠以"商人的法律"之名。另外，不同于成文法坚持仅有国家立法机关才能"创设废改"法律传统，普通法系的司法判例机制在保持法律的确定性和增强社会适应性方面更具优势。相比大陆法系国家法官机械的适用"三段论"

---

① 这一观点源自"火箭直径由来"的历史，其认为火箭是由铁轨运输的，而最早铁轨的宽度是由马车的宽度决定的，马车的宽度又是由马屁股决定的，故有此说。现用来论述历史经验对现状的决定作用。

② Htay S. The Transformation of Islamic Law in Global Financial Markets [J]. Banking & Finance Law Review, 2017, 33 (1).

③ The Law Society of England and Wales. Why Choose English Law, England and Wales: The Jurisdiction of Choice [EB/OL]. [2020-07-27]. http://www.eversheds.com/documents/LawSocietyEnglandAndWalesJurisdictionOfChoice.pdf.

④ 缪因知. 发达国家金融法院的经验与启示 [J]. 金融博览, 2018 (10): 16-17.

⑤ (德) 海因·克茨 (Hein Kotz) 著; 周忠海, 等译. 欧洲合同法 (上卷) [M]. 北京: 法律出版社, 2001: 251.

原则，坚持在制定法甚至金融监管行政规章中寻找裁判依据的行为，[①]普通法系国家法官的社会地位、选任条件都能促使其产生积极造法的功能。[②] 因此，从国际化角度来说，我国金融市场国际化，或者说金融中心的国际化发展，对于司法的要求必然是参与到全球金融司法审判竞争中，故而在国际金融中心建设的议题方面，上海的金融司法还需增强国际化水平，具体包括国际化司法人才的引入、国际化标准与规则的衔接以及国际化的投资者保护等具有竞争力的司法环境。

---

① 如我国最高院在福建伟杰投资有限公司与福建天策实业有限公司营业信托纠纷案 [（2017）最高法民终字 529 号] 的裁判要旨中，通过引入《保险公司股权管理办法》来作为判断合同效力。

② 陈少宏. 大陆法系与普通法系法官的区别及原因探析 [J]. 法制与社会，2013（18）：240-241.

第二篇

我国国际金融中心建设的法制环境

第四章　我国国际金融中心的建设现状

一、当前中国国际金融中心的发展现状

依据 2020 年 9 月发布的第 28 期全球金融中心指数（GFCI），上
海、香港、北京、深圳位于全球国际金融中心前十之列。同样，2018
年新华金融中心指数（IFCD）也将香港、上海和北京列入全球十大国
际金融中心。[①]

[①]　全球有很多专业金融机构制定和发布国际金融中心指数报告，其中 GFCI 和 IFCD 最为著
名。GFCI 全称为 The Global Fiananical Centres Index，是由伦敦 Z/Yen 集团自 2007 年开始编制，其
主要利用营商环境、人力资源、基础设施、发展水平以及国际声誉等特征性指标和全球金融专业人
士的网络问卷调查结果建立金融中心竞争能力预测模型并与真实评价结合产生全球金融中心排
名，参见：http：//en. cdi. org. cn/images/research/gfci/GFCI_27_Full_Report. pdf。IFCD（新华国际
金融中心发展指数）全称为 Xinhua International Financial Centre Development Index，是由中国经济信
息社和中国金融信息网自 2010 年开始编制，其编制方式与 GFCI 类似，参见：https：//
www. longfinance. net/media/documents/GFCI_28_Full_Report_2020. 09. 25_v1. 1. pdf。

（一）上海国际金融中心建设现状

在中国，当前上海国际金融中心无疑是最具发展潜力的。1992 年 10 月，党的十四大首次把建设上海国际金融中心确立为国家战略，明确提出要"尽快把上海建成国际经济、金融、贸易中心之一"。[①] 经过近 30 年的努力，上海已经从一个金融业相对闭塞的城市发展成一个金融市场和基础设施相对齐全的现代化国际大都市，在全球金融业竞争中也具有较强的竞争力。

上海是全球第四大证券交易所的所在地，市值超过 4 万亿美元。[②] 截至 2019 年底，上海金融市场成交总额已达 1933 万亿元，是 2009 年的 7.7 倍，在金融机构数量上，上海持牌金融机构共有 1657 家，较 2009 年增加 600 多家，[③] 是全球重要的金融机构聚集地。2019 年上海 GDP 总额接近 4 万亿元，金融业成为第一支柱产业，口岸贸易总额继续位居世界城市首位。[④] 在金融组织体系方面，上海金融市场组织体系逐渐完善。自 20 世纪 90 年代以来，上海先后成立了股票、债券、期货、基金、银行同业拆借、外汇、黄金、信托、保险、期权、票据等金融市场，加之浦东开放和我国加入世界贸易组织（WTO）的推动，金融市场的开放性也逐步增强。随着人民币国际化水平的提升，上海期货市场中以人民币计价的影响力越来越大，目前已有 90 多

---

① 沈立强. 传承与创新：上海国际金融中心建设战略 [M]. 上海：上海人民出版社，2016：15.

② These are the top ten biggest financial centers in the world, according to the 27th GFCI report. [EB/OL]. [2020 - 10 - 29]. value walk. https：//www.valuewalk.com/2019/10/new - brexit-deal/.

③ 数据来源于搜狐和新浪新闻报道，详见 2018 中国首席经济学家论坛（CCEF）年会上，上海市金融办主任郑杨的发言及 2019 年上海市长应勇的言论，参见 https：//www.sohu.com/a/216273569_105293，http：//finance.sina.com.cn/roll/2020-01-15/doc-iihnzhha2534991.shtml.

④ 2020 年 3 月年上海市统计局. 2019 年上海市国民经济和社会发展统计公报 [R/OL]. [2020-03]. http：//tjj.sh.gov.cn/tjgb/20200329/05f0f4abb2d448a69e4517f6a6448819.html.

家跨境资金池落地上海。①

　　尽管近年来上海国际金融中心建设取得了积极进展，在上述两份报告中，其总分和排名在近年来均呈现不断上升趋势，②但上海金融中心的领先指标主要与我国经济和金融的体量巨大、排名靠前密切有关。在金融基础设施，营商环境等方面还远远落后于英美等国家的金融中心。（见表4-1）③同样，在与国际金融中心国际化程度密切相关的其他一些重要领域，如资本账户的自由兑换程度、国际金融市场参与程度、与国际标准和规则的接轨、国际投资者市场参与度、国际金融机构聚集度、国际资信获取便利度、国际化人才聚集度等，上海与伦敦、纽约、香港、新加坡等国际金融中心相比，还具有明显差距。④并且，当前人民币的自由兑换性还不够高，上海的金融中心地位与其进出口量之间还存在差距。人民币的地位与进出口量不成比例，尽管进出口数量很高，但人民币的地位还不够高。人民币的不可兑换性带来了额外的经商成本和额外的障碍，这意味着如果我们必须从公司内部从国外筹集资金，就需要经历更多的法律和行政程序，而在更开放的市场中，这几乎是立竿见影的。⑤这既决定了短期内上海国际金融中心还无法与纽约、伦敦及香港等全球领先的国际金融中心相抗衡，也凸显出上海国际金融中心未来的重要发展方向是提高其国际化水平。

---

① 徐林．上海"两个中心"建设的过去、现在和未来［EB/OL］．［2020-08-29］．https：//baijiahao.baidu.com/s？id＝1675989949097448827&wfr＝spider&for＝pc.

② 如在 GFCI 报告中，上海国际金融中心的综合评分从2009年的第35名升至2019年的第5名，同样在2018年的 IFCD 报告中，上海国际金融中心的全球排名也位列第5名。

③ 参见：伦敦 Z/Yen 集团于．GFCI［EB/OL］．［2020-08-29］．https：//www.longfinance.net/media/documents/GFCI_28_Full_Report_2020.09.25_v1.1.pdf.

④ 徐林．上海"两个中心"建设的过去、现在和未来［EB/OL］．［2020-08-29］．https：//baijiahao.baidu.com/s？id＝1675989949097448827&wfr＝spider&for＝pc.

⑤ Shanghai's quest to become an international financial centre［EB/OL］．［2020-08-29］．World Economy News https：//www.hellenicshippingnews.com/shanghais-quest-to-become-an-international-financial-centre/.

表 4-1　GFCI28 竞争力各次级指标中排名前 10 的金融中心

排名	营商环境	人力资本	基础设施	金融业发展水平	声誉及综合
1	纽约	纽约	纽约	纽约	纽约
2	伦敦	伦敦	伦敦	伦敦	伦敦
3	香港	香港	东京	上海	新加坡
4	日内瓦	卢森堡	新加坡	新加坡	香港
5	芝加哥	新加坡	香港	香港	东京
6	新加坡	巴黎	旧金山	法兰克福	上海
7	阿姆斯特丹	上海	斯德哥尔摩	苏黎世	日内瓦
8	北京	芝加哥	北京	北京	北京
9	上海	东京	上海	旧金山	苏黎世
10	苏黎世	北京	阿姆斯特丹	巴黎	多伦多

(二) 北京金融业稳步发展

北京是中国的首都，也是中国金融的监管决策中心，中国金融监管机构和四大银行总部均集聚于此。金融业是北京最重要的支撑产业之一，"十三五"时期，北京提出要"具备全球视野，以建成具有国际影响力的金融中心城市为目标"。2017 年，北京加快金融业对外开放，Visa、万事达卡等国际领先金融机构落户北京，国内首批市场化债转股金融资产公司农银投资、建信投资、中银投资在京设立。北京境内外上市公司数量居全国前列，总股本总市值居全国首位。

自首期进入 CFCI 榜单以来，北京金融中心综合竞争实力仅次于上海，一直排名全国第二位。第 28 期 CFCI 评价结果显示，北京金融中心综合得分 741 分，比上海低 7 分，排名第七位。

2019 年，北京市银行业金融机构资产规模进一步扩大，但利润有所下降。银行业金融机构资产总额 26.3 万亿元，同比增长 8.6%；实现利润 2589.2 亿元，同比减少 4.9%，较上年同期下降 9.9 个百分点；银行业金融机构数量有所增加，2019 年末机构网点总数减少 45 家；法人金融机构数量比上年增加 1 家；从业人数同比增长 5.1%。

证券期货业总体发展整体稳健，市场融资规模有所下降。证券期货机构数量稳步增长，对外开放进程有序推进，外币服务能力显著提升。2019 年末，北京地区法人证券公司 18 家，法人期货公司 19 家，法人基金管理公司 19 家，均与上年相同；证券营业部 544 家，期货分支机构 108 家，分别比上年增加 1 家和 4 家。证券从业人员 34538 人（包括辖区证券公司在全国下设营业部的证券从业人员），较上年减少 1248 人。证券公司营业收入明显上升，期货公司资本稳步提升。2019 年，北京地区 18 家证券公司营业收入 499.4 亿元，同比增长 32.1%。2019 年末，北京地区 19 家期货公司总资产 782 亿元，同比增长 11.7%；净资本 153 亿元，同比增长 3.4%。截至 2019 年末，北京地区基金公司管理公募基金产品 1390 只，同比增长 19.2%，基金资产净值合计 32027.9 亿元，同比增长 8.5%。"新三板"挂牌公司数量减少，股票融资总额下降。

保险市场总体稳步发展，2019 年末，北京地区共有保险总公司 45 家。在监管趋严背景下，保险公司风险防范意识和能力增强，市场秩序好转。2019 年，北京地区财产险公司综合费用率 35.6%，同比下降 4.7 个百分点；人身险公司退保率为 5.6%，同比下降 1.6 个百分点。保费收入平稳较快增长，业务结构持续优化。2019 年，北京地区保险公司实现原保险保费收入 2076.5 亿元，同比增长 15.8%；累计赔付支出 719 亿元，同比增长 14.2%。

2020 年，面对新冠肺炎疫情的严峻考验和国内外环境的深刻变化，北京市经济总体呈现稳步回升向好态势。根据地区生产总值统一核算结果，北京市全年实现地区生产总值 36102.6 亿元，按可比价格计算，比上年增长 1.2%，比第一至第三季度提高 1.1 个百分点。分产业看，第一产业实现增加值 107.6 亿元，下降 8.5%；第二产业实现增加值 5716.4 亿元，增长 2.1%；第三产业实现增加值 30278.6 亿元，增长 1.0%。

此外，北京市积极发展国家科技创新中心，在金融业对外开放方面和优化营商环境方面也积极做出努力。据研究，当前我国营商环境最佳城市中北京市排名第一。[1] 北京城市副中心作为国家服务业扩大开放综合示范区和中国（北京）自由贸易试验区，"财富管理、绿色金融、金融科技"功能定位不断夯实，区域金融业态持续提升、金融氛围日益浓厚、金融生态日趋完善。北京"两区"金融政策建设任务中，涉及金融领域共有 102 项开放创新举措，几乎涵盖了当前国家金融改革开放中各类金融业务领域，其中包括银行、证券、保险、基金、金融科技、资产管理，也包括与金融业相关的金融监管、金融人才、金融法治、金融基础设施等重要内容。在进一步放宽市场准入方面，未来北京"两区"金融政策将聚焦资产管理、金融科技、保险和再保险等重点领域，支持外资加大在北京落地。具体来说，针对北京金融机构和科创企业的实际需求，北京市将实施更加便利的外汇管理措施，推动本外币一体化试点，开展本外币合一的跨境资金池，提升QDLP（合格境内有限合伙人）、QFLP（合格境外有限合伙人）试点效果，开展人民币国际投贷基金试点，支持设立国际国内平行基金，实施中关村非金融企业外债项下逐步自由兑换，开展区内企业外债一次性登记试点，在全市范围开展资本项目收入支付便利化试点等。这些都将极大地促进跨境投融资的发展，为金融机构开展全球金融业务、企业获取全球创新资源构建快速直接的跨境资金通道。同时，北京还将支持外资金融机构获得更多业务资质。北京"两区"金融政策突出了北京在金融科技方面的引领作用，例如包括建设法定数字货币试验区和数字金融体系、探索制定跨境数据流动和交易规则、支持金融机构和大型科技企业设立金融科技公司、在京设立国家金融科技风险监

---

① 张三保. 中国省份营商环境研究报告 2020 ［R/OL］. ［2021-01-13］. https：//mp. weixin.qq.com/s/eEByjqSA0fKb6WmAImgOuQ.

控中心、建设金融科技应用场景试验区等。

（三）深圳金融业稳中求进

2020 年是改革开放的第 42 个年头，深圳已经发展成为能够与上海、北京相比肩的全国性金融中心，深圳金融业已成为全市的支柱产业。目前，深圳通过进一步加快与香港的金融合作，吸引优质金融资源，推动全市金融业可持续均衡发展，加快建设国际化金融创新中心。2020 年，深圳市经济金融发展的外部环境不确定性明显增加，新冠肺炎疫情、全球经济减速、中美贸易摩擦等对经济金融运行产生了重要影响。深圳金融业在经济金融内外部发展环境总体承压的情况下，保持平稳发展态势。2020 年前三个季度，深圳金融业实现增加值 3118.98 亿元，同比增长 10.2%，占同期全市 GDP 的 15.8%。金融业税收占深圳市总税收近四分之一，居各行业首位。在 2020 年 9 月最新一期"全球金融中心指数"（GFCI）中，深圳居全球第 9 位，国内仅次于上海（第 3 位）、香港（第 5 位）和北京（第 7 位）。

截至 2019 年，深圳市金融机构总数达到 479 家。深圳市各细分领域主要指标全国居前。银行领域，银行机构各项财务指标平稳运行，截至 2020 年 9 月末，深圳银行业资产余额达 9.98 万亿元，同比增长 17.2%，资产余额、存贷款规模稳居全国大中城市第三位。证券领域，截至 9 月末，深圳 23 家证券公司总资产 2.15 万亿元，营业收入 847.89 亿元，净利润 335.08 亿元，均位列全国第一；净资产、净资本均位列全国第二。境内上市公司 323 家，位列全国第三。保险领域，共有保险法人机构 27 家，1—9 月实现保费收入 1128 亿元，同比增长 6%。

在金融发展方面，深圳积极发布各项政策，推动地方营商环境建设和金融业人才吸引等。在人才方面，深圳市政府印发《深圳市支持金融人才发展的实施办法》，加大高层次和急需紧缺金融人才支持力度，对接国家和省人才规划，面向全球知名金融机构、国际性金融组织、全球一流大学及研究机构，引进和培养一批经济社会发展需要的高层次金融人才。按照急需紧缺人才引进工作统一部署，定期发布更新深圳金融领域急需紧缺人才目录，引进一批当地急需紧缺的金融人才；实施百千万金融人才培养工程，按照分类、分层和分步培养的思路，推进百千万金融人才培养工程。实施领军人才提升计划、骨干人才培养计划以及青年人才支持计划。由金融机构、驻深金融监管机构和市区政府相关部门推荐，每年遴选一定数量且有发展潜力的高端金融人才，向其提供高端金融人才研修项目，培养一批了解国内外金融动态和发展趋势、熟悉金融监管要求、具有改革创新意识的人才；加大国际化金融人才培养力度，培养及建设若干个与国际金融市场接轨、具有较高培训能级的金融人才国际化培训载体，设计开发适应深圳国际金融创新中心建设需求的境外培训项目。与纽约、伦敦、香港、新加坡等全球金融中心城市开展人才合作培养和交流项目，每年选派100名高端金融人才分批赴全球金融中心城市调研考察、学习培训、挂职锻炼；深化粤港澳大湾区金融人才交流合作，贯彻落实粤港澳大湾区发展规划，加强与香港、澳门金融业的互联互通，促进三地在金融人才培养方面的交流、合作和发展。依托深港青年梦工厂、博士后交流驿站等平台，开展深港两地金融人才和项目常态化合作。在前海蛇口自贸区成立粤港澳金融人才发展联盟，鼓励港澳籍金融专业人才依法依规为区内企业和居民提供专业服务。

二、当前我国国际金融中心的法制现状

当前我国的金融法制方面还存在较多问题：一方面，金融立法层出不穷，执法和金融风险规避"猫鼠游戏"不断；另一方面，在金融风险应对方面，金融立法和执法似乎已经黔驴技穷，金融司法亟须发挥重要职能。本小节以上海为例，重点概述上海国际金融中心目前的

法制现状。

（一）立法、执法各司其职

上海国际金融中心的法制环境在建设方面目前已经取得较大进步，20 世纪 90 年代初期在中国建立两个股票市场时，中国甚至没有一套适用的公司法和金融法。但我国克服困境，成功地研究制定了必要的法律，并在大多数情况下确保遵守法律。立法层面，上海市除了拥有全国人大和国务院颁布的全国性法律及金融专项条例外，还包括针对上海国际金融中心的专项立法。① 在监管层面，上海市"一行两局"的传统监管体系已经在新兴金融业态监管过程中逐渐暴露出自身的缺陷。2020 年 4 月，为规范上海市金融组织及其活动，更好地维护金融消费者和投资者的合法权益，维护上海市金融安全，进一步推动上海国际金融中心的建设，《上海市地方金融监督管理条例》② 应运而生。在监管体例方面，该条例首次确定了地方金融"双峰监管"的实践，设置了专章规范地方金融组织行为以维护"金融消费者"的行为监管和"防范化解金融风险"的审慎监管。③ 同时，该条例还明确了上海金融监管立法的个性特征在于创新发展和深化改革，鼓励金融科技、监管科技以及"监管沙盒"等创新应用。④ 在监管权限方面，该条例弥补了传统监管中地方政府有责无权、执法无据、处罚无凭的尴尬状态，明确赋予了地方金融监管机构在开展现场检查时的执法权、

---

　　① 如 2004 年的《上海国际金融中心建设行动纲要》，2006 年《上海国际金融中心建设"十一五"规划》，2009 年《国务院关于推进上海加快发展现代服务业和先进制造业 建设国际金融中心和国际航运中心的意见》《上海市推进国际金融中心建设条例》，2018 年《上海国际金融中心建设行动计划（2018-2020）》，2020 年《国务院关于推进上海加快发展现代服务业和先进制造业建设国际金融中心和国际航运中心的意见》等。

　　② 2020 年 4 月 10 日上海市第十五届人民代表大会常务委员会第二十次会议通过《上海市地方金融监督管理条例》，规定该条例自 2020 年 7 月 1 日起施行。

　　③ 陈贵．浅谈《上海市地方金融监督管理条例》的立法创新［N/OL］https：//www.thepaper.cn/newsDetail_forward_7645514.

　　④ 参见：《上海市地方金融监督管理条例》第 3 条，第 6 条，第 8 条。

行政处罚权及准司法权。① 此外，该条例第四条还规定建立金融工作议事协调机构，旨在统筹中央与地方在金融监管、风险防范、信息共享及消费者保护等方面的协作，从而增强金融市场监管合力，实现高效的监管信息平台和风险防控机制建设。在投资者保护方面，一般而言，投资者保护机制包括公司透明度，股东的决定权以及在出现问题时提起诉讼的权利。这些都使投资者感到自己的资金得到了充分保护。该机制当前在我国已经做得非常出色，无论是基于剑桥大学商业研究中心还是世界银行的研究都认可了这一点。②

（二）司法保障被寄予厚望

在司法方面，2008年上海浦东新区人民法院首次成立了金融审判庭，2018年上海金融法院成立，为建成上海国际金融中心提供了良好的司法保障。在过去的两年里，上海金融法院聚焦建设"专业化、国际化和智能化"的世界一流金融法院发展目标，依法审理了一批重大、疑难、新型、复杂的金融案件，通过司法裁判在完成纠纷解决功能的基础上实现了厘清市场规则的目标，有效规范了金融市场秩序。在创新层面，上海金融法院不仅深入智能办案系统，还首创了多个司法服务机制，具体包括全国首创证券示范判决机制、全国首个证券纠纷代表人诉讼机制、"中小投资者保护舱"、创新科创板注册制改革的司法保障机制以及智汇多元纠纷解决机制等。③ 2021年1月，第十三届全国人大常委会第二十五次会议审议通过了《关于设立北京金融法院的决定》（以下简称《决定》）。《决定》明确设立北京金融法院，而其审

---

① 参见：《上海市地方金融监督管理条例》第21条。

② Why Hong Kong will remain an international financial centre, despite new security law［EB/OL］.［2020-08-29］. Qrius. https：//qrius.com/why-hong-kong-will-remain-an-international-financial-centre-despite-new-security-law/.

③ 上海金融法院十大创新交出亮丽成绩单［EB/OL］. 人民法院报［2020-09-29］. http：//rmfyb.chinacourt.org/paper/html/2020-08/22/content_171368.htm? div=-1.

判庭的设置，则由最高人民法院根据金融案件的类型和数量决定。然而，多年来，中国采取了许多经济举措来建立新的金融中心。有些取得了成功，但发展战略却较为相似。它们并没有超出财务激励措施并为投资者提供了更加开放的商业环境。上海，乃至中国其他地区，仍然受到汇率控制和法官公正等局限性的困扰。

目前我国在法律制度中采用了更多基于案例的方法，反映了普通法制度对国际投资者的重要性。但这种发展获得更多的牵引力之前，考虑到中国未来的经济发展，香港作为我国最重要的国际金融中心仍然占据重要地位，诚信和信托法律概念之类的传统英语法律原则仍然是现代商业法律语言的核心。目前，这些尚未嵌入中国法律体系中。①

法治是最好的营商环境。尽管近年来上海市国际金融中心的法制环境有大幅提升，但与国际规则和水平还尚有差距，良好的金融法制环境对于规范和引导金融交易行为，依法平等保护各类金融主体促进金融市场法治化发展，具有十分重要的意义。尽管我们都相信随着中国的持续发展，上海市将会继续发展，但上海市金融中心建成还需要考虑更为广泛的生态系统，这包括监管框架，法治和合同的可执行性等。

三、我国国际金融中心建设的障碍与原因

对标金融中心指数分析，我们不难发现，我国金融中心的短板指标主要体现在人力资源、法制环境、声誉及服务水平等方面。

---

① Why Hong Kong will remain an international financial centre, despite new security law ［EB/OL］. ［2020-08-29］. Qrius. https：//qrius.com/why-hong-kong-will-remain-an-international-financial-centre-despite-new-security-law/.

(一) 金融人才相对缺乏

在人类文明进步发展的过程中,起到重要活性剂及助推器作用的就是创新,而对于我国来说,其中一项基本国策就是创新型国家建设,要想确保这一国策得以顺利实施和持续推进,重要的基础保障就是全面培养创新型人才。对于目前我国社会各领域和事业来说,必须要在大批创新型人才培养方面加大力度,并且应在较为稀缺的金融创新人才培养方面进一步提高重视程度。主要原因有以下两点:第一,在现代经济体系下,较强的实体及虚拟等经济互动性得到了充分体现,而作为虚拟经济及实体经济重要连接纽带的金融领域,其在现代经济中的核心地位不言而喻;第二,立足国际化的产业发展形势进行分析,我国和发达国家间差距最大的领域就是金融业,其中尤为突出的就是人才瓶颈问题。[①]

金融人才高度影响金融中心的发展程度。尽管当前上海金融从业人员的总量并不少,但人才结构不够合理,《上海金融领域"十三五"紧缺人才开发目录》显示,上海金融中高层管理、研究类、风险管理类人才较为紧缺。同时,具有国际视野的金融人才也一样稀少,相比伦敦拥有40%的外籍人口,上海持有国际金融从业资格证书的人员不足5000人。[②] 可见国际化、专业化和高水平的金融人才和法律人才紧缺在一定程度上阻碍了我国国际金融中心的发展,这显然与我国的人才政策息息相关。

未来,我国在金融人才培养过程中,最为重要的行动方针导向就是培养方案,目前日趋全球化发展的世界经济,越发凸显了国内金融业开放程度,此时在人才培养过程中,国际化的人才培养需求特征逐

---

① 孔赫方. 金融危机下对金融创新人才培养的反思 [J]. 财富时代, 2020 (12): 83-84.
② 徐美芳. 全球竞争格局下的国际金融中心建设 上海探索与实践 [M]. 上海: 格致出版社, 2019: 293-296.

渐凸显，基于此，在此背景下的金融创新人才培养过程，针对培养方案进行制定的过程中，目标应以外语和金融技术双强为主，基于以人才需求为导向的课程体系构建，确保重知识及技能、外语等基础以及综合能力强化培养等目标贯彻落实到课程体系中，实现金融创新人才国际金融知识及高水平外语能力培养的同时，为应用型及高专业人才培养目标的实现提供充足保障，进而使得金融创新人才与国际化经济发展要求更加匹配。[①]

（二）法制环境先天不足

我国在参与国际金融竞争中的法制环境先天不足。在此方面，对比中国内地和香港的法制表现也可以看出。以公司法为例，内地实行成文法，其主要包括以普通法为首的《公司法》和以特殊法为补充的一系列制定法，如《中外合资经营企业法》《外资企业法》等。香港实行制定法+判例法的机制，香港《公司管理条例》具有更为广泛的适用效力，其既适用于香港本地公司，也适用于境外公司；既适用于私人公司，也适用于公众公司；既适用于单一公司，也适用于公司集团、控股公司和附属公司。从总体上看，内地的公司法以安全价值为主要取向，兼顾效益、公平和自由；香港的公司法以自由价值为主要取向，兼顾效益、公平和安全，[②] 这种差异也必然会影响到各自在参与全球金融竞争中的优劣地位。此外，参照阿布扎比国际金融中心取得成功的一个重要因素，即其能够依据实践需要迅速地立法，这也得益于阿联酋自身的立法体系优势，即各地区享有充分自主立法权。然而

---

① 周辉. 从金融危机看金融人才培养模式的创新 [J]. 科技创业月刊, 2011, 24 (8): 36-38.

② 中国公司法与香港公司法的差异 [EB/OL]. [2020-06-01]. https：//mp. weixin. qq. com/s? src = 11&timestamp = 1592535309&ver = 2409&signature = bbm6NtJCyB5N4fYXLxBRj66TUP31A ＊ 765fV8YPUUoxhbhPmFsFut7aCYjeNYDZuidQIwTDyWs5AnQ2zoy7l ＊ lP8e－UF8－x9gQGyTlFJaHyK7YNR oab13i7PsElBLOZ3C&new=1.

在我国，依据《中华人民共和国立法法》第七条规定："全国人民代表大会和全国人民代表大会常务委员会行使国家立法权。"即便制定行政法规也有复杂烦琐的法律程序。同样，相比普通法系国家，我国司法部门在面对"无法可依"的新型疑难案件时通常处于更为被动的位置，这使得此类纠纷会遭遇法院的"踢管辖"① 甚至不予立案的情形。

（三）声誉影响金融中心吸引力

声誉是金融中心商业道德发展的重要标准。声誉反映公众意见，更进一步说，任何与声誉相关的事情都具有重要意义，因为它们具有潜在的关键影响力。相比而言，"离岸"金融中心，甚至是那些比大型"在岸"金融中心还大的中心，更是在靠着它们的声誉而生存。因此，对于那些声誉相对较差的"离岸"金融中心来说，负面的消息只会产生边际效用，但是对于那些声誉很好的"离岸"金融中心来说，即使一个负面的消息也会对其非常不利，这一点是非常敏感的。积累良好的名声需要花费多年的时间，但声誉也会转瞬即逝。

在与金融相关的所有事情中，声誉是最重要的。声誉几乎是对整个中心的大致了解，更偏激地说，是对中心的看法。投资人、储蓄人、投保人（消费者）最关心的就是，一旦他们的钱交给了银行或投资公司，或是保险及任何金融服务的专业人员，他们就希望在未来合同到期时能收回自己的钱。作为信息不对称的结果，消费者必须对金融服务从业者作出一个有价值的判断。这是金融交易中一个非常重要的部分，因为在一些交易中（如保险），交易期限可能长达 40 多年。因

---

① 例如：依据相关司法解释，证券虚假陈述引发的民事赔偿案件由上市公司所在地的中院管辖，但实践中基于对法人住所地的不同理解，司法机关出于自身利益考量，可能会将上市公司所在地解释为主要办事机构所在地，来实现证券纠纷的移送管辖。如在南京雅百特公司证券虚假陈述民事赔偿纠纷案件中，南京市中院认为雅百特公司主要办事机构所在地在上海，故将该案移送上海一中法院管辖。而上海一中法院认为该案中南京中院移送错误，又报请上海高院，上海高院又报请最高院，该管辖权争议最终由最高院明确由南京市中院审理告终。参见（2018）最高法民辖5号甘晓德与江苏雅百特科技股份有限公司证券虚假陈述责任纠纷民事裁定书。

此，专业人员的资格对消费者来说，不仅仅是在交易开始时很重要，其重要性贯穿交易的始终。尽管投资者也希望到期价值是当初投资的合理回报，但他们最基本的要求还是保证投资资金的安全。因此，从业人员的声誉是决定交易能否发生的一个关键因素，"合格和恰当"的评估也包括交易涉及的人和公司自身。

更深层地说，潜在的投资者在考虑中介本身的声誉时，可能会优先考虑中介所在的金融中心的声誉。如果一个金融中心声誉很差，投资者就会认为该地区从业人员的声誉就不用再考虑了。因此，金融中心的声誉可以被视作一个门槛。因而，声誉对服务提供者、消费者以及提供服务的从业人员所在的金融中心都尤为重要。①

金融中心的服务水平关系到其声誉的评价。在 2018 年 7 月发布的新华金融中心指数报告中，服务水平是上海国际金融中心指数排名提升的最短板。当前虽然上海金融机构数量庞大，但外资金融机构数量有限，金融机构的服务水平还有待提高，国家政策上对于薄弱环节和重点领域的金融扶持相对有限。除此以外，对金融市场国际定价权的缺乏和意识形态对立下以美国为首的西方发达国家的封锁也可能成为我国国际金融中心发展的阻碍因素。

---

① ［美］希尔顿·麦卡恩著；李小牧，孙俊新译．离岸金融［M］．北京：中国金融出版社，2013（6）：399.

第五章 上海国际金融中心的
金融立法建设

一、上海国际金融中心建设的法制基础

近 30 年来，上海国际金融中心建设取得了很大成就，这一成果离不开我国法治建设的不断完善。在过去的 30 年里，我国社会主义市场经济法律体系已经基本形成，各部门法律法规不断完善，特别是国家金融法律环境不断优化，为上海国际金融中心的建成提供了有力的法律基础。

（一）金融法律法规

1. 民商事基本法律制度

我国《民法典》的出台，（原《民法总则》《合同法》《侵权责任法》等）《公司法》《担保法》等民商事法律制度的修订、完善以及各部门法司法解释的出台，为金融交易活动和金融市场的建设营造了良好的法制环境。

2. 打击金融犯罪法律制度

国家为适应打击金融犯罪新形势的需要，不断加强金融刑事立法的力度，除了不断修改完善《刑法》中有关金融犯罪部分的规定外，还颁布了《关于惩治破坏金融秩序犯罪的决定》《中华人民共和国反洗钱法》《关于惩治骗购外汇、逃汇和非法买卖外汇犯罪的决定》等涉及惩治金融犯罪的各项法律，为金融市场健康发展和维护交易主体合法权益提供了可靠保障。

3. 金融法律制度

金融法律制度是调整市场融通资金活动中所发生的各种社会关系的法律规范的总称，是各项金融活动的基本依据。广义的金融法律制度既包括国家权力机关依照法定权限和程序制定或认可的、并以国家强制力保障实施的金融法律，还包括国家行政机关依法制定的金融行政法规和金融行政规章，国家司法机关依法颁布实施的金融司法解释，以及地方国家机关依法制定的金融地方法规。

从调整的对象看，我国金融法律可分为金融调控法、金融监管法和金融交易法。① 金融调控法是指调整中央银行在制定货币政策以实现宏观调控过程中所产生的社会关系法律规范的总称。制定金融调控法的目的在于稳定物价，保证充分就业和经济增长，维持国际收支平衡。金融调控法规定的金融调控手段主要有法定存款准备金制度、再贴现制度、公开市场操作等，具体的金融调控法包括确立我国金融调控的基本目标、手段、权责体系和中央银行的性质、地位与职权的《中国人民银行法》；调整本国货币发行、流通、管理及规范外汇流通的《人民币管理条例》《外汇管理条例》等货币法；预防洗钱活动，对货币收支、移动和交易等行为实施监控的《反洗钱法》等。

金融监管法是调整金融监管当局按照一定监管目标、运用各种监

---

① 上海市国际金融中心建设工作推进小组编. 上海国际金融中心法治环境建设［M］. 上海：上海人民出版社，2012（8）：9-15.

管手段对金融主体行为干预过程中发生的社会关系的法律规范。包括明确统一监管商业银行、信用合作社、政策性银行、金融资产管理公司、信托投资公司、财务公司、金融租赁公司等的《银行业监管法》，以及《商业银行法》《外资银行管理条例》《金融资产管理公司条例》《信托公司管理办法》等；确立证券市场和证券业统一监管的《证券法》，以及《证券投资基金法》《证券公司监督管理条例》《证券公司风险处置条例》等；对保险行业和保险市场集中统一监管的《保险法》，以及《外资保险公司管理条例》《保险公司管理规定》《再保险公司设立规定》等；以金融期货市场风险控制、财务监督和投资者保护为主要内容的《期货交易管理条例》，以及《期货交易所管理办法》《期货公司管理办法》等规范；以及惩治违法行为的《金融违法行为处罚办法》等。

金融交易法是调整金融机构从事具体金融交易业务活动中发生的社会关系的法律规范。包括调整存款贷款等资金运动的信贷制度，除《商业银行法》《储蓄管理条例》中的相关规定外，还有《人民币单位存款管理办法》《人民币利率管理规定》《个人贷款管理暂行办法》《固定资产贷款管理暂行小法》《流动资金贷款管理暂行办法》等具体规范；调整支付结算双方和商业银行之间的权利义务关系的支付结算制度，除《商业银行法》中的相关规定外，还有《支付结算办法》《商业银行信用卡业务监督管理办法》《电子银行业务管理办法》等具体规范；调整证券发行、交易商事活动的证券交易制度，除《证券法》中的相关规定外，还有《证券发行与承销管理办法》《证券登记结算管理办法》等具体规则；调整保险业务活动的保险合同制度，除《保险法》中的相关规定外，还有《再保险业务管理规定》《人身保险业务基本服务规定》《健康保险管理办法》等规范；其他还有《金融租赁公司管理办法》等金融租赁制度，《商业银行个人理财业务管理暂行办法》《商业银行理财产品销售管理办法》等金融理财制度。

我国主要金融法律体系如下：

（1）法律（见表5-1）

表5-1　法律

发布（修订）日期	发布机关	名称
2001年4月28日	全国人大常委会	《中华人民共和国信托法》
2003年12月27日	全国人大常委会	《中华人民共和国中国人民银行法》
2004年8月28日	全国人大常委会	《中华人民共和国票据法》
2006年10月31日	全国人大常委会	《中华人民共和国银行业监督管理法》
2006年10月31日	全国人大常委会	《中华人民共和国反洗钱法》
2015年4月24日	全国人大常委会	《中华人民共和国证券投资基金法》
2015年4月24日	全国人大常委会	《中华人民共和国保险法》
2015年8月29日	全国人大常委会	《中华人民共和国商业银行法》
2018年10月26日	全国人大常委会	《中华人民共和国公司法》
2019年12月28日	全国人大常委会	《中华人民共和国证券法》

（2）行政法规（见表5-2）

表5-2　行政法规

发布（修订）日期	发布机关	名称
1993年4月22日	国务院	《股票发行与交易管理暂行条例》
1997年4月15日	国务院	《中国人民银行货币政策委员会条例》
1999年2月22日	国务院	《金融违法行为处罚办法》
2000年3月15日	国务院	《国有重点金融机构监事会暂行条例》
2000年3月20日	国务院	《个人存款账户实名制规定》
2000年11月10日	国务院	《金融资产管理公司条例》
2001年11月23日	国务院	《金融机构撤销条例》
2004年3月8日	国务院	《基金会管理条例》
2008年8月5日	国务院	《中华人民共和国外汇管理条例》
2011年1月8日	国务院	《中华人民共和国金银管理条例》
2011年1月8日	国务院	《企业债权管理条例》
2011年1月8日	国务院	《现金管理暂行条例》
2011年1月8日	国务院	《储蓄管理条例》
2011年1月8日	国务院	《票据管理实施办法》
2011年1月8日	国务院	《企业债券管理条例》

发布（修订）日期	发布机关	名称
2012 年 10 月 24 日	国务院	《期货交易管理条例》
2012 年 12 月 17 日	国务院	《机动车交通事故责任强制保险条例》
2013 年 1 月 21 日	国务院	《征信业管理条例》
2014 年 7 月 29 日	国务院	《证券公司监督管理条例》
2015 年 2 月 17 日	国务院	《存款保险条例》
2015 年 4 月 24 日	国务院	《金融资产管理公司条例》
2016 年 2 月 6 日	国务院	《证券公司风险处置条例》
2016 年 2 月 6 日	国务院	《农业保险条例》
2016 年 2 月 6 日	国务院	《证券交易所风险基金管理暂行办法》
2017 年 3 月 1 日	国务院	《期货交易管理条例》
2017 年 10 月 1 日	国务院	《融资担保公司监督管理条例》
2018 年 3 月 19 日	国务院	《中华人民共和国人民币管理条例》
2019 年 9 月 30 日	国务院	《中华人民共和国外资银行管理条例》
2019 年 9 月 30 日	国务院	《中华人民共和国外资保险公司管理条例》
2019 年 11 月 7 日	国务院	《国有金融资本出资人职责暂行规定》
2019 年 12 月 26 日	国务院	《中华人民共和国外商投资法实施条例》

（3）部门规章（见表 5-3）

表 5-3　部门规章

发布（修订）日期	发布机关	名称
银行业		
1997 年 9 月 19 日	中国人民银行	《支付结算办法》
2003 年 6 月 26 日	中国银行业监督管理委员会	《商业银行服务价格管理暂行办法》
2004 年 12 月 29 日	中国银行业监督管理委员会	《商业银行市场风险管理指引》
2005 年 8 月 18 日	中国人民银行	《个人信用信息基础数据库管理暂行办法》
2005 年 9 月 24 日	中国银行业监督管理委员会	《商业银行个人理财业务管理暂行办法》
2005 年 11 月 7 日	中国银行业监督管理委员会	《金融机构信贷资产证券化试点监督管理办法》
2006 年 1 月 26 日	中国银行业监督管理委员会	《电子银行业务管理办法》
2006 年 11 月 14 日	中国人民银行	《金融机构反洗钱规定》
2007 年 7 月 3 日	中国银行业监督管理委员会	《金融许可证管理办法》
2007 年 7 月 3 日	中国银行业监督管理委员会	《个人定期存单质押贷款办法》

续表

发布（修订）日期	发布机关	名称
2007 年 7 月 3 日	中国银行业监督管理委员会	《单位定期存单质押贷款管理规定》
2007 年 7 月 3 日	中国银行业监督管理委员会	《商业银行信息披露办法》
2009 年 7 月 23 日	中国银行业监督管理委员会	《固定资产贷款管理暂行办法》
2009 年 10 月 16 日	中国人民银行	《电子商业汇票业务管理办法》
2010 年 2 月 12 日	中国银行业监督管理委员会	《个人贷款管理暂行办法》
2010 年 2 月 12 日	中国银行业监督管理委员会	《流动资金贷款管理暂行办法》
2010 年 12 月 1 日	中国人民银行	《非金融机构支付服务管理办法》
2011 年 1 月 5 日	中国银行业监督管理委员会	《银行业金融机构衍生产品交易业务管理暂行办法》
2011 年 1 月 13 日	中国银行业监督管理委员会	《商业银行信用卡业务监督管理办法》
2014 年 2 月 14 日	中国银行业监督管理委员会	《商业银行服务价格管理办法》
2015 年 1 月 30 日	中国银行业监督管理委员会	《商业银行杠杆率管理办法》
2016 年 6 月 6 日	中国人民银行、中国银行业监督管理委员会	《银行卡清算机构管理办法》
2018 年 8 月 17 日	中国银行保险监督管理委员会	《中资商业银行行政许可事项实施办法》
2018 年 4 月 24 日	中国银行保险监督管理委员会	《商业银行大额风险暴露管理办法》
2018 年 5 月 23 日	中国银行保险监督管理委员会	《商业银行流动性风险管理办法》
2018 年 9 月 26 日	中国银行保险监督管理委员会	《商业银行理财业务监督管理办法》
2019 年 7 月 12 日	中国银行保险监督管理委员会	《商业银行股权托管办法》
2019 年 10 月 18 日	中国银行保险监督管理委员会	《中国银保监会办公厅关于进一步规范商业银行结构性存款业务的通知》
2019 年 12 月 18 日	中国银行保险监督管理委员会	《中华人民共和国外资银行管理条例实施细则》
2019 年 12 月 25 日	中国银行保险监督管理委员会	《银行保险违法行为举报处理办法》
2020 年 7 月 12 日	中国银行保险监督管理委员会	《商业银行互联网贷款管理暂行办法》
2020 年 9 月 15 日	中国人民银行	《中国人民银行金融消费者权益保护实施办法》
非银行金融机构管理		
2005 年 8 月 8 日	中国银行业监督管理委员会	《货币经纪公司试点管理办法》
2006 年 12 月 28 日	中国银行业监督管理委员会	《企业集团财务公司管理办法》
2007 年 1 月 23 日	中国银行业监督管理委员会	《信托公司管理办法》
2008 年 1 月 24 日	中国银行业监督管理委员会	《汽车金融公司管理办法》

续表

发布（修订）日期	发布机关	名称
2009 年 2 月 4 日	中国银行业监督管理委员会	《信托公司集合资金信托计划管理办法》
2010 年 8 月 24 日	中国银行业监督管理委员会	《信托公司净资本管理办法》
2013 年 11 月 14 日	中国银行业监督管理委员会	《消费金融公司试点管理办法》
2014 年 3 月 13 日	中国银行业监督管理委员会	《金融租赁公司管理办法》
2018 年 4 月 28 日	中国银行保险监督管理委员会	《保险公司信息披露管理办法》
2019 年 7 月 5 日	中国证券监督管理委员会	《证券公司股权管理规定》
2019 年 10 月 19 日	国家发展和改革委员会、中国人民银行、财政部、中国银行保险监督管理委员会、中国证券监督管理委员会、国家外汇管理局	《关于进一步明确规范金融机构资产管理产品投资创业投资基金和政府出资产业投资基金有关事项的通知》
2020 年 1 月 20 日	中国银行保险监督管理委员会	《信托公司股权管理暂行办法》
2020 年 3 月 20 日	中国证券监督管理委员会	《证券公司代销金融产品管理规定》
2020 年 3 月 20 日	中国证券监督管理委员会	《证券公司和证券投资基金管理公司合规管理办法》
2020 年 3 月 20 日	中国证券监督管理委员会	《证券投资基金管理公司管理办法》
2020 年 3 月 23 日	中国银行保险监督管理委员会	《中国银保监会非银行金融机构行政许可事项实施办法》
2020 年 9 月 9 日	中国银行保险监督管理委员会	《银行保险机构应对突发事件金融服务管理办法》
2021 年 1 月 15 日	中国证券监督管理委员会	《证券基金经营机构信息技术管理办法》
外汇管理		
1996 年 6 月 20 日	中国人民银行	《结汇、售汇及付汇管理规定》
1996 年 11 月 29 日	中国人民银行	《银行间外汇市场管理暂行规定》
2005 年 8 月 8 日	中国人民银行	《关于加快发展外汇市场有关问题的通知》
2006 年 1 月 3 日	中国人民银行	《关于进一步完善银行间即期外汇市场的公告》
2006 年 12 月 25 日	中国人民银行	《个人外汇管理办法》
2007 年 7 月 3 日	中国人民银行	《同业拆借管理办法》
2010 年 3 月 8 日	中国银行业监督管理委员会	《融资性担保公司管理暂行办法》
2013 年 4 月 12 日	中国人民银行	《银行间外汇市场做市商指引》
2013 年 11 月 15 日	中国人民银行	《征信机构管理办法》
2014 年 6 月 22 日	中国人民银行	《银行办理结售汇业务管理办法》

续表

发布（修订）日期	发布机关	名称
2019 年 4 月 29 日	国家外汇管理局	《支付机构外汇业务管理办法》
2020 年 2 月 13 日	国家外汇管理局	《个人本外币兑换特许业务试点管理办法》
2020 年 9 月 18 日	国家外汇管理局	《国家外汇管理局行政处罚办法》
银行间市场		
1999 年 3 月 2 日	中国人民银行	《人民币利率管理规定》
1999 年 10 月 13 日	中国人民银行	《基金管理公司进入银行间同业市场管理规定》
1999 年 10 月 13 日	中国人民银行	《证券公司进入银行间同业市场管理规定》
2000 年 4 月 30 日	中国人民银行	《全国银行间债券市场债券交易管理办法》
2000 年 6 月 19 日	中国人民银行	《财务公司进入全国银行间同业拆借市场和债券市场管理规定》
2004 年 5 月 20 日	中国人民银行	《全国银行间债券市场债券买断式回购业务管理规定》
2004 年 5 月 27 日	国家发展和改革委员会、中国人民银行	《境内外资银行外债管理办法》
2005 年 4 月 27 日	中国人民银行	《全国银行间债券市场金融债券发行管理办法》
2007 年 1 月 9 日	中国人民银行	《全国银行间债券市场做市商管理规定》
2008 年 4 月 9 日	中国人民银行	《银行间债券市场非金融企业债务融资工具管理办法》
2014 年 3 月 13 日	中国银行业监督管理委员会	《金融租赁公司管理办法》
2018 年 6 月 29 日	中国银行保险监督管理委员会	《金融资产投资公司管理办法》
2019 年 9 月 30 日	中国人民银行、国家外汇管理局	《中国人民银行、国家外汇管理局关于进一步便利境外机构投资者投资银行间债券市场有关事项的通知》
2019 年 11 月 29 日	中国银行保险监督管理委员会	《商业银行理财子公司净资本管理办法（试行）》
2020 年 6 月 24 日	中国人民银行	《标准化票据管理办法》
2020 年 9 月 9 日	中国银行保险监督管理委员会	《银行保险机构应对突发事件金融服务管理办法》
2020 年 9 月 11 日	中国人民银行	《金融控股公司监督管理试行办法》
保险业		
2007 年 6 月 22 日	中国保险监督管理委员会	《保险许可证管理办法》

发布（修订）日期	发布机关	名称
2008 年 7 月 10 日	中国保险监督管理委员会	《保险公司偿付能力管理规定》
2009 年 9 月 25 日	中国保险监督管理委员会	《保险公司中介业务违法行为处罚办法》
2015 年 10 月 19 日	中国保险监督管理委员会	《再保险业务管理规定》
2015 年 10 月 19 日	中国保险监督管理委员会	《保险公司管理规定》
2018 年 1 月 24 日	中国保险监督管理委员会	《保险资金运用管理办法》
2018 年 2 月 13 日	中国保险监督管理委员会	《保险公司次级定期债务管理办法》
2018 年 3 月 2 日	中国保险监督管理委员会	《保险公司股权管理办法》
2018 年 4 月 28 日	中国保险监督管理委员会	《保险公司信息披露管理办法》
2019 年 10 月 31 日	中国银行保险监督管理委员会	《健康保险管理办法》
2020 年 3 月 18 日	中国银行保险监督管理委员会	《保险资产管理产品管理暂行办法》
2020 年 6 月 23 日	中国银行保险监督管理委员会	《保险资金参与金融衍生产品交易办法》
2020 年 6 月 23 日	中国银行保险监督管理委员会	《保险资金参与国债期货交易规定》
2020 年 6 月 23 日	中国银行保险监督管理委员会	《保险资金参与股指期货交易规定》
2020 年 11 月 12 日	中国银行保险监督管理委员会	《保险代理人监管规定》
证券业		
2010 年 9 月 1 日	中国证券监督管理委员会	《证券期货业反洗钱工作实施办法》
2012 年 9 月 24 日	中国证券监督管理委员会	《证券期货业信息安全保障管理办法》
2015 年 1 月 9 日	中国证券监督管理委员会	《股票期权交易试点管理办法》
2015 年 1 月 15 日	中国证券监督管理委员会	《公司债券发行与交易管理办法》
2015 年 7 月 1 日	中国证券监督管理委员会	《证券市场融资融券业务管理办法》
2015 年 12 月 17 日	中国证券监督管理委员会	《货币市场基金监督管理办法》
2016 年 4 月 19 日	中国证券监督管理委员会	《证券投资者保护基金管理办法》
2018 年 6 月 5 日	中国证券监督管理委员会	《证券发行与承销管理办法》
2018 年 6 月 6 日	中国证券监督管理委员会	《存托凭证发行与交易管理办法》
2018 年 8 月 15 日	中国证券监督管理委员会	《证券登记结算管理办法》
2020 年 2 月 14 日	中国证券监督管理委员会	《上市公司证券发行管理办法》
2020 年 2 月 14 日	中国证券监督管理委员会	《上市公司非公开发行股票实施细则》
2020 年 3 月 6 日	中国证券监督管理委员会	《上市公司创业投资基金股东减持股份的特别规定》
2020 年 3 月 20 日	中国证券监督管理委员会	《外商投资证券公司管理办法》
2020 年 3 月 20 日	中国证券监督管理委员会	《公开募集证券投资基金信息披露管理办法》

续表

发布（修订）日期	发布机关	名称
2020 年 3 月 20 日	中国证券监督管理委员会	《上市公司收购管理办法》
2020 年 3 月 20 日	中国证券监督管理委员会	《证券期货市场诚信监督管理办法》
2020 年 3 月 20 日	中国证券监督管理委员会	《证券交易所管理办法》
2020 年 6 月 12 日	中国证券监督管理委员会	《创业板首次公开发行股票注册管理办法》
2020 年 6 月 12 日	中国证券监督管理委员会	《创业板上市公司证券发行注册管理办法》
2020 年 6 月 12 日	中国证券监督管理委员会	《证券发行上市保荐业务管理办法》
2020 年 7 月 1 日	中国证券监督管理委员会	《首次公开发行股票并上市管理办法》
2020 年 7 月 3 日	中国证券监督管理委员会	《科创板上市公司证券发行注册管理办法》
2020 年 7 月 10 日	中国证券监督管理委员会	《科创板首次公开发行股票注册管理办法》
2020 年 7 月 10 日	中国证券监督管理委员会	《证券投资基金托管业务管理办法》
2020 年 8 月 28 日	中国证券监督管理委员会	《公开募集证券投资基金销售机构监督管理办法》
2020 年 9 月 25 日	中国证券监督管理委员会、中国人民银行、国家外汇管理局	《合格境外机构投资者和人民币合格境外机构投资者境内证券期货投资管理办法》
2020 年 10 月 30 日	中国证券监督管理委员会	《转融通业务监督管理试行办法》
2020 年 10 月 30 日	中国证券监督管理委员会	《证券投资基金评价业务管理暂行办法》
2020 年 10 月 30 日	中国证券监督管理委员会	《中国证券监督管理委员会限制证券买卖实施办法》
2020 年 10 月 30 日	中国证券监督管理委员会	《证券期货投资者适当性管理办法》
2020 年 12 月 30 日	中国证券监督管理委员会	《关于加强私募投资基金监管的若干规定》
期货业		
2007 年 4 月 20 日	中国证券监督管理委员会	《证券公司为期货公司提供中间介绍业务试行办法》
2007 年 7 月 4 日	中国证券监督管理委员会	《期货公司董事、监事和高级管理人员任职资格管理办法》
2007 年 7 月 4 日	中国证券监督管理委员会	《期货从业人员管理办法》
2009 年 8 月 27 日	中国证券监督管理委员会	《期货市场客户开户管理规定》
2011 年 3 月 23 日	中国证券监督管理委员会	《期货公司期货投资咨询业务试行办法》
2016 年 11 月 8 日	中国证券监督管理委员会	《期货投资者保障基金管理办法》
2017 年 12 月 7 日	中国证券监督管理委员会	《期货公司金融期货结算业务试行办法》
2018 年 8 月 24 日	中国证券监督管理委员会	《外商投资期货公司管理办法》

续表

发布（修订）日期	发布机关	名称
2019 年 6 月 4 日	中国证券监督管理委员会	《期货公司监督管理办法》
2020 年 3 月 20 日	中国证券监督管理委员会	《证券期货市场诚信监督管理办法》
2020 年 5 月 7 日	中国人民银行、国家外汇管理局	《境外机构投资者境内证券期货投资资金管理规定》
2020 年 9 月 25 日	中国证券监督管理委员会、中国人民银行、国家外汇管理局	《合格境外机构投资者和人民币合格境外机构投资者境内证券期货投资管理办法》
2021 年 1 月 15 日	中国证券监督管理委员会	《期货公司保证金封闭管理办法》
2021 年 1 月 15 日	中国证券监督管理委员会	《期货交易所管理办法》

（二）金融市场准入制度

金融市场准入是金融监管机构为确保金融安全稳定与有序竞争，对国内外的个人、法人或其他组织进入金融市场、参与金融活动的控制与许可，是体现一定市场发育发展程度和市场管理理念的法律制度。在我国，市场准入是市场对内搞活与对外开放相结合，主体自主进出和政府适度控制相结合的有机整体。市场准入既包括主体准入，也包括业务准入；既针对国内主体，也涉及境外主体；既有主体进入一般市场所必须具备的条件和遵守的程序，也有主体进入特殊市场从事生产经营的特别要求。通过市场准入制度的健全，严格而科学地保障金融业发展。

1. 金融机构的准入

（1）银行业金融机构的市场准入制度（见表 5-4）

表 5-4　银行业金融机构的市场准入制度

银行种类	准入制度	规范内容
中资商业银行	《中华人民共和国商业银行法》《中资商业银行行政许可事项实施办法》《农村中小金融机构行政许可事项实施办法》《农村商业银行管理暂行规定》《中国邮政储蓄银行代理营业机构管理暂行办法》《村镇银行管理暂行规定》《小额贷款公司改制设立村镇银行暂行规定》	设立方式、条件、最低注册资本、程序、组织形式、组织机构、经营范围等
外资银行	《中华人民共和国外资银行管理条例》《中华人民共和国外资银行管理条例实施细则》《外资金融机构行政许可事项实施办法》《外资金融机构驻华代表机构管理办法》	设立方式、条件、扩大业务范围所需资本金和分行营运资金的最低限额、程序、组织形式、组织机构、经营范围等
信托银行	《信托公司管理办法》	设立方式、条件、最低注册资本、组织形式、组织机构、经营范围等
企业集团财务公司	《企业集团财务公司管理办法》《申请设立企业集团财务公司操作规程》	
金融租赁公司	《金融租赁公司管理办法》	
货币经纪公司	《货币经纪公司试点管理办法》《货币经纪公司试点管理办法实施细则》	
汽车金融公司	《汽车金融公司管理办法》	
消费金融公司	《消费金融公司试点管理办法》	
金融资产管理类公司	《金融资产管理公司条例》	

（2）证券机构的市场准入制度（见表 5-5）

表 5-5　证券机构的市场准入制度

证券机构种类	准入制度	规范内容
境内证券机构	《中华人民共和国证券法》《证券公司监督管理条例》	股权要求、业务范围、财务状况、内部控制制度、人力资源状况、行政许可等
境外证券机构	《外资参股证券公司设立规则》	
基金机构	《证券投资基金法》《证券投资基金管理公司管理办法》	发起设立人资格、设立要求、程序、业务等

（3）保险机构的市场准入制度（见表5-6）

表5-6 保险机构的市场准入制度

保险机构种类	准入制度	规范内容
保险公司	《保险公司管理规定》《保险许可证管理办法》	法人机构的设立、分支机构的设立、机构变更解散和撤销、分支机构管理、保险经营以及监督管理等
外资保险公司	《外资保险公司管理条例》	
保险资产管理公司	《保险资产管理公司管理暂行规定》	保险资产管理公司的设立变更和终止、经营范围和经营规则、风险控制和监督管理等
保险专业中介机构	《保险专业代理机构监管规定》《保险经纪机构监管规定》《保险中介服务集团公司监管办法（试行）》	市场准入、经营规则、市场退出、监督检查和法律责任等

（4）期货机构的市场准入制度（见表5-7）

表5-7 期货机构的市场准入制度

期货机构种类	准入制度	规范内容
期货公司	《期货交易管理条例》《期货公司管理办法》《期货公司期货投资咨询业务试行办法》	准入条件、审核程序；公司定位、业务范围等；需要具备一定的条件并取得相关业务资格（含仅从事商品期货经纪业务、可以从事金融期货经纪业务、可以从事期货投资咨询业务）

（5）新型金融机构的市场准入制度（见表5-8）

表5-8 新型金融机构的市场准入制度

机构种类	准入制度	规范内容
小额贷款企业	《保险公司管理规定》《保险许可证管理办法》	法人机构的设立、分支机构的设立、机构变更解散和撤销、分支机构管理、保险经营以及监督管理等
股权投资企业	《外资保险公司管理条例》	—
融资担保公司	《保险资产管理公司管理暂行规定》	发起设立人资格、设立要求、程序、业务等
保险专业中介机构	《保险专业代理机构监管规定》《保险经纪机构监管规定》《保险中介服务集团公司监管办法（试行）》	—

2. 金融业务的准入

金融业务的准入，是指按照审慎性标准，核准金融机构的业务范围和开办新的业务品种。按机构类别的准入制度可分为以下几类（见表5-9）。

表5-9　金融业务的准入制度

机构种类	准入制度	规范内容
商业银行	《中华人民共和国商业银行法》《中资商业银行行政许可事项实施办法》《农村中小金融机构行政许可事项实施办法》《农村商业银行管理暂行规定》《中国邮政储蓄银行代理营业机构管理暂行办法》《外资金融机构管理条例》《外资金融机构管理条例实施细则》《外资金融机构行政许可事项实施办法》《外资金融机构驻华代表机构管理办法》《同业拆借管理办法》《电子银行业务管理办法》《金融机构衍生品交易业务管理暂行办法》《商业银行信用卡业务监督管理办法》《商业银行代理保险业务监管指引》等	吸收公众存款；发放贷款；办理结算；办理票据承兑与贴现；发行金融债券；代理发行、代理兑付、承销政府债券；买卖政府债券、金融债券；从事同业拆借；买卖、代理买卖外汇；从事银行卡业务；提供信用证服务及担保；代理收付款项及代理保险业务；提供保管箱服务；经国务院银行业监督管理机构批准的其他业务
证券机构	《中华人民共和国证券法》《证券公司监督管理条例》《证券发行上市保荐业务管理办法》、证券投资顾问业务暂行规定》《证券公司客户资产管理业务试行办法》等	证券经纪业务、证券自营业务、证券资产管理业务、承销保荐业务、投资咨询业务等
保险机构	《中华人民共和国保险法》《外资保险公司管理条例》	人身保险、财产保险、再保险、社会保险
基金公司	《中华人民共和国证券投资基金法》《基金管理公司特定客户资产管理业务试点办法》	公开募集、管理基金；向特定客户募集资金或者接受特定客户财产委托担任资产管理人
期货机构	《期货管理条例》《期货公司管理办法》《期货公司期货投资咨询业务试行办法》	期货经纪、期货投资咨询、金融期货结算
信托机构	《信托公司管理办法》	资金信托；动产信托；不动产信托；有价证券信托；其他财产或财产权信托；作为投资基金或者基金管理公司的发起人从事投资基金业务；经营企业资产的重组、购并及项目融资、公司理财、财务顾问等业务；受托经营国务院有关部门批准的证券承销业务；办理居间、咨询、资信调查等业务；代保管及保管箱业务；法律法规规定或中国银行业监督管理委员会批准的其他业务

机构种类	准入制度	规范内容
金融租赁公司	《金融租赁公司管理办法》	融资租赁业务；吸收股东1年期（含）以上定期存款；接受承租人的租赁保证金；向商业银行转让应收租赁款；经批准发行金融债券；向金融机构借款；境外外汇借款；同业拆借；租赁物品残值变卖及处理业务；经济咨询；中国银行业监督管理委员会批准的其他业务
企业集团财务公司	《企业集团财务公司管理办法》	对成员单位办理财务和融资顾问、信用鉴证及相关的咨询、代理业务；协助成员单位实现交易款项的收付；经批准的保险代理业务；对成员单位提供担保；办理成员单位间的委托贷款及委托投资；对成员单位办理票据承兑及贴现；办理成员单位间的内部转账结算及相应的结算、清算方案设计；吸收成员单位的存款；对成员单位办理贷款及融资租赁；从事同业拆借；中国银行业监督管理委员会批准的其他业务
货币经纪公司	《货币经纪公司试点管理办法》《货币经纪公司试点管理办法实施细则》	境内外外汇市场交易；境内外货币市场交易；境内外债券市场交易；境内外衍生产品交易；中国银行业监督管理委员会批准的其他业务等
汽车金融公司	《汽车金融公司管理办法》	接受境外股东及其所在集团在华全资子公司和境内股东3个月（含）以上定期存款；接受汽车经销商采购车辆贷款保证金和承租人汽车租赁保证金；发行金融债券；从事同业拆借；向金融机构借款；提供购车贷款业务；提供汽车经销商采购车辆贷款和营运设备贷款；向金融机构出售或回购汽车贷款应收款和汽车融资租赁应收款业务；办理租赁汽车残值变卖及处理业务；从事与购车融资活动相关的咨询、代理业务；从事与汽车金融业务相关的金融机构股权投资业务；经中国银行业监督管理委员会批准的其他业务
消费金融公司	《消费金融公司试点管理办法》	办理个人耐用消费品贷款；办理一般用途个人消费贷款；办理信贷资产转让；境内同业拆借；向境内金融机构借款；经批准发行金融债券；与消费金融相关

机构种类	准入制度	规范内容
		的咨询、代理业务；代理销售与消费贷款相关的保险产品；固定收益类证券投资业务；中国银行业监督管理委员会批准的其他业务
融资性担保公司	《上海市融资性担保公司管理试行办法》	贷款担保、票据承兑担保、贸易融资担保、项目融资担保、信用证担保、其他融资性担保业务；兼营诉讼保全担保，投标担保、预付款担保、工程履约担保、尾款如约偿付担保等履约担保业务，与担保业务有关的融资咨询、财务顾问等中介服务，以自有资金进行投资等
金融资产管理公司	《金融资产管理公司条例》	追偿债务；对所收购的不良贷款形成的资产进行租赁或者以其他形式转让、重组；债权转股权，并对企业阶段性持股；资产管理范围内公司的上市推荐及债券、股票承销；发行金融债券，向金融机构借款；财务及法律咨询，资产及项目评估；中国银行业监督管理委员会批准的其他业务活动

3. 金融从业人员的准入

（1）金融从业人员认证体系

我国在金融从业人员认证方面逐渐形成较为体系化的模式，金融从业人员的资质认证越发注重职业性的专业资质执照。对于不同的金融业务，开展不同的认证资格测试，主要包括对于专业知识的认证和对职业道德的考察。

金融从业人员资质基本分为两类：从业、执业资质类认证证书和专业能力类认证证书。从业、执业资质类认证证书是在金融相关行业从业的基础资质认证，如银行、证券、期货和保险从业资质的认证；专业能力类认证证书是更高层次的能力和专业证书，并得到行业机构的普遍认可。目前同业协会组织实施从业、执业资质类认证证书的考试和认证管理，而专业能力类认证证书多是由国际、国内的专业组织来制定和管理。

（2）金融从业人员职业操守与惩戒规则

中国银监会、保监会、证监会根据国家的统一部署于 2009 年 9 月之前分别正式发布实施了金融从业人员行为准则，其中包括《银行业金融机构从业人员职业操守指引》《证券从业人员执业行为准则》《期货从业人员执业行为准则（修订）》《保险从业人员行为准则》。此外，各行业协会也出台了自己的行业操守和惩戒条例，如中国期货协会就出台了《中国期货业协会纪律惩戒程序（修订）》。金融从业人员行为准则的推行，是在现行金融行业法律法规的基础上对从业行为的进一步规范，也是加强行业自律建设的重要举措。

二、上海国际金融中心的法制创新

（一）健全法制体系

上海国际金融中心的建设需要完备的法制体系。在推动国家层面的法律制度修订同时，也需要发挥地方立法、部门规章甚至行业协会的作用，来促进法制的灵活性和及时性，以应对金融创新的发展。在建设国际金融中心和发展金融市场的过程中，上海市相继出台了一批相关的配套规则和政策措施，以满足实际需要（见表 5-10）。

表 5-10　上海出台的相关配套规则和政策措施

内容分类	发布机关	发布日期	文件名称
贯彻落实国家文件	上海市人民政府	2004 年 6 月	《关于本市推进资本市场改革开放和稳定发展的实施意见》
	上海市人民政府	2006 年 8 月	《关于贯彻国务院文件精神大力推进本市保险业改革发展的实施意见》
	上海市人民政府	2007 年 5 月	《关于贯彻全国金融工作会议精神加快推进上海国际金融中心建设的实施意见》
	上海市人民政府	2009 年 5 月	《贯彻国务院〈关于推进上海加快发展现代服务业和先进制造业建设国际金融中心和国际航运中心的意见〉的实施意见》

内容分类	发布机关	发布日期	文件名称
贯彻落实国家文件	上海市人民政府	2019 年 3 月	关于印发《本市贯彻〈关于支持自由贸易试验区深化改革创新若干措施〉实施方案》的通知
	上海市人民政府	2020 年 2 月	《上海市全面深化国际一流营商环境建设实施方案》
集聚金融机构和吸引金融人才	上海市人民政府办公厅转发市金融办	2004 年 6 月	《关于支持金融机构在本市发展的若干意见》
	上海市金融服务办公室	2005 年 7 月	《关于支持金融机构在本市发展若干意见的实施细则》
	上海市金融服务办公室、上海市财政局	2007 年 9 月	《关于支持金融机构在本市发展若干意见实施细则的补充规定》
	上海市金融服务办公室、上海市财政局	2007 年 9 月	《关于支持外资法人银行在本市发展的若干政策补充意见》
	上海市人民政府	2009 年 8 月	《上海市集聚金融资源加强金融服务促进金融业发展的若干规定》
	上海市人力资源和社会保障局	2020 年 11 月	《上海市引进人才申办本市常住户口办法实施细则》
	国家外汇管理局上海市分局	2020 年 12 月	《关于外籍人才薪酬购付汇便利化试点的通知》
促进新型金融机构发展	上海市人民政府办公厅转发市金融办、市工商局、市农委、市经委	2008 年 8 月	《关于本市开展小额贷款公司试点工作的实施办法》
	上海市人民政府办公厅	2010 年 5 月	《关于本市开展外商投资股权投资企业试点工作的若干意见》
	上海市人民政府办公厅转发市金融办、市财政局	2010 年 8 月	《关于加快本市融资性担保行业发展进一步支持和服务本市中小企业融资的若干意见》
	上海市金融服务办公室	2010 年 8 月	《关于促进本市小额贷款公司发展的若干意见（2010 年修订版）》
	上海市人民政府	2010 年 8 月	《上海市融资性担保公司管理试行办法》
	上海市人民政府批转市发展改革委、市财政局	2010 年 10 月	《上海市创业投资引导基金管理暂行办法》

内容分类	发布机关	发布日期	文件名称
促进新型金融机构发展	上海市金融服务办公室、上海市商务委员会、上海市工商行政管理局	2010 年 12 月	《关于本市开展外商投资股权投资企业试点工作的实施办法》
	上海市金融服务办公室、上海市工商行政管理局、上海市财政局、上海市地方税务局	2011 年 5 月	《关于本市股权投资企业工商登记等事项的通知（修订）》
	上海市人民政府办公厅	2016 年 9 月	关于印发《上海市小额贷款公司监管办法》的通知
鼓励金融创新	上海市财政局、上海市金融服务办公室、上海市知识产权局	2010 年 7 月	《关于印发〈上海市知识产权质押评估实施办法（试行）〉和〈上海市知识产权质押评估技术规范（试行）〉的通知》
	上海市人民政府办公厅转发市金融办、中国人民银行上海总部、上海市财政局、上海市商务委、上海市海关、上海市国税局、上海市银监局	2010 年 8 月	《关于促进本市跨境贸易人民币结算及相关业务发展的意见》
	上海市人民政府办公厅转发市金融办、上海市经济信息化委、上海市商务委、中国人民银行上海分行	2011 年 3 月	《关于促进本市第三方支付产业发展若干意见的通知》
	上海市人民政府	2014 年 4 月	《关于重点支持中国（上海）自由贸易试验区协同创新中心建设的通知》
	上海市黄浦区人民政府	2015 年 8 月	《黄浦区关于进一步推进金融创新发展若干意见》
	上海市人民政府	2015 年 8 月	《关于促进金融服务创新支持上海科技创新中心建设的实施意见》
金融支持实体经济发展	上海市人民政府办公厅转发市金融办等八部门	2009 年 11 月	《关于本市加大对科技型中小企业金融服务和支持的实施意见》
	中共上海市委宣传部、上海市金融服务办公室、上海市发展和改革委员会、上海市财政局	2010 年 7 月	《上海市金融支持文化产业发展繁荣的实施意见》

内容分类	发布机关	发布日期	文件名称
金融支持实体经济发展	上海市人民政府办公厅	2010 年 8 月	《关于加强金融服务促进本市经济转型和结构调整的若干意见》
	上海市人民政府办公厅转发市金融办等十六部门	2010 年 9 月	《关于推进本市中小企业上市工作实施意见的通知》
	中国人民银行上海总部	2016 年 11 月	《关于进一步拓展自贸区跨境金融服务功能支持科技创新和实体经济的通知》
信用环境建设	上海市人民政府	2003 年 8 月	《关于加强本市社会诚信体系建设的意见》
	上海市人民政府	2003 年 12 月	《上海市个人信用征信管理试行办法》
	上海市人民政府	2005 年 3 月	《上海市企业信用征信管理试行办法》
	上海市人大常委会	2017 年 6 月	《上海市社会信用条例》
	上海市政府	2020 年 7 月	《关于加快推进社会信用体系建设 构建以信用为基础的新型监管机制的实施意见》
	上海市科技委员会	2020 年 11 月	《上海市科技信用信息管理办法（试行）》
金融国资管理	中共上海市委、上海市人民政府	2009 年 8 月	《关于进一步推进上海金融国资和市属金融企业改革发展的若干规定》
	上海市国有资产监督管理委员会	2019 年 12 月	《关于全面推进上海法治国企建设的意见》
	上海市人民政府	2019 年 8 月	《上海市开展区域性国资国企综合改革试验的实施方案》
优化营商环境	上海市人大常委会	2002 年 7 月	《上海市专利保护条例》
	上海市人大常委会	2002 年 7 月	《上海市反不正当竞争条例》
	上海市人民政府	2018 年 3 月	《上海市工商行政管理局　上海市公安局　上海市国家税务局　上海市地方税务局关于加快企业登记流程再造逐步推进办企业"一窗通"服务平台的意见》
	上海市人民政府	2019 年 3 月	《上海市进一步优化营商环境实施计划》
	上海市人民政府	2019 年 3 月	《上海市公共数据和一网通办管理办法》
	上海市发展和改革委员会、上海市经济和信息化委员会、上海市公安局、上海市规划和自然资源局、上海市住房和城乡建设管理委员会、上海市交通委员会、上海市绿化和市容管理局	2019 年 12 月	《关于修订印发〈上海市进一步优化电力接入营商环境实施办法〉的通知》

续表

内容分类	发布机关	发布日期	文件名称
优化营商环境	上海市人大常委会	2020 年 4 月	《上海市优化营商环境条例》
	上海市人大常委会	2020 年 11 月	《上海外商投资条例》
	上海市人大常委会	2020 年 11 月	《上海市优化营商环境条例》

(二) 鼓励金融创新

金融创新是上海国际金融中心建设的重要内容。上海作为中国金融开放、金融创新的桥头堡，多年来金融创新不断涌现。上海市政府为鼓励金融创新，相继颁发了一系列鼓励金融产品和业务创新的规定，设立金融产业专项基金主要用于奖励金融创新。根据《关于金融创新奖评审和管理实施办法》，历年评选、奖励金融创新优秀项目，颁布《市政府关于表彰年度上海金融创新奖获奖项目的决定》等。

2020 年底，根据《上海市推进国际金融中心建设条例》和上海金融创新奖组织评审有关规定，上海市政府将"设立科创板并试点注册制改革落地项目"授予 2019 年度上海金融创新成果奖特等奖，"银行间债券市场基础设施创新与提升"等 6 个项目被授予 2019 年度上海金融创新成果奖一等奖，"'沪纽金'延期产品"等 15 个项目被授予 2019 年度上海金融创新成果奖二等奖，"人民币债券跨境跨市场互联系列创新"等 22 个项目被授予 2019 年度上海金融创新成果奖三等奖，"信托受益权账户体系"等 25 个项目被授予 2019 年度上海金融创新成果奖提名奖。

此外，《上海市金融支持文化产业发展繁荣的实施意见》《关于加强金融服务促进本市经济转型和结构调整的若干意见》《关于促进本市跨境贸易人民币结算及相关业务发展的意见》《关于进一步推进本市中小企业信用保险保单融资工作的若干意见》《关于规范商业单用途预付卡管理的通知》《关于促进金融服务创新支持上海科技创新中心建设的实施意见》等一系列规范，也有力推进了金融创新。

（三）重视多方合作

根据《上海市推进国际金融中心建设条例》的要求，上海市应当按照国家明确的战略定位和分工，加强与长江三角洲地区以及国内其他中心城市在金融领域的相互协作和支持，增强上海市金融业的服务功能，推动金融要素市场、金融机构为各地区经济和社会发展提供良好的金融服务；加强与香港特别行政区在金融市场建设、金融产品创新、金融风险防范、金融人才培养等方面的优势互补和战略合作；推动在上海市金融机构与澳门特别行政区、台湾地区金融机构的合作和交流。

1. 区域与行业的合作

长三角地区经济实力不断增强、经济联系日趋紧密，为深化长三角金融合作发展提供坚实的经济基础。自首届长三角地区金融论坛召开以来，在三省市政府、中国人民银行、金融监管部门以及金融机构的共同努力下，长三角地区金融合作成绩斐然。

2010年12月，为了贯彻习近平总书记关于长三角地区更高质量一体化发展的一系列重要指示精神，实施长江三角洲区域一体化发展的国家战略，合并长三角地区主要领导座谈会部署，上海市人民代表大会常务委员会颁布《关于支持和保障长三角地区更高质量一体化发展的决定》。该决定旨在切实积极推动长三角地区一体化发展的各项政策方针，及时推广长三角地区一体化发展的成功经验，发挥社会参与对长三角地区一体化发展的积极性，打造凝心聚力，合作共赢的良好社会环境。

2020年2月，《关于进一步加快推进上海国际金融中心建设和金融支持长三角一体化发展的意见》（以下简称《意见》）（银发〔2020〕46号）正式发布。《意见》从积极推进临港新片区金融先行先试、在更高水平加快上海金融业对外开放和金融支持长三角一体化发展等方面提出 30 条具体措施。《意见》的出台，有利于进一步加快推进上海国际金融中心建设和长三角一体化发展，对引领全国高质量发展、加快现代化经济体系建设具有重大战略意义。

2020 年 10 月，《关于促进和保障长三角生态绿色一体化发展示范区建设若干问题的决定》（以下简称《总体方案》）发布，上海市会同江苏省、浙江省（以下简称两省一市）联合成立示范区理事会作为示范区建设重要事项的决策平台，负责研究确定示范区建设的发展规划、改革事项和支持政策，协调推进重大项目。同时，两省一市共同设立的示范区执行委员会（以下简称示范区执委会）作为示范区开发建设管理机构，负责示范区发展规划、制度创新、改革事项、重大项目和支持政策的研究拟订和推进实施，重点推动先行启动区相关功能建设。示范区执委会应加强统筹协调，推动两省一市相关部门和相关地区人民政府落实示范区各项政策、措施。两省一市人民政府应加大对示范区建设的支持力度，加强工作统筹推进，在改革集成、资金投入、项目安排、资源配置等方面形成政策合力。

2. 与港澳台地区的合作

沪港金融合作拥有坚实的基础，首先，同为开放的港口城市，沪港经济结构相似，在集装箱吞吐量方面，上海港位列全球第一，香港港也排名全球前十。其次，沪港都是"一带一路"重要节点城市。上海一直在积极打造"一带一路"桥头堡，香港也在积极助力"一带一路"建设。进一步来说，沪港都是金融中心城市，都在助推人民币国际化进程中发挥着重要作用。两者同作为国际金融中心重要城市，加强合作有利于提升金融中心能级。同时，上海正积极建设人民币金融资产配置中心，香港则是最重要的离岸人民币中心。

此外，沪港金融合作迎来重要政策机遇期。国家金融管理部门正大力支持上海先行先试扩大金融业开放的各项政策。比如，在要素市场建设方面，中国证监会将继续支持上海股票、债券市场、期货和金融衍生品市场开放发展，支持交易所与境外市场加强多种形式的合作。在支持行业机构做优做强方面，中国证监会将继续鼓励和支持外资金融机构设立或者控股证券基金期货机构。在支持资本市场发展方面，中国证监会将进一步优化沪港通机制，扩大沪深股通投资范围和标的，不断丰富内地和香港全方位、多层次的务实合作；中国银保监会将推进银行与基金公司、银行与保险公司等各类机构深度合作。在推进人民币国际化方面，中国银保监会将逐步拓展计价结算、交易和储备功能，提高人民币可自由使用程度。这一系列政策的落地实施，都将为沪港深化金融合作打开新的政策通道。

当前及未来较长时间内，沪港金融合作具有持续利好，合作新空间有望加速打开人民币国际化新阶段。沪港分别作为全球最大的人民币在岸中心和离岸中心，两地金融机构有望在人民币产品创新、跨境人民币服务、金融市场互联互通、财富管理与资源配置互学互鉴等方面加强紧密合作。在具体合作方面，2009 年，上海与香港创设了沪港金融高管联席会议机制。2010 年 1 月 19 日，香港特区政府财经事务及库务局与上海市金融服务办公室在港签署《关于加强沪港金融合作的备忘录》，以积极推进沪港金融合作和联动发展。2010 年 8 月 24日，香港银行学会与上海陆家嘴人才金港签订战略合作协议，共同为上海乃至全国的金融专业人才提供一流的金融教育服务，并加强在各个领域的合作，竭力为上海"两个中心"建设提供一流的金融专业人才。

2012 年，上海出台《金融业发展和改革"十二五"规划》（以下简称《规划》），指出要深化内地与港澳台金融合作，深化金融对外开放。具体而言，要加强沪港金融合作，建立更加紧密的粤港澳金融合作机制，支持香港发展成为离岸人民币业务中心。同时，推进厦门两岸区域性金融服务中心建设。《规划》指出，要加快上海国际金融中心建设，加强沪港金融合作。同年 7 月，上海市金融服务办公室与澳门特别行政区政府金融管理局在上海共同签署了《金融合作备忘录》。通过签署《金融合作备忘录》，上海与澳门在建立金融合作联络机制、定期会晤机制、信息交流机制等方面开展合作，这标志着两地金融合作踏上了新的起点。实际上，近年来，沪港澳三地金融合作已经不断扩大，联系日益紧密，进一步加强沪港澳金融合作具有十分重要的意义。

3. 国际合作和交流

《上海市推进国际金融中心建设条例》要求，上海应加强与其他国际金融中心城市的交流，鼓励金融要素市场、金融机构、金融教育研究机构等开展国际合作与交流。

在 2008 年国际金融危机背景下，上海合作组织成员国央行签署了金融合作协定。在双边金融合作领域，中俄两国多次举行"中俄金融合作论坛"，两国央行共同签署了多个双边协定和纪要等，双方还在证券和保险业领域展开对话和往来。同时，中国银监会与上合组织中亚地区成员国签署了双边监管合作谅解备忘录。为进一步推进银联体的机制化建设，研究成立上合组织开发银行，讨论组建上合发展基金。

2008 年以来，上海市政府与"一行两会"联合主办"陆家嘴论坛"，论坛每年一届。陆家嘴论坛是一个金融领域的国际性论坛，旨在为各国政府领导人、金融界领袖和知名专家学者提供一个共商全球金融领域重大问题的国际性、高层次对话平台，以促进和深化金融领域的全球对话和合作。经过几年发展，陆家嘴论坛已成为中国金融领域最具影响力的论坛，为推动上海国际金融中心建设这一国家战略、促进中国经济金融发展发挥了积极作用。

第六章　上海国际金融中心金融执法建设

一、金融行政执法概述

（一）金融行政执法的概念与特点

金融行政执法是指国家金融行政主管机关依法定职权和法定程序执行和实施金融法律、法规和规章的活动的总称。根据我国现行法律的规定，我国的金融行政主管机关是中国人民银行，它担负着主要的金融执法职能，中国证券监督管理委员会（以下简称中国证监会）、中国银行保险监督管理委员会（以下简称中国银保监会）也依法承担部分执法任务。

金融行政执法具有以下特点。

第一，金融行政执法的主体是国家金融行政主管机关，这里主要是指金融监管部门。根据《中国人民银行法》《证券法》《保险法》等金融法律法规的规定，只有经过法律授权的国家行政机关及其工作人员才能作为金融行政执法的主体，其他未经法律明确授权的国家机关、社会团体或个人，均无权行使金融行政执法权。目前我国的金融行政执法主体有中国人民银行、中国证监会、中国银保监会以及它们在各地的分支机构。

第二，金融行政执法具有法定性，执法主体必须在法律所规定的职权范围内严格依照法定程序行使行政执法权。金融行政主管机关超越职权范围或不依法定程序所为的行政行为，不能产生金融行政执法的效果。相对人可以通过法定程序请求复议机关或人民法院确认金融行政主管机关的"执法"行为无效，同时要追究有关人员的法律责任。

第三，金融行政执法是行政行为，执法对象是特定的行政相对人或特定的涉金融事务。因此，它不具有普遍适用性。特定的人从广义来说是指特定的公民、法人和其他组织，特定的事包括金融机构、涉金融事务的部门、单位从事违反金融法律法规的事务。

第四，金融行政执法是国家组织管理金融的一种重要形式。金融行政执法体现的是国家意志，而不是政府某一个或某几个部门及其工作人员的意志，金融行政执法行为是国家对社会实施组织管理的组成部分，因此金融行政执法也以国家强制力为后盾。但并非金融行政主管机关的一切活动都是金融行政执法行为，只有依照法律的明确授权，执行金融法律法规的行为才是金融行政执法行为。

第五，金融行政执法的最终目的是维护金融业的合法、稳健运行。根据《中国人民银行法》的规定，中国人民银行依法对金融机构及其业务实施监督管理，维护金融业的合法、稳健运行。具体而言，首先，金融行政执法应维护金融体系的安全与稳定。金融业是高风险行业，金融业危机的蔓延可能导致整个市场崩溃。因此，执法者必须通过执法活动促使金融机构在法定范围内稳健经营，降低和防范风险，提高金融体系的安全性和稳定性。其次，金融行政执法应促进金融业开展公平竞争。金融行政执法一方面要保护金融机构的机会均等和平等地位，另一方面要防止和打破金融垄断，维护正常的金融秩序。最后，金融行政执法应保护投资者、存款人和投保人的利益。因为只有投资者、存款人和投保人的利益得到了充分的尊重与保护，才能建立起足够的信任和信心，而他们的信任和信心是整个金融市场和金融业生存与发展的前提。①

（二）金融行政执法的原则

金融行政执法亦属于行政执法的范畴，因此首先应该遵循行政执法的基本原则。依据我国的金融法律法规，金融行政主管机关在行政执法中应当遵循以下原则。

第一，金融行政执法需遵循合法性原则。金融行政执法牵涉甚广，法律法规适用繁多，行政机关在从事相关执法工作过程中，首先，应严格依照法律规定行事，这里的法律不仅包括金融实体法，也包括行政程序法。合法性原则的首要条件是金融行政执法权的取得与有法可依。任何行政执法行为都必须基于法律上的授权，没有法律授权或者超越法律授权范围而行使行政职权的行为，都是非法无效的，金融行政执法也不例外。其次，金融行政执法机构需依法行使职权，即在遵循实体法和程序法范围内从事金融行政执法活动。再次，违反金融法律法规和规章的执法行为是无效的具体行政行为。金融行政执法机构在从事行政执法活动过程中，如有违金融法律法规和规章，其作出的相关裁决应当被认定无效，具体由人民法院或者复议机关予以认定撤销或者变更，而对于无效的执法行为自始无效。最后，金融行政执法机构必须对违法行政行为直接造成的损害结果承担相应的法律责任。对于金融行政执法机构的违法行政行为，不仅要通过法定程序由复议机关或人民法院予以撤销或变更，同时要追究其法

---

① 樊宇. 论金融行政执法 [D]. 长沙：湖南大学，2002.

律责任。根据国家赔偿法的规定应对行政相对人予以赔偿的，国家需要承担赔偿责任，并应对直接执法人员予以追偿，由实施违法行为的执法人员承担部分或全部赔偿费用。

第二，金融行政执法需遵循合理性原则，合理性既是行政执法的基本原则，也是行政执法合法性原则的重要补充，即要求金融行政机关在从事行政行为时不仅要合法也要合理，对于法律范围内的自由裁量权的行使也要秉持公正和适当的原则。首先，金融行政执法行为必须具有公正性，金融执法机构作出的执法行为通常会对社会形成一定的预期，对此，金融行政执法必须考虑社会公正性。由于金融行政执法通常涉及面广泛，专业性较强，因此执法过程中秉持公正原则本就不易，需在诸多原则中权衡考量，如滥用自由裁量权则会影响金融法治的实现。其次，金融行政执法要符合情理。要在遵守法律法规的前提下，根据违法案件、违法行为人的实际情况，进行认定和处罚，即在金融行政执法过程中，要根据不同的具体情况，在法律规范要求的范围内合情合理地做出认定和裁决。

第三，金融行政执法机构在做出处罚金融违法行为时必须遵循处罚法定原则，公正公开原则和处罚与教育相结合的原则。所谓处罚法定原则，是指对应予以处罚的金融违法行为，必须依照金融法律法规、规章等规范性法律文件规定的处罚种类和幅度进行。首先，金融行政处罚的种类和幅度必须依照法律法规和规章等规范性法律文件进行处理。依照我国《行政处罚法》的规定，全国人大及其常委会制定的法律有权设定各种行政处罚；国务院制定的行政法规有权设定除限制人身自由以外的行政处罚，但法律对违法行为已经明文规定予以行政处罚的，行政法规只能在法律规定的行政处罚的种类和幅度内做出具体规定，无权改变行政处罚的种类，扩大行政处罚的幅度；国务院各部委制定的部门规章有权在法律、行政法规设定的行政处罚种类和幅度内做出具体规定，如果法律、行政法规对某种违法行为尚未明确规定处罚种类和幅度，部门规章可以设定警告和一定数量罚款的行政处罚，但罚款限额要由国务院规定；地方性法规有权设定除限制人身自由、吊销企业营业执照以外的行政处罚，但法律、行政法规对违法行为已经做出行政处罚规定，地方性法规需要做出具体规定时，必须在法律、行政法规规定的处罚种类和幅度内做出规定。其次，法无明文规定不处罚。金融行政执法机构对于公民、法人或其他组织的金融违法行为所实施的行政处罚，必须是金融法律法规和规章等规范性法律文件明文规定应给予处罚的行为，并且明文规定了处罚种类和幅度，有法定依据，否则不得进行处罚。如果金融行政执法主体没有法定依据而作出处罚决定，其决定无效。相对人可以依法申请行政复议或提起行政诉讼。最后，金融行政处罚必须依法定程序进行。处罚法定原则，不仅要求实体合法，而且也要求程序合法。程序合法是实体合法的重要保障。金融行政执法机构如果不严格依照法定程序实施处罚，就会损害公民、法人或其他组织的合法权益。因此，《行政处罚法》明文规定没有法定依据或者不遵守法定程序的，行政处罚无效。

所谓公正原则，是指金融行政执法机构及其执法人员在对金融违法行为行使处罚权时，必须用统一尺度平等地对待一切违法者，对一切应受行政处罚的违法者都要依法处罚，对同样性质、相同情节的金融违法行为，不能因违法者权势、地位、名望等因素的不同，而导致处罚结果轻重不一。同样的案件应做出同样的处罚决定，不同的案件应做出不同的处罚决定。公正原则是处罚法定原则的重要补充，确定该原则的目的在于排除金融行政执法机构及其执法人员主观上的偏私。

所谓公开原则，是指金融行政执法机构及其执法人员对金融违法行为的处罚过程是公开的，处罚程序是公开的，处罚的依据也必须是公开公布的法律法规、规章等规范性法律文件，内部文件和尚未公布或者已经作废的法律法规、规章等不能作为处罚依据。公开原则是处罚法定原则和公正原则的重要保护和体现，离开公开原则，处罚法定原则和公正原则就没有保障。

金融行政处罚要坚持处罚与教育相结合的原则。对实施金融违法行为的行为人予以行政处罚，可以直接纠正其违法行为，并达到教育违法者的目的，同时也可以促使其他公民、法人和组织自觉守法。

对金融违法行为进行行政处罚，是维护金融秩序的一种措施和手段，并不是最终目的。只有将处罚手段和教育手段有机结合起来，才能使金融法律法规和规章得到更好的实施。在实际执法中，处罚和教育二者不可偏废。如果只强调处罚的重要性，过多、过重地实施处罚，就会使有些人出现消极、抵触情绪，不利于金融秩序的稳定；如果只强调教育手段的重要性，忽视了处罚手段，就会使有些人或单位频频违法，从而影响国家的金融安全。因此，不能片面追求处罚而忽视教育，要在处罚时对违法者进行教育；也不能以教育为借口，该处罚的不处罚，而应该使教育寓于处罚之中，二者不可偏废。

（三）金融行政执法与金融监管

金融监管是金融监督管理的简称，是指政府通过特定的机构，如中央银行、证券交易委员会等对金融交易行为主体作的某种限制或规定。本质上是一种具有特定内涵和特征的政府规制行为。金融监管可以分成金融监督与金融管理。金融监督指金融主管当局对金融机构实施的全面性、经常性的检查和督促，并以此促进金融机构依法稳健地经营和发展。金融管理指金融主管当局依法对金融机构及其经营活动实施的领导、组织、协调和控制等一系列的活动。根据我国现行法律，我国的金融监管机关包括中国人民银行、中国证监会和中国银保监会。

金融监管的内容主要包括以下三方面：一是对金融机构设置、撤并和终止的管理，包括审核金融机构设置的申请，对金融机构变更、终止的审批等；二是监督检查金融机构业务活动，主要检查金融机构是否执行国家的金融法律法规，是否违反现行金融管理规章制度，资金来源和资金运用是否合法，内部管理制度是否健全等；三是对有问题机构的处理以及采取化解风险的措施，包括对金融违法行为的处罚，对个别发生信用危机的金融机构的接管与救助等。

目前上海市已经出台《上海市地方金融监督管理条例》，其确立了地方金融监管"双峰监管"统一的先例，同时也兼顾"防范金融风险"与"促进发展"的平衡，明晰监管对象、行为规范、监督管理措施、风险防范与处置、法律责任及处罚措施等，实现监管权责统一和对等，赋予地方金融监管的准司法权，加强地方金融监管执法权限，促进金融业持续健康发展提供法治保障。相比其他省市，上海在地方金融监管立法中首次提出维护"金融消费者"权益，且在全文中共8次出现"金融消费者"，并要求地方金融组织"建立方便快捷的争议处理机制，完善投诉处理程序，及时处理与金融消费者和投资者的争议"，探索"以监管促行业规范、以监管防金融风险、以监管优营商环境"的地方金融"双峰监管"实践，保障国家赋予上海的金融改革创新任务，营造更加优良的金融法治环境，全面提升城市能级和核心竞争力，推动上海国际金融中心建设。[①]

金融行政执法与金融监管二者的主体相同，都是中国人民银行、中国证监会和中国银保监会；二者的内容也大体相同，都包括金融市场准入、金融业务运营、金融市场退出以及对金融违法行为的处罚等内容。因此，金融行政执法与金融监管的内涵是一致的，二者的区别就在于各自概念表述的立足点不同。金融行政执法是与金融立法、金融守法和金融司法相对而言的，是从法的运行这一过程出发来进行概念界定的；而金融监管则是从金融运行的角度出发，针对金融机构和金融活动而言的一个概念。金融行政执法在法学领域被经常提及，而

① 陈贵. 上海金融监管立法的制度创新特点 [J]. 上海人大月刊, 2020 (5): 32-33.

金融监管则在金融学、经济学领域被经常使用。

二、上海金融行政执法组织体系

(一)国家金融管理部门上海分部

我国现行金融监管体制由"一委一行两会"组成,实行的统筹协调、分业监管的模式。国家金融稳定发展委员会成立于2017年,旨在强化金融监管协调,提高统筹防范风险能力。中国人民银行是我国的中央银行,在制定实施货币政策的同时,也在防范和化解金融风险、维护金融稳定、协调管理跨机构、跨市场及跨国界的系统性金融风险方面发挥重要作用。中国银保监会统一监管全国银行、保险、金融资产管理公司、信托投资公司及其他存款类金融机构。中国证监会对全国证券、期货市场实行集中统一监管。国家外汇管理局对境内机构、境内个人的外汇收支或者外汇经营活动,以及境外机构、境外个人在境内的外汇收支或外汇经营活动进行监管。

国家金融监管部门及其驻沪机构近年来积极实施国家战略,在金融中心法治环境建设中做出了重大努力。

1. 中国人民银行上海总部和国家外汇管理局

中国人民银行上海总部于2005年8月10日正式成立。上海总部的成立,是完善中央银行决策与操作体系、更好地发挥中央银行的宏观调控职能的一项重要制度安排,同时也是推进上海国际金融中心建设的一项重要举措。目前上海已成为各类金融机构在我国的主要集聚地。设有全国统一的银行间同业拆借市场、债券市场和外汇市场,拥有证券、商品期货和黄金三个交易所。建设上海国际金融中心已成为一项国家战略。设立中国人民银行上海总部有利于进一步完善中央银行的决策和操作体系,提高中央银行宏观调控的水平,有利于发挥贴近金融市场一线的优势，提高中央银行金融市场服务的效率，同时也有利于巩固目前上海作为国内重要金融中心的地位，并将为上海国际金融中心的建设注入新的活力。根据上海总部的职能定位，上海总部机关内设：综合管理部（党委办公室）、公开市场操作部、金融市场管理部、金融稳定部、调查统计研究部、国际部、金融服务一部、金融服务二部、外汇管理部、跨境人民币业务部、金融消费权益保护局（部）、现场检查部、人力资源部（党委组织宣传部）、纪检监察办公室（内审部）、中国反洗钱监测分析中心上海分中心（上海总部反洗钱监测分析中心）。

当前中国人民银行上海总部的主要职能包括：（1）根据总行提出的操作目标，组织实施中央银行公开市场操作；承办在沪商业银行及票据专营机构再贴现业务等；（2）管理银行间市场，跟踪金融市场发展，研究并引导金融产品的创新；分析市场工具对货币政策和金融稳定的影响；负责对区域金融稳定和涉外金融安全的评估；（3）负责有关金融市场数据的采集、汇总和分析；围绕货币政策操作、金融市场发展、金融中心建设等开展专题研究；（4）负责有关区域金融交流与合作工作，承办有关国际金融事务；（5）承担上海地区的人民银行有关业务；（6）根据管理权限，负责上海总部及辖区的人事、党建、内审、纪检监察工作；（7）负责在沪人民银行有关机构管理及相关机构的协助管理工作；（8）承办总行交办的其他事项。

国家外汇管理局上海市分局的职能包括：负责上海市辖内国际收支和外汇收支统计、管理、预警和分析工作；负责上海市辖内经常项目外汇管理工作；负责上海市辖内资本项目外汇管理工作；依法检查上海市辖内机构和个人执行外汇管理法规的情况，处罚违法违规行为；监督管理外汇市场的运行秩序，分析预测外汇市场的供需形势，向国家外汇管理局提供政策性的建议和依据；规范上海市辖内外汇账户的管理工作。

2. 中国银行保险监督管理委员会上海监管局

中国银行保险监督管理委员会上海监管局（以下简称上海银保监局）于 2018 年 12 月 17 日成立，是中国银行保险监督管理委员会在上海的派出机构。

上海银保监局承担的主要职责包括：执行党的路线、方针、政策，加强党的全面领导，履行全面从严治党责任，负责党的建设和思想政治建设工作。根据银保监会的授权和统一领导，依法依规独立对辖内银行业和保险业实行统一监督管理。制定银行业和保险业监管法规、制度方面的实施细则和规定，监督相关法规、制度在辖内的落实。对有关银行业、保险业机构及其业务范围实行准入管理，审查高级管理人员任职资格。对有关银行业、保险业机构实行现场检查和非现场监管，开展风险与合规评估，保护金融消费者合法权益，依法查处违法违规行为。统计有关数据和信息，跟踪、监测、预测辖内银行业、保险业运行情况。指导和监督地方金融监管部门相关业务工作。负责党的基层组织建设和干部队伍建设。完成银保监会交办的其他工作。

在金融服务方面，上海银保监局也力推上海金融服务发展工作。如 2020 年底，上海银保监局联合 G60 科创走廊相关部门和长三角三省一市金融管理部门，共同发布《金融支持长三角 G60 科创走廊先进制造业高质量发展综合服务方案》，指导长三角 G60 科创走廊九城市及主要金融机构提供一揽子综合创新。首先是创新"知识产权质押贷款、税基贷""信用类科技贷"等产品，探索开展仓单质押贷款、保理等供应链金融创新，降低政策性担保业务盈利要求，扩大担保服务对象。其次是推广"远期共赢"利率定价机制，为科创企业与先进制造业企业实施优惠利率定价，对符合条件企业承诺"利率外零费用"优惠。再次是开展"贷款+外部直投""贷款+远期权益""上市贷"等产品创新，对成熟企业定制流动性管理、外汇服务方案等。最后是建立科创企业名录库与重点科技项目建设信息库，推进科创走廊企业信用信息共享服务平台建设。

3. 中国证券监督管理委员会上海监管局

中国证券监督管理委员会上海监管局前身为上海市证券管理办公室，成立于1993年。1992年10月国务院发出《关于进一步加强证券市场宏观管理的通知》后，上海市为加强企业试行股份制和证券市场的宏观管理，于1993年3月调整了上海市证券管理委员会组成人员，其成员由市计委、市人行、体改办、财政局、监察局、外资委、工商局、法制办等有关部门组成，完善充实了委员会的职能，并设立了委员会的常设机构"上海市证券管理办公室"。1999年，国家对证券期货市场管理体制实施重大改革，实行集中统一的监管体制，全国各省市监管机构全部收归中国证监会垂直管理。1999年7月中国证监会上海证券监管办公室（以下简称上海证管办）作为中国证监会九个大区派出机构之一正式挂牌。2000年9月，中国证监会决定成立中国证监会上海稽查局，与上海证管办合署办公。2004年3月，中国证监会派出机构统一更名，上海证管办更名为中国证券监督管理委员会上海监管局，以下简称上海证监局。

目前，上海证监局内设14个处室：办公室（党务工作办公室）、纪检办公室、公司监管一处、公司监管二处、机构监管一处、机构监管二处、机构监管三处、稽查一处、稽查二处、投资者保护工作处、会计监管处、法制工作处、信息调研处、综合业务监管处。

根据有关法律法规规定和中国证监会授权，上海证监局的主要职责是：贯彻执行国家有关法律法规和方针政策，对辖区内证券发行人、上市公司、非上市公众公司、证券公司、基金管理公司、期货公司、私募基金管理人、证券投资咨询机构、基金销售机构，以及从事证券期货业务的会计师事务所、资产评估机构、律师事务所、资信评级机构等市场主体实施日常监管，对辖区监管范围内的违法违规行为依法进行查处，开展证券期货投资者教育和保护工作，防范和依法处置辖区有关市场风险，履行法律法规规定和中国证监会授权的其他职责，有效维护市场公开、公平、公正，维护投资者特别是中小投资者合法权益，促进辖区资本市场健康发展。

稽查处作为上海证监局的分支部门，负责全局自立案件的统一立案和报备工作；自立案件和证监会交办案件的调查、复核工作；办理证监会系统内外相关单位案件协查工作；负责与辖区公检法等机关的协调工作和牵头承担辖区证券期货基金行业反洗钱相关协调工作等。投资者保护工作处负责牵头组织开展辖区投资者保护和教育工作，组织实施辖区投资者保护检查和调查评价工作；负责牵头处理辖区信访工作，督促市场主体做好投诉处理，推动辖区纠纷调解工作。负责辖区打击非法证券期货基金活动工作，协助司法机关做好非法证券期货基金活动的性质认定等。法制工作处负责自办案件的审理、听证、行政处罚、送达、执行等工作；负责监管措施等的法律审核工作；负责辖区普法及诚信建设等相关工作；负责对辖区律师事务所从事证券法律业务进行监管和处理有关投诉、举报；负责涉及上海证监局的有关行政诉讼和行政复议工作等。

（二）上海市政府金融服务与管理机构

2000年3月，中共上海市金融工作委员会成立，作为中共上海市委的派出机构，围绕上海国际金融中心建设的总目标，把好方向，抓好大事，出好思路，带好团队，搞好服务，为上海国际金融中心建设提供坚强的思想政治、组织、作风保证。

2002年9月，上海市金融服务办公室正式成立，与市金融工作党委合署办公。这是上海市委、市政府从上海改革开放和现代化建设全局出发，加快实施建设国际金融中心国家战略，创新地方金融管理体制的重要举措。上海市金融服务办公室作为市政府负责金融管理和服务工作的直属机构，肩负着推进上海国际金融中心建设，推动金融服务经济社会发展，推进市属金融国资国企改革发展，加强金融机构、金融人才服务，促进新型金融行业发展，加强区域金融合作交流，维护金融安全稳定等重要职责。2009年，上海市政府办公厅正式印发《上海市金融服务办公室主要职责内设机构和人员编制规定》（以下简称《规定》）。根据该《规定》，上海市金融服务办公室为市政府直属机构履行其主要职责，具体包括：贯彻执行中央关于金融工作的法律法规以及方针、政策，会同市有关部门研究起草本市推进国际金融中心建设的政策、地方性法规草案、规章草案以及相关金融政策；研究拟定本市推进上海国际金融中心建设规划、本市金融业发展的中长期规划和年度工作计划；研究提出引进、服务金融人才的政策建议，制定相关工作措施，为各类金融机构在沪发展提供更为完善的服务平台、服务措施；配合国家金融管理部门推进货币、外汇、股票、债券、商品期货、金融衍生品、保险、黄金市场等建设，支持金融市场开展产品和工具创新，促进金融市场协调发展；鼓励和吸引国内外金融机构总部以及大型金融机构营运中心集聚本市，加强对在沪金融机构的服务；支持金融机构开展业务创新，推进金融创新成果在本市的实施和应用；受市国资管理部门委托，承担地方金融国资日常监管工作；负责由地方政府管理的各类新型金融行业的日常监督和管理；促进区域金融合作，配合金融管理部门促进地区的金融合作与协调发展；协助配合金融管理部门和市有关部门整顿与规范金融秩序，建立金融稳定协调机制，打击非法集资、非法证券等金融犯罪活动，协调处理金融风险防范和化解工作，维护金融稳定与安全。

为了加强上海金融国资的管理，2009年10月，上海市政府办公厅转发了市国资委《关于对部分市属经营性国资实施委托监管的意见》，明确对部分市属经营性国有资产实施委托监管的程序、职责及具体要求；在此基础上，市国资委与市金融办于2010年1月签订了国资委托监管协议，自此市金融办正式对市属金融国资进行监督管理。根据委托监管协议，市金融办受托履行对 16 家市属金融企业的国资出资人监管职责，承担相应的国资保值增值责任，在战略规划和投资管理、国资收益和预算管理、业绩考核和薪酬管理、法人治理、改革重组、产权管理、评估管理、财务监督、责任追究等方面负责落实国资监管事项、承担国资监管责任。市金融办在制度建设方面构建了以《市属金融企业国有资产监督管理试行办法》为基础，以法人治理、经营业绩考核评价、薪酬分配、重大事项管理、市属独资金融企业国资监管、信息报送六方面内容为配套的 "1+6" 监管制度框架，使上海市金融国资监管初步形成了具有自身特点的制度体系，保证了各项工作有规可依、有章可循。依据管少管精、权责统一、依法合规、分类监管的原则初步建立起上海金融国资监管制度框架。

2016 年，上海市机构编制委员会同意上海市金融服务办公室内设的市属金融国资监管处整建制划转上海市国有资产监督管理委员会。调整后，市金融服务办公室内设机构为 8 个：综合研究处（发展规划处）、金融发展协调处、金融市场服务处（上市重组处）、金融机构服务处（国际交流处）、地方金融管理处、金融创新处（金融监测分析处）、金融合作处、金融稳定处。对地方新型金融行业管理是市金融办承担的一项重要管理职能。根据市委、市政府工作部署，市金融办紧紧围绕上海国际金融中心建设、金融服务地方经济、金融支持中小企业等中心任务开展各项工作，会同各有关单位制定出台了《关于促进本市小额贷款公司发展的若干意见》《关于本市开展小额贷款公司试点工作实施办法》《关于本市加快融资性担保行业发展进一步支持和服务中小企业融资的若干意见》《关于本市开展外商投资股权投资企业试点工作的若干意见》《关于本市开展外商投资股权投资企业试点工作的实施办法》《关于本市开展合格境内有限合伙人试点工作的实施办法》等一系列行政规范性文件，按规定和程序做好小额贷款公司设立和日常管理工作，根据批管并重原则做好融资性担保公司的规范整顿、新设和日常管理工作，积极推进上海市外资 PE 试点工作开展，配合做好上海市股权投资企业的备案管理工作，积极开展外商投资股权投资（QFLP）率先在沪试点工作，加强各地方新型金融行业协会建设，营造环境、多元推动地方新型金融行业发展。

2019 年 2 月，上海市委办公厅、市政府办公厅印发《中共上海市金融工作委员会、上海市地方金融监督管理局职能配置、内设机构和人员编制规定》（以下简称《规定》），根据该《规定》，中共上海市金融工作委员会是市委的派出机关，履行 10 项主要职责，内设 4 个职能处（室），即办公室、干部人事处（人才工作处、统战处）、组织处（宣传处）、群工处。上海市地方金融监督管理局是市政府组成部门，履行 13 项主要职责，内设 10 个职能处（室），即政策法规处（综合研究处）、金融调查统计处、金融稳定处（信访办公室）、地方金融监督管理一处、地方金融监督管理二处、地方金融监督管理三处、金融发展协调处、金融市场服务处（上市重组处）、金融机构服务处（国际交流处）、金融合作处。

（三）上海交易所一线监管场所

交易所的一线监管，是交易所按照既定的规则对交易相关活动进行监管，它是交易所自律的基本职能。交易所的一线监管，与交易所的市场组织功能相联系，能够对整个交易活动进行全面的实时监控，容易及时发现问题，对维护市场秩序，维护主体利益，具有重要的意义。

1. 上海证券交易所

上海证券交易所成立于 1990 年 11 月 26 日。2005 年新修订的《证券法》确立了证券交易所作为自律管理法人的法律地位。《证券法》同时还规定了证券交易所对交易所会员、上市证券发行主体及交易行为进行自律管理的职能，并授权交易所制定会员管理规则、上市规则和交易规则以贯彻落实其自律管理职能。

证券交易所对于会员的自律管理以交易所章程和会员管理规则为基础。证券交易所通过与上市证券发行主体签订上市协议，确定双方的监管与被监管关系。其中，监督和督促上市公司及相关信息披露义务人履行其法定的信息披露义务是上市公司监管的一项核心内容。由于现代证券市场建立于信息的高效传播与公平获取的基础之上，交易所通过督促和监督信息的及时、公平披露，以及披露信息的真实、准确和完整，有力地维护了证券市场的公正性和有效性。

此外，交易所通过执行上市规则，推动上市公司治理和内部控制的持续改善，有利于建立公司规范化运作的标杆。作为证券交易的组织者和监督者，证券交易所的另一项自律管理职能是为证券交易提供场所、设施，制定证券交易规则，监督和维护日常交易秩序，妥善应对各类突发性事件。对交易行为实行实时监控，发现、制止并协助调查各类违法违规行为，是交易所对交易实施监督管理的重要方面。

2. 中国金融期货交易所

中国金融期货交易所股份有限公司（以下简称中国金融期货交易所）是经国务院同意，中国证监会批准，由上海期货交易所、郑州商品交易所、大连商品交易所、上海证券交易所和深圳证券交易所共同发起设立的金融期货交易所。中国金融期货交易所于2006年9月8日在上海正式成立，是我国境内第一家公司制的交易所。

根据《期货交易管理条例》《期货交易所管理办法》等法规的规定，中国金融期货交易所主要履行下列职责：（1）提供金融期货等金融衍生品交易的场所、设施和服务；（2）设计金融期货合约，安排合约上市；（3）组织并监督金融期货等金融衍生品的交易、结算和交割；（4）保证金融期货合约的履行；（5）制定并实施中国金融期货交易所的交易规则及其实施细则；（6）按照章程和交易规则对会员进行监督管理，并对会员及其客户、期货保证金存管银行及期货市场其他参与者的期货业务进行监管；（7）发布市场信息；（8）查处违规行为；（9）中国证监会规定的其他职责。自成立以来，中国金融期货交易所充分履行自律监管职责，发布实施了一系列业务规则，包括《中国金融期货交易所交易规则》《中国金融期货交易所违规违约管理办法》《中国金融期货交易所交易细则》《中国金融期货交易所结算细则》和《股指期货投资者适当性制度实施办法（试行）》等，对投资者准入、会员管理、交易业务、结算业务、交割业务、风险控制、异常交易处理、信息管理、违规违约处理等作出了全面规定。

为防范金融期货市场风险，在股指期货制度设计过程中，中国金融期货交易所充分借鉴境外发达市场的先进经验，并结合中国的市场实际，进行多项创新。在投资者保护方面，创造性地引入了投资者适当性制度，从源头上深化投资者风险教育，有效避免投资者盲目入市，真正保护投资者的合法权益。在结算制度方面，实施分级结算和结算担保金制度，形成了多层次的风险防范和控制体系，增强了整体抗风险能力。在跨市场监管方面，与沪深证券交易所、中国证券登记结算有限责任公司和中国期货保证金监控中心共同签署了《股票市场与股指期货市场跨市场监管备忘录》，构建了包括信息交换机制、风险预警机制、共同风险控制机制和联合调查机制等在内的股票市场与股指期货市场跨市场联合监管协作机制，为股指期货的平稳推出、股票市场与股指期货市场的安全运行和健康发展提供了有力保障。

中国金融期货交易所落户上海，有助于进一步加快推进上海国际金融中心建设。在市场体系上，促使上海金融市场体系更加齐备，市场功能更加完善，使上海成为世界上为数不多的集证券、商品期货、金融期货等各类金融要素市场于一身的城市之一；在产品创新上，极大地增强市场中介机构的创新能力与孵化能力，占据金融市场的制高点，为金融产品创新打下坚实基础；在人才培育上，将极大地吸引金融人才聚集到上海。

3. 上海期货交易所

上海期货交易所是依法设立，履行法定职责，受中国证监会集中统一监督管理，并按照其章程实行自律管理的法人。上海期货交易所目前上市交易的有黄金、铜、铝、锌、铅、螺纹钢、线材、燃料油、天然橡胶九种期货合约。为推进上海国际金融中心建设，上海期货交易所正在积极推进白银、商品指数及期权产品、原油期货产品开发和上市，深入开展碳排放期货等期货品种的可行性研究，研究逐步向境外人民币持有主体开放证券市场、期货市场、金融衍生品市场及黄金市场的建议举措，期货保税交割业务试点进入实际运作。

上海期货交易所坚持以科学发展观为统领，深入贯彻国务院关于推进资本市场改革开放和稳定发展的战略决策，依循"夯实基础、深化改革、推进开放、拓展功能、加强监管、促进发展"的方针，严格依照法规政策制度组织交易，切实履行市场一线监管职责，致力于构建安全、有序、高效的市场机制，营造公开公平公正和诚信透明的市场环境。

在制度建设方面，上海期货交易所积极适应期货市场发展新形势，全面推进交易所章程、交易规则及实施细则的修订与完善，积极推进铅、燃料油等期货合约及实施细则的修订和完善，加强内部管理制度建设和合同审核，提高工作的规范性与效率。

在实施监管方面，上海期货交易所树立强势监管理念，主动出击，对违规案件做到"及时发现、及时制止、及时处理"，并加大对违规行为处罚力度，强化一线监管的威慑力，防范和化解风险，保护投资者合法权益以及促进市场功能发挥。此外，上海期货交易所还探索多种渠道和方式，加大期货市场法规和规则的宣传力度，加强对国内外期货市场法规动态与专题问题的研究。

4. 上海黄金交易所

上海黄金交易所是经国务院批准，由中国人民银行组建，在国家工商行政管理部门登记注册的，不以盈利为目的，实行自律性管理的法人。交易所于 2002 年 10 月 30 日正式开业，遵循公开、公平、公正和诚实信用的原则组织黄金、白银和铂等贵金属交易。

黄金交易所实行会员制组织形式，会员由在中国境内注册登记，从事黄金业务的金融机构，从事黄金、白银、铂等贵金属及其制品的生产、冶炼、加工、批发、进出口贸易的企业法人，并具有良好资信的单位组成。

黄金交易所实行标准化撮合交易方式。标准黄金、白银、铂交易通过集中竞价方式进行，实行价格优先、时间优先撮合成交。非标准品种通过询价等方式进行，实行自主报价、协商成交。会员可自行选择通过现场或远程方式进行交易。

上海黄金交易所作为黄金等贵金属交易市场的组织者和监督者，通过制定和不断完善交易规则，监督和维护日常交易秩序。近年来，上海黄金交易所修订公布了《上海黄金交易所结算细则》《上海黄金交易所违规处理办法》《上海黄金交易所交割细则》《上海黄金交易所现货交易规则》等多项细则，使自律管理制度体系更加完善。[①]

5. 上海清算所

上海清算所于 2009 年 11 月 28 日正式成立，全称为银行间市场清算所股份有限公司，是经财政部同意、中国人民银行批准的一家全国性金融市场服务机构。上海清算所的主要职责是，通过有效的风险管理和高效的清算模式，为金融市场现货和衍生品交易，为经中国人民银行批准的人民币跨境交易等，提供统一规范的本外币清算服务，包括登记、托管、清算、结算、交割、保证金管理、抵押品管理、信息咨询服务等。

根据中国人民银行颁布的《银行间市场清算所股份有限公司业务

---

① 上海黄金交易所官网：https：//www.sge.com.cn/guize/ywgz? cflag＝1&p＝1.

监督管理规则》等文件，上海清算所承担着对金融市场交易清算进行日常监测的职责。此外，在提供集中清算、登记托管等市场服务的过程中，上海清算所严格按照监管机构要求并充分结合国际国内情况，探索建立市场成员共同参与的自律管理机制，特别是注重发挥其在集中清算业务的风控决策、风险分担机制中的重要作用，为业务有序运行以及整个市场的稳健发展奠定坚实基础。

自成立以来，上海清算所确立了以创新集中清算业务为主、登记托管业务并重的发展思路，特别是牵头开展的"推动银行间债券市场、外汇市场实现独立的、专业化的净额清算服务，提高金融市场整体效率""探索场外衍生产品集中清算路径，防范场外衍生品交易风险"等上海国际金融中心建设工作，均已取得实质性进展。

6. 中国外汇交易中心暨全国银行间同业拆借中心

中国外汇交易中心暨全国银行间同业拆借中心（以下简称交易中心）于 1994 年 4 月 18 日成立，是中国人民银行总行直属事业单位。近年来，交易中心在中国人民银行、国家外汇管理局的直接领导下，紧紧围绕人民币汇率、利率改革和金融市场发展，致力于银行间外汇市场、货币市场、债券市场以及汇率和利率衍生品市场的基础设施建设、产品和机制创新以及市场服务优化。作为中国银行间市场的具体组织者和运行者，外汇市场自律机制于 2016 年 6 月 24 日成立，是由外汇及相关市场参与者组成的市场自律和协调机制，在符合国家有关汇率政策和外汇管理规定的前提下，对人民币汇率中间价报价行为、银行间外汇市场交易行为和银行柜台外汇及跨境人民币展业行为进行自律管理，维护市场正当竞争秩序，促进外汇市场有序运作和健康发展。

外汇市场自律机制在遵守国家法律法规和政策的前提下，履行以下主要职责：（1）制定人民币汇率中间价报价自律规范，并负责督促落实；（2）制定银行间外汇市场交易自律准则和规范，并负责督促落实；（3）制定银行柜台外汇及跨境人民币展业规范，并负责督促落实；

（4）开展监测、评估；（5）开展培训、宣传；（6）开展自律管理及成员之间的纠纷解决；（7）开展国际合作；（8）其他职责。[①]

（四）上海金融行业自律组织

关于行业自律的法律经济分析研究表明，当执行机制带有不确定性时，自律监管是有效的，采取国家强制监管的非效率性要超过采取自律监管的非效率性。[②] 在国家监管不能有效执行的场合，我们不得不认真地对待弱化自律的现象。因为执法效率本身是影响制度移植的重要因素，[③] 也是金融市场发展的一个重要变量。金融监管机关的监管效率不佳、司法机制不健全是我国不可回避的现实问题，但行业协会的行业自律既可有效替代司法监管，也能够有效替代行政监管。特别是在创新性金融领域，行业协会自律的必要性更加突出，这主要在于创新金融高度复杂与专业，当前相关法律可能存在规则供给不足的现状，在无法可依的情形下由自律组织实行"软法"能够化解纠纷，维护金融市场稳定。

目前上海的行业自律组织主要包括银行业、保险业和证券业等。上海市银行同业公会成立于 1992 年 12 月，它是经中国人民银行上海分行审查，上海市社会团体管理局批准依法设立，由设在上海市行政区内的银行等金融机构自愿组成的专业性的非营利性、行业性社会团体法人。其职责是依照法律法规和《银行业协会工作指引》等规章、规范性文件及经济金融政策，强化行业自律，维护会员权益，推进行业协调，促进信息交流，保障上海银行业健康发展，促使会员共同利

---

① 中国外汇交易中心暨全国银行间同业拆借中心官网：http://www.chinamoney.com.cn/chinese/whov/.

② Peter Grajzl & Peter Murrell. Allocating Law - Making Powers: Self - Regulation vs. Government Regulation [J]. 35 Journal of Comparative Economics, 2007 (57).

③ Daniel Berkowitz, Katharina Pistor & Jean - Francois Richard, Economic Development, Legality, and the Transplant Effect [J]. 47 European Economic Review, 2002 (165).

益的实现；上海市证券同业公会原名为上海市证券业协会，成立于1997年1月，是依法设立的上海证券业自律性组织，由上海证券业相关单位自愿组成。同业公会的宗旨是自律、服务、沟通：遵守国家的法律法规和政策，遵守社会道德风尚，加强上海证券业的自律管理；为会员服务，维护会员的合法权益；发挥上海证券业与政府间的桥梁作用，促进和推动上海证券业、证券市场的健康稳定发展；上海市保险同业公会于1994年2月成立。根据章程，公会宗旨是以社会主义市场经济理论为指导，遵照国家宪法和有关法律法规，团结和组织本市保险公司、中介公司及代表机构，维护会员的合法权益，积极为会员服务，发挥行业与政府之间的桥梁作用，促进和推动上海市保险市场的健康发展。

在金融中心建设的国际化层面，行业自律的优势较为明显，它可以超然于某些利益冲突，有能够基于真实的全球化目标去监督和规范市场的能力，而不考虑什么国家边界和司法边界。[①] 在推进金融中心建设的过程中，上海和深圳都将创新金融、互联网金融作为发力点，也都关注这些特殊领域行业协会自律机制的建设。比如，上海市政府在2014年发布的《关于促进互联网金融产业健康发展若干意见通知》中就强调，要支持开展行业自律与第三方监测评估，通过支持建立互联网金融行业协会、联盟，制定自律公约、行业标准来加强对会员企业及其从业人员的职业道德和职业纪律约束。深圳市人民政府金融发展服务办公室发布的《深圳市金融业"十三五"规划（前期规划稿）》明确提出，在私募金融领域要借鉴成熟市场国家监管经验，强化自律组织监管职能，通过行业协会等自律组织进行有效适度监管，以便建立基于不发生系统性金融风险原则之上的私募金融领域创新鼓励

---

① See Saule T. Omarova, Rethinking the Future of Self-regulation in the Financial Industry [J]. 35 Brooklyn Journal of International Law 665, 2010 (665).

机制。①

三、上海市金融行政执法现状

从金融学来说，金融行政执法又可称为金融监管。自 2020 年《上海市地方金融监督管理条例》（以下简称《条例》）颁布以来，上海市已经逐步确立起以"防范化解金融风险"的审慎监管和"维护金融消费者和投资者合法权益"行为监管的"双峰监管"监管模式。

从《条例》的具体内容来看，上海金融监管立法深谙"创新发展"和"深化改革"之要义，鼓励金融创新、监管科技和"监管沙盒"等。上海定位为国际金融中心，在立法理念上鼓励金融科技和监管科技创新，并采用了"沙盒监管"的创新监管模式，既促进上海金融科技创新发展，又防范金融新业态所带来的风险。《条例》第三条确立"创新发展"为原则和"深化改革"为目标的个性特征，并通过第六条和第八条等条款中得到鲜明体现。第六条和第八条明确规定市地方金融监管部门应当推动现代信息监管科技的运用，推广金融科技应用试点，全面提升金融科技应用水平，推进技术创新与金融创新融合发展，推动在中国（上海）自由贸易试验区以及临港新片区等区域试点金融产品创新、业务创新和监管创新，加强上海国际金融中心建设和科技创新中心建设联动。

此外，《条例》在金融中央事权框架下构建了中央与地方、地方政府部门之间的联动监管及长三角金融监管合作机制。《条例》第二条明确规定，"国家对地方金融监督管理另有规定的，从其规定"。该《条例》第四条要求建立金融工作议事协调机制，一方面统筹协调中央与地方，加强与国务院金融稳定发展委员会办公室地方协调机制在金融

---

① 曹兴权. 金融行业协会自律的政策定位与制度因应——基于金融中心建设的考量 [J]. 法学，2016（10）：79-88.

监管、风险处置、信息共享和消费者权益保护等方面的协作，另一方面通过地方政府部门的协同，增强监管合力，统筹本市金融改革发展、金融风险防范等重大事项。

上海市地方金融监管立法明确地方金融组织对经营活动中的风险事件承担主体责任，地方政府作为防范和处置非法集资的第一责任人。随着非法资金活动、擅自设立地方金融组织及非法从事地方金融组织业务活动日趋复杂和隐蔽，仅由金融监管部门负责难以形成有效的监管力量。为应对这一现状，《条例》规定，地方金融组织对经营活动中的风险事件承担主体责任，市、区人民政府作为本行政区域内防范和处置非法集资工作的第一责任人，应制定风险突发事件应急处置预案，组织、协调、督促相关部门做好对非法集资活动的监测预警、性质、认定、案件处置等工作。地方金融管理部门应当会同有关部门、中央金融监管部门在沪派出机构，对擅自设立地方金融组织或者非法从事地方金融组织业务活动开展风险防范和处置。该规定有利于形成监管合力，避免因为监管部门的行政级别影响监管效果，同时也敦促地方政府对本区域的地方金融稳定安全担起责任。

另外，应国家长江三角洲区域一体化发展规划所需，该《条例》第八条还进一步明确要求建立健全风险监测预警和监管执法联动机制，强化信息共享和协同处置，完善长江三角洲区域金融监管合作机制，推动金融服务长江三角洲区域高质量一体化发展。地方部门通过监管信息平台不断完善信息交流平台和工作沟通渠道，加快形成条块结合、运转高效、无缝衔接、全面覆盖的区域性金融管理和风险防范机制，增强地方金融监管合力。

第七章　上海国际金融中心金融司法创新

　　一方面，有学者认为，在国际金融中心的法制环境建设中，相比完善的法律法规体系和科学有效的金融监管体系，强大的金融司法体系更为重要。[①] 相比大陆法域法院，普通法传统赋予法院的地位，使其在法律的进化过程中扮演着极其重要的角色；而法院也在其中发展出一套独特的法律方法。[②] 另一方面，基于当前我国金融法治建设现状，金融立法与金融监管已各司其职，而在金融司法的研究和发展方面还尚缺成效。[③] 故本章将着重关注国际金融中心的司法保障，主要以上海国际金融中心的司法建设为对象，具体研究上海国际金融中心的

---

　　① 冯果. 营造与国际金融中心地位相适应的司法环境 [J]. 法学，2016（10）：71-78.

　　② ［美］卡拉布雷西著；周林刚，翟志勇，张世泰译. 制定法时代的普通法 [M]. 北京：北京大学出版社，2006（11）：311.

　　③ 事实上，已经有学者意识到过度关注文本法律对于法学研究形成的弊端，并主张法学研究和法学教育应从立法主义转向法律适用主义。比如有学者就指出，普遍偏重于对立法结果的研究，轻视对立法运作过程的研究，注重对立法程序规范的分析，轻视对立法行为本身的研究，局限于平面的、静态的分析模式，而缺少立体思维和动态的分析角度；习惯于抽象的逻辑推导而疏于务实求证，因而有些观点总是玄虚失当，导致研究问题缺乏整体性和基础性。参见黄卉.“一切意外都源于各就各位”——从立法主义到法律适用主义 [J]. 读书，2008（1）. 王爱声. 立法过程：制度选择的进路 [M]. 北京：中国人民大学出版社，2009：9.

司法建制。

一、上海金融司法体系

（一）金融刑事侦查

根据权威部门犯罪资料的统计，自 1998 年以来，上海市涉及金融犯罪的案件平均每年以 4.8%的比例递增，案件总量仅次于合同诈骗犯罪。当金融犯罪发展到一定水平时，其危害结果不单单是巨大的财务损失，而将向深度延伸和扩大。上海正向国际金融中心大步前行，金融行业和金融市场日趋活跃，而相伴而生的金融犯罪也有愈演愈烈之势。

改革开放以来，我国公安机关经济犯罪侦查机制逐步建立起来。随着金融市场的发展，金融犯罪呈现出数值高、犯罪手段隐秘、波及范围广泛等特点，对此应亟须加强对金融犯罪的刑事侦查工作。2003 年公安部经济犯罪侦查局加挂公安部证券犯罪侦查局牌子，相关处室工作人员常驻中国证监会。2008 年，公安部在北京、大连、上海、武汉、深圳、成都设立证券犯罪侦查局直属分局，直接承办证券期货领域重特大刑事案件，行使《刑事诉讼法》赋予公安机关的刑事侦查权。

在上海国际金融中心建设过程中，上海市加大对各种金融犯罪活动的打击力度，具体包括洗钱犯罪、非法集资等。如 2010 年上海公安机关积极响应《上海市推进国际金融中心建设条例》的要求，针对金融违法犯罪行为积极配合国家金融管理部门打击洗钱、假币活动等非法金融活动的工作。

当前承担金融刑事侦查工作的主要机构是公安机关和人民检察院，中国证监会、银保监会以及中国人民银行等金融监管机构，虽然不承担金融刑事犯罪的侦查工作，但在进行监管时发现违法违规行为也应给予行政处罚。目前，上海公安机关已建立相对系统独立的经济犯罪侦查体制，在打击金融犯罪上积极与检察机关和人民法院以及中国证监会和银保监会展开合作。如 2020 年 11 月，中国证监会联合最高人民检察院发布了十二宗证券违法犯罪典型案例。此次联合发布典型案例，既能够以案说法，向市场传递"零容忍"的信号，提升执法威慑，净化市场生态，又能够进一步强化行政刑事执法协作，保障证券行政执法一致性，有效提升监管执法效能，对于资本市场更好服务实体经济发展，切实保护投资者合法权益具有十分重要的意义。典型案例直观展现了执法司法部门严格落实党中央、国务院关于强化金融监管的总体要求，严厉打击资本市场违法违规行为的工作成效。

（二）金融检查

依据上海市检察院发布的《2019 年金融检查白皮书》，2019 年 1 月至 10 月，上海市检察机关受理金融犯罪审查逮捕案件 1487 件共 2375 人，批准逮捕 1344 件共 2017 人。受理金融犯罪审查起诉案件 1676 件共 3343 人，提起公诉 1120 件共 2086 人。其中，非法吸收公众存款罪受理审查起诉 1209 件共 2578 人，信用卡诈骗罪受理审查起诉 208 件共 212 人，集资诈骗罪受理审查起诉 100 件共 207 人。

为维护金融管理秩序，保障金融安全和金融消费者权益，推动国际金融中心建设，上海检察机关积极探索金融检查工作专业化建设。2009 年 3 月 19 日，浦东新区人民检察院设立全国首个金融检察工作专业部门——浦东新区人民检察院金融知识产权犯罪案件公诉处后，黄浦、静安、杨浦、徐汇四个区检察院相继设立了金融检察科，未设立专业部门的检察院均设立了金融案件专业办案组。2011 年 11 月 30日，上海市人民检察院和第一分院、第二分院获批成立金融检察处。为了服务区域金融业发展，浦东新区人民检察院、黄浦区人民检察院先后于 2009 年，陆家嘴金融核心功能区、外滩金融集聚带分别设立了陆家嘴金融检察工作室、外滩金融检察工作室。上海检察机关市、分、区（县）院三级金融检察工作专业机构体系已初步构建。金融检察工作机构专门办理金融诈骗、破坏金融管理秩序、内幕交易、操纵证券市场金融犯罪等案件，履行检察机关审查批捕、审查起诉、诉讼监督等工作职能，并负责金融犯罪的研究分析，开展金融犯罪预防工作。为进一步严厉打击和有效预防金融犯罪，防范化解重大金融风险，切实维护上海金融安全和秩序，服务保障2020年上海基本建成国际金融中心，上海市检察院党组于2019年底成立上海金融检察研究中心。上海金融检察研究中心，组织架构上采用"一个中心，三个分中心"的平台设置，即在市检察院设立"上海金融检察研究中心"牵头抓总、指导协调，根据三个分院的金融专业分类和办案优势，分别在市检察院第一分院设立"证券期货金融犯罪研究中心"；在第二分院设立"银行保险金融犯罪研究中心"；在第三分院设立"金融创新检察研究中心"，以此形成有统有分、统分结合、重点突出，协作共赢的金融检察新局面。上海金融检察研究中心以加强打击防范金融犯罪工作研究、经验交流、司法合作为重点，以提高金融检察办案专业化水平、增强金融犯罪理论研究能力、加强金融检察人才培养力度、提升金融犯罪预防宣传效果、统筹指导三个分中心运行工作为职能。通过强化一体化办案、深化与科研院校合作、借助上海检察智库"外脑"、完善专家型检察官培养交流四大工作机制为主要抓手，开展具体工作。三个分中心分别与上海市地方金融监管局、证监局、银保监局等部门对接，开展协作，为各类金融机构、科创企业、金融消费者等各类群体提供"专门、专业、专家"服务。

金融检察工作专业机构的设立，优化了司法资源，为上海金融中心建设创造良好的法治环境，建立了有效的检察组织保障。

（三）金融审判

当前上海市已经建立起相对完善的金融审判体系。依据公开数据显示，上海法院 2019 年各项审判数据均在全国前列，多项核心指标排名全国第一，司法体制综合配套改革基本完成，最高法院要求全国法院推广上海改革经验（见图 7-1）。目前上海法院主要保障三项新重点工作，其中包括：（1）服务保障自贸新片区：支持新片区管理机构依法履职，积极对接国际通行规则，强化对国际商事、海事纠纷的司法管辖，建立专家咨询与陪审机制，完善域外法查明和适用机制，积极开展国际司法交流合作；（2）服务保障长三角区域一体化发展：加强司法协作长效机制建设，如沪苏浙皖四地高院知产庭会签《长江三角洲地区人民法院知识产权司法保护交流合作协议》。健全跨域司法服务机制建设，如沪苏浙皖高院会签《长三角地区跨域立案工作规范》。完善执行联动协助机制建设，如沪苏浙皖法院认真贯彻《长江三角洲地区人民法院执行联动信息共享合作协议》《执行联动信息共享实施细则》等文件，上海青浦法院、江苏吴江法院、浙江嘉善法院会签《长三角一体化法院执行协作备忘录》，沪苏浙皖高院会签《关于长三角地区人民法院联合发布典型案例推进法律适用统一的实施办法》。加强信息化建设的交流协作，如沪苏浙皖高院联合下发《长江三角洲地区智慧法院信息资源共享平台建设方案》。协力推进环境资源审判体制机制改革，如上海崇明法院、上海铁路运输法院、江苏江阴法院、江苏如皋法院、江苏东台法院会签《长江口环境资源司法保护合作框架协议》，上海青浦法院、江苏吴江法院、浙江嘉善法院会签《服务保障长三角生态绿色一体化建设司法协作协议》；（3）服务保障设立科创板并试点注册制，由上海金融法院集中管辖涉科创板案件，制定《关于服务保障设立科创板并试点注册制的若干意见》，建立专业化审判团队；开通涉科创板股票发行、交易退市、信息披露等案件"快立、精审、速执"绿色通道。

在司法体制改革方面，上海司法系统着力构建多层次审判权监督管理体系，第一个层次为流程监督，完善分案机制，以随机分案为主指定分案为辅；改变办案模式，组建各类审判团队560个，如速裁办案团队、机动办案团队、普通办案团队、执行团队、辅助化事务集约化管理团队、特色化工作团队等。建立专业法官会议制度，由资深法官对重大疑难复杂案件的法律适用进行"专家会诊"。第二个层次为制度监督，建立对"四类案件"（涉及群体性纠纷、可能影响社会稳定的案件，与本院或者上级法院的类案判决可能发生冲突的案件，疑难复杂且在社会上有重大影响的案件，有关单位或者个人反映法官有违法审判行为的案件）的个案监督制度；完善法律适用统一机制，制定类案办案要件指南，发布参考性案例，开通适法疑难问题专家咨询平台，建立类案及关联案件检索机制。第三个层次为信息化监督，建立"上海法院审判执行监督预警分析系统"，系统包括显性比对预警和隐性分析预警。显性比对预警通过在21个重点风险环节设置预警点，对立案、审判、执行各环节实行全程监控、实时预警。隐性分析预警依托案件分析模型，深度挖掘案件风险点之间的关联，对个案进行全方位实时监控。同时，上海法院开发应用案件智能辅助办案系统，2019年"上海刑事案件智能辅助办案系统"实现受理标准审查、办案要件指引、证据审查校验、类案推送等27项功能，覆盖102个刑事案由。

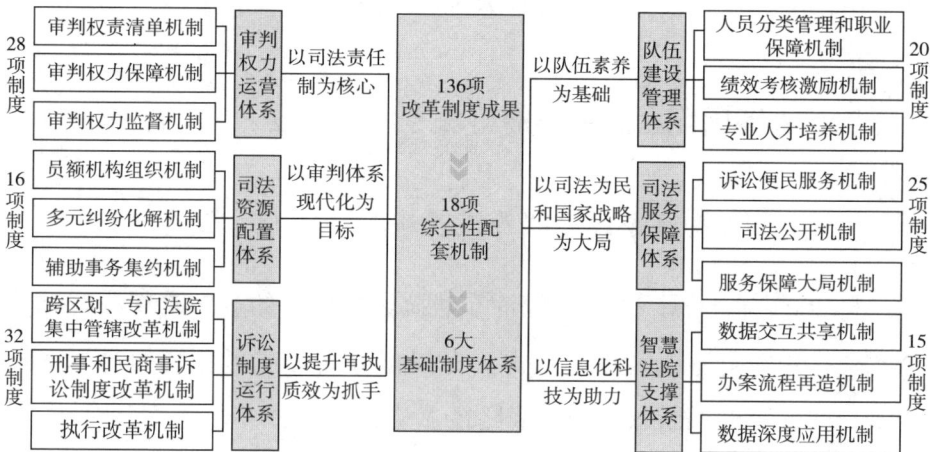

图 7-1　上海市司法综合配套改革基本思路

（数据来源：上海高院官网）

　　近年来，上海法院通过加强司法建议工作、定期发布金融审判白皮书等方式，主动服务大局，充分发挥金融审判的职能作用。自 2008 年起，上海高院开始谋划建立定期向金融机构和监管部门发布金融案件审判情况白皮书制度。通过对年度金融纠纷案件翔实的数据统计和案例分析，专题通报金融机构在市场交易中存在的问题，同时提出有针对性的风险提示和司法建议，以达到规范金融市场主体行为，促进金融服务水平提升，预防和减少金融纠纷，防范金融风险的目的，也使金融监管部门及时了解金融纠纷的最新动向，增强监管的针对性。金融审判白皮书制度的建立及日益完善，对金融市场规范有序运行和良性发展发挥着日益重要的作用，受到了金融机构、金融监管部门和金融专家学者的高度重视和充分肯定。同时，上海法院建立了覆盖本市三级法院的司法建议信息库，有效提升了司法建议书的数量和质量，内容涉及金融市场的各个领域。法院的司法建议对有效防范金融风险、查处违法犯罪行为、完善金融监管制度、规范金融市场秩序、保护金融消费者和投资者的权益起到了积极的社会效果。2019 年上海法院向市人大代表提供司法建议 28 件，向市政协委员提案 28 件。

二、上海国际金融中心的司法专门化回应

（一）上海司法专门化"由浅入深"的实践路径

自 2008 年 11 月 13 日上海浦东法院设立专门的金融审判法庭起至今，十多年间上海地区在金融司法专门化方面形成了一套相对体系化的、专门化程度不断加深的实践路径。

自 2008 年 11 月至 2017 年 6 月，上海金融司法专门化的地理范围逐渐扩张。据统计，目前上海内设金融审判法庭的法院包括上海市高级人民法院、上海市第一中级人民法院、上海市第二中级人民法院以及浦东、黄浦、杨浦、闵行、虹口、静安、普陀、嘉定八家基层法院，其余各区的金融案件则归传统商事审判庭管辖。这些法院的金融审判法庭又可细分为三种专门化模式：第一种是直接内设金融审判法庭的模式，即通过在法院内部单独建制审判组织机构和管理机构的方式来实现金融司法的专门化，如浦东、闵行、黄浦和静安法院的金融审判庭；第二种是内设金融审判合议庭的模式，即通过在传统商事审判庭中内设金融审判合议庭的方式来实现金融司法专门化，如奉贤和松江法院的民二庭；第三种是未单设金融审判合议庭的模式，这种司法专门化程度相对较弱，金融商事案件通常由商事审判庭法官承办，如徐汇区法院民二庭、长宁区法院商事法庭。

2017 年 7 月，浦东法院对金融商事案件开启了"三合一"审判模式，即将金融商事、行政和刑事案件合一审理，具体包括：对除信用卡和车贷纠纷以外的金融商事案件由金融法庭审理；涉贷款诈骗、票据诈骗、保险诈骗等金融类刑事案件由金融法庭审理，但对于非法吸收公众存款等案件仍由原刑事审判庭审理，必要时可与金融审判庭法

官组成合议庭共同审理；对于涉上海市金融监管部门的行政类案件也由金融审判庭审理，但基于其自身履职产生的其他行政案件，仍由原行政法庭审理。总体来说，这是对金融司法专门化的进一步探索。[①] 此外，浦东法院还积极构筑从立案到快审、诉调和执行的一体化金融审判专业化模式。

2018 年 4 月，第十三届全国人大常委会通过《关于设立上海金融法院的决定》（以下简称《决定》），决定在上海正式创设独立建制的上海金融法院。《决定》明确了上海金融法院的审级为中级人民法院，即既是"基层法院"又是"上诉法院"；上海金融法院的管辖范围包括实行金融民商事案件和涉金融行政案件的合一管辖。[②] 自此，上海的金融司法专门化进程开启了一个新的篇章。

（二）"公共政策式"的上海市金融法院创设实践

从实践经验出发，我们无疑都承认成熟有效的司法运作对于金融市场的健康发展是必不可少的。而在现代金融蓬勃发展的过程中，法院组织究竟扮演了一个什么样的角色？经济公共政策与司法裁判的互动机制又是如何在金融市场发挥作用的？

黄韬[③]试图基于我国法学学术界既有的关于司法体制的宏观性金融市场法制变迁的研究成果，超越对司法社会功能的分析，探寻处于国家大转型时期的我国法院和法官在不同场合之下的各种行为选择背后的"公约数"。在其看来，这个"公约数"就是中国法院的公共政策属性，即一个超越"法"院的"公共政策法院"，一个带有鲜明转型时代特征的"中国式的公共政策法院"。我国法院在金融法制变迁的过程中扮演了多重社会角色，司法功能多样化是我国公共政策式法院的

---

① 参见《浦东新区人民法院关于建立金融商事、行政和刑事案件"三合一"审判工作机制的意见（试行）》，上海市浦东新区人民法院第七次审判委员会会议讨论通过，2017 年 7 月 1 日施行。

② 参见《全国人民代表大会常务委员会关于设立上海金融法院的决定》，2018 年 4 月 27 日。

③ 黄韬. 公共政策法院：中国金融法制变迁的司法维度 [M]. 北京：法律出版社，2013：10.

一个特色，比如，解决市场纠纷，发挥裁判功能；通过最高法公报和司法解释创制金融法律规范；监督制约行政权力。

当社会发展到一定程度时，司法就必须发挥其扩展功能，即回应民众对于公共利益需求的扩张，以在形成公共政策和促成法律方面发挥作用。[①] 所以，苏力认为："司法是一项实践性的工作，不是苦思冥想的工作，它要回应和关注的是社会的需要。"[②] 正是基于此，我国的法院和法官在创制金融法律规则时通常会考虑将维护金融市场稳定，服务国家经济建设作为一项考量标准。由此我们会发现，法院的创新和改革实际上也是在将"公共政策"落实到司法领域。在很大程度上，这是基于"政法传统"的具体写照。故从本质上，上海金融法院的创设背后蕴含的理论基础就是通过对专业审判机构的组织重构来实现当前国家一系列的"公共政策"的实施。一方面，客观上金融案件数量上的递增及其愈加复杂化、多样化的特征助推了上海金融法院的创设；另一方面，上海金融法院的创设本质上是在迎合当前我国金融市场法制环境改善的需要以及服务于上海国际金融中心建设的公共政策落实需求，其具有鲜明的时代特性和地域特征。

当前上海市国际金融中心建设法制环境尚不完善，伦敦、纽约等金融中心之所以能够保持持续的竞争力，主要因素之一就在于其不断健全和完善法律体系。仅从金融司法出发，目前我国司法机构能动性不足，法院在应对新型金融案件时由于缺乏相应的法律法规约束，由此出现了不少同案不同审的现象。创设金融行业专门审判机构对于金融案件专门化审理、债务纠纷等执行力的加强具有绝对优势。上海金融法院的正式创设既是顺应国家金融战略、适应金融快速发展的结果，也是我国金融审判对接国际化的重要举措。

此外，就法制环境建设而言，在提高金融市场效率，防范系统性金

---

① 高新华. 试论现代司法权的功能体系 [J]. 学习与探索，2006 (2)：133-138.

② 苏力. 道路通向城市：转型中国的法治 [M]. 北京：法律出版社，2004：31-32.

融风险方面，金融立法和金融执法已各司其职。在金融立法方面，截至目前，我国除了《中国人民银行法》《证券法》《保险法》等正规金融法律以外，还有近千条相关法规及司法解释，"九民纪要"的出台也有利于补足金融实务中的制度盲点。在金融执法方面，我国自 2017 年成立国务院金融稳定发展委员会（以下简称金融委），2018 年合并成立银保监会，金融监管体系日趋完善，其实质是我国在立足本国国情并参考国际经验的基础上确立的统筹监管模式，即金融委在混业经营状态下发挥多部门执法的协调作用，其在创新行政监管上发挥了一定作用。然而，金融创新的大众化对金融市场监管提出了更高的要求，当立法论和执法论已"与时俱进"，关注金融司法在维护市场稳定方面的作用便尤为重要。上海金融法院的创设能够为金融创新主体提供纠纷解决渠道，从而维护其交易安全，以此通过发挥专业性的裁判、指引功能，在"严监管"和"保障创新"之间寻求金融市场良性发展的动态平衡。

三、上海金融司法的实效探析

（一）上海金融纠纷案件总体情况

1. 金融商事纠纷案件的总体情况

上海市高级人民法院司法公开数据显示，上海法院近年来受理的金融商事案件数量总体呈上升趋势。2019 年全市法院共受理一审金融商事案件 192559 件，同比上升 12.72%。全市法院共审结一审金融商事案件 191365 件，同比上升 13.56%，结案率为 99.38%。2019 年，上海市法院共受理二审金融商事案件 1995 件，同比大幅上升 91.46%，审结二审案件 1825 件（见图 7-2）。[①]

---

① 参见《高院发布 2019 年度上海法院金融商事审判白皮书》http：//www. hshfy. sh. cn/shfy/gweb2017/xxnr. jsp？pa=aaWQ9MjAxNzAxNzgmeGg9MSZsbWRtPWxtMTcxz&zd=xwxx.

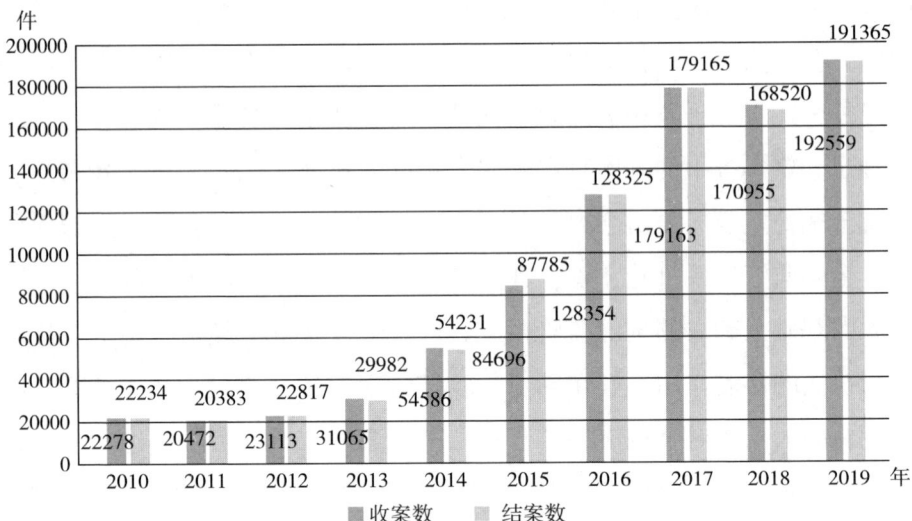

图 7-2　2010—2019 年上海法院一审金融商事案件收结案情况

2. 案件的结构分析

从案件的结构来看，近年来上海金融商事案件的结构随金融市场的创新发展而变化。

2014—2020 年，上海全市法院审理金融商事纠纷案件共计 1357170 件。其中，审结银行卡纠纷案件 735498 件，占比约为 54.19%，判决率为 16.4%；金融借款合同纠纷案件次之，为 224983 件，占比约为 16.58%，判决率为 46.6%；买卖合同纠纷案件为 106744 件，占比约为 7.87%，判决率为 27.8%。这三类案由占到所有金融案件审理的 79% 左右（见图 7-3）。

自 2014 年，银行卡纠纷数量呈现持续增长趋势，其次是借款合同纠纷、融资租赁合同纠纷和买卖合同纠纷为主要案件类型。2020 年银行卡纠纷案件 112876 件，占全年金融商事纠纷案件的 43.88%。2014 年至 2020 年，证券欺诈纠纷案件上升了 365%（见图 7-4）。

2018 年以来，受金融科技发展影响，新类型金融疑难案件增多，具体包括涉金融创新类案件、涉金融机构自身合规性案件以及涉金融市场交易规则等内容。

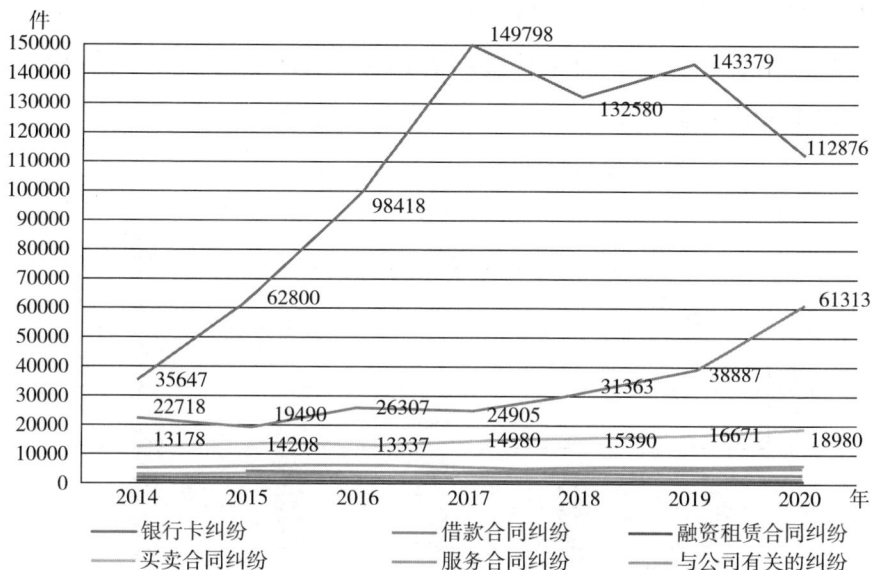

图 7-3　2014—2020 年上海法院金融商事纠纷案件结构分析

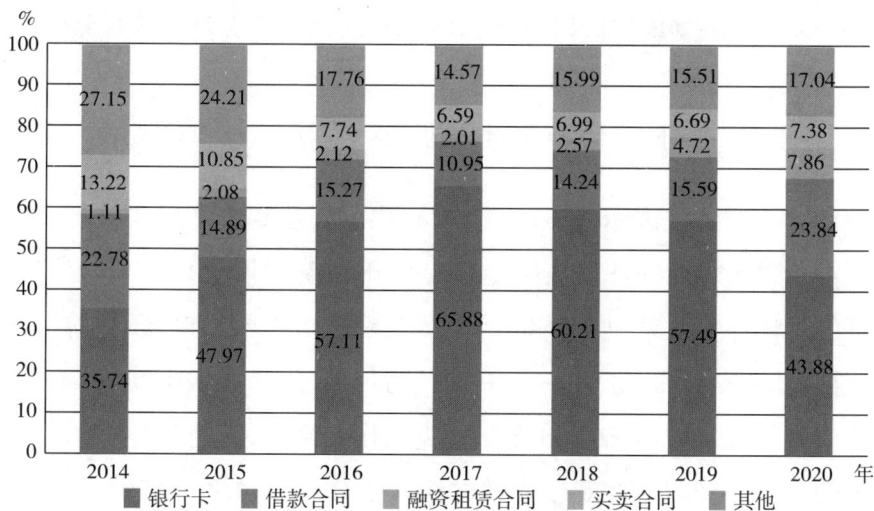

图 7-4　2014—2020 年上海受理案件类型

此外，近年融资租赁、保理等非银行融资方式快速发展，为丰富实体经济融资渠道，解决中小企业融资难发挥了积极作用，但同时也引发不少纠纷案件。最为典型的代表是融租租赁合同纠纷和保理合同纠纷都呈现上升趋势。由于资本市场的不断发展，涉资本市场类的案件也呈现上升趋势，具体包括虚假陈述责任纠纷、债券违约纠纷以及质押式证券回购纠纷等（见图7-5）。

图7-5　2015—2019年上海法院一审融资租赁合同案件及涉保理合同案件情况

（二）以 IFCE 为依据探析上海金融司法专业化的实效

1.《卓越法院国际框架》（IFCE）中的司法专业化标准

对于司法效能的评价实际上也是关于法院的评价。历来较为广泛认可的司法评价体系包括《世界正义工程法治指数》和《卓越法院国际框架》（International Framework for Court Excellence，IFCE），它们都被认为是司法领域中衡量和检查法院工作水平、司法正义质量以及司法公信力的一套较为客观、完整的法院工作评价体系，其中《世界正义工程法治指数》更偏向于对一个国家或地区整体法治水平的评价体系，而《卓越法院国际框架》是关于一国甚至某一单个法院的工作评价体系，故本章以《卓越法院国际框架》为准则，对上海法院在金融司法方面的专业化水平进行评析。

《卓越法院国际框架》于 2008 年由欧、亚、澳、美的一些法院及研究机构组成的"卓越法院国际联盟"制定,是当前世界各国司法领域中衡量和检查法院工作水平、司法正义质量的一套评价体系,最终目的旨在提高司法质量。2020 年最新修订版 IFCE 主要内容包括司法核心价值、卓越法院的七大标准以及法院自我评估的方法和程序。①

IFCE 指出,世界公认的司法核心价值包括:(法律面前人人)平等、公正、中立、独立、胜任职责、廉洁、公开透明、司法的确定性、便捷和高效。而七大标准主要包括以下内容。

(1) 有效领导。有效领导需要具备卓越领导力的决策层,帮助法院订立长期愿景,与相关机构展开合作,提升法院业绩。同时,有效领导也需要法院工作敢于变革创新,积极回应社会变化,以增强法院工作的"外部导向性"。(2) 司法政策科学。卓越法院必须收集包括法院业绩、社会发展、外部合作者等各类实证数据并进行分析,制定、实施科学的司法政策,以提高司法服务质量。(3) 公正、高效的诉讼程序是卓越法院的基本指标。诉讼需及时、公开、透明,对不同案件科学调度,恰当应用替代性纠纷解决机制,法官应当减少行政工作,法律问题裁判权不得赋予法官之外的司法辅助人员。(4) 司法公信力高。司法文书的质量、裁判说理的充分性、法院的廉洁性以及案件的及时性等都影响法院的公信力,这种公信力影响社会对法治的尊重程度以及整个社会的法治环境。(5) 法院使用人的满意度。在追求卓越司法方面,诉讼当事人、律师等人的满意度是评价法院服务质量的重要指标。(6) 司法资源充足。法院属专业机构,需要充足人力、物力和财力资源来管理和维护。法院应建立继续教育和职业培训的专门机制,建立外部审计制度,实现定期的财政审计和检查也是必要的。(7) 司法服务便捷。卓越法院的诉讼费用不应当成为民众寻求司法救

---

① IFCE 官网:http://www.courtexcellence.com/resources/the-framework.

济的障碍，法院应尽量提高服务相对方的舒适度和便捷度。①

基于上述关于卓越法院的衡量标准，法院的专业化水平通常体现在司法政策的科学性、司法的公信力以及诉讼程序的公正性和高效性这三大标准上。而对于这三大标准的衡量，具体可通过一系列的法院政策和披露的相关数据加以对比分析。

一方面，司法的专业化水平越高，法院的专业化水平就越突出，对案件的审理水平也越高，公众的信赖度也越高，即具备公正、高效的司法程序和较高的司法公信力，因此法院的发改率就应越低，案件审理的时间应越短，审限内的结案率也应越高。另一方面，司法政策上，法院是否在适应社会发展的变化，推出相关政策以推动审判工作的执行是司法政策科学性和系统性的表达，特别是对于上海金融法院而言，其实际上承担了解决新型疑难金融民、商事案件的职能，这就要求其作出示范判例，发挥通过司法裁判实现司法"规则供给"的职能。此外，法院是否充分开拓了多元化纠纷解决机制也是其专业化水平的重要评价标准。多元化的纠纷解决机制意味着司法效率的提高和法官"专业化"的充分发挥。

2. 从审判数量看金融司法专业化的审判实效

当前上海金融司法专业化可分为四种形式：第一种是上海金融法院作为中级人民法院的独立建制；第二种是人民法院内部设立金融审判法庭的模式，如浦东、静安、黄浦、闵行（民四庭）法院的金融审判庭；第三种是由传统商事法庭负责金融商事纠纷审理的模式，如奉贤、松江法院设立金融审判合议庭集中审理金融案件；第四种就是完全将金融案件交由商事法庭审理的模式，如徐汇、长宁法院。显然，上述四种模式的金融司法专业化程度逐个递减，它们具体可分别对应最高专业化、高度专业化、中度专业化和低度专业化。

---

① 林娜.“卓越法院”的国际评价标准（上）[N].人民法院报，2013-03-01.

从立案情况来看，浦东法院近十年的金融纠纷案件数量最高，收案量次之的是静安法院。从司法专业化的建构程度来看，案件数量与专业化程度并不是完全相关的。收案数量最多的浦东法院，是最早建立专业化金融审判机构的，但是商事、金融类纠纷案件收案数量次之的徐汇与长宁法院反而在审判建制上的专业化程度较低，并未对金融案件审判进行单独的合议庭或者审判庭进行划分；而收案数量占末位的金山与松江法院却单设了金融合议庭。同样，在立案平均天数、审理天数和结案率方面，低度专业化的徐汇、长宁法院均表现为优于其他一些法院（见表7-1）。

表7-1　2014—2020年上海专业化法院商事、金融纠纷案件审判情况

分类	最高专业化	高度专业化			中度专业化			低度专业化	
法院	上海金融	浦东	静安	闵行	奉贤	松江	金山	徐汇	长宁
立案数量（件）	12418	259675	196636	64375	61327	25616	29069	70468	81459
平均立案天数（天）	11	6	5	3	1	10	2	3	2
结案数量（件）	9305	239142	173310	58386	57744	24560	24132	68897	77776
审限内结案率（%）	99.8	99.79	99.8	99.02	99.65	98.84	99.78	99.86	99.8
平均审理天数（天）	114（一审）/43（二审）	45	35	53	43	93	64	41	33
平均执行天数（天）	40	37	36	64	38	52	42	64	57

从上诉率和发改情况来看，2016年上海地区金融商事纠纷案件的上诉率为0.67%，保持在较低水平，到2019年，上海地区金融商事纠纷一审案件的上诉率为1.04%，同比上升0.12%。二审发改率为10.45%，同比上升1.28%。全市法院金融商事案件的申诉率为0.08%，同比下降0.03%。

以裁判文书网公布的上海各法院的与公司、证券、保险、票据等有关的民事纠纷案件为样本，从2014—2020年的数据来看，与公司、

证券、保险、票据等有关的纠纷上诉数量约占二审案件数量的30%。以该周期内的与公司、证券、保险、票据等有关的民事纠纷发改情况来看，金山和长宁法院的与公司、证券、保险、票据等有关的民事纠纷案件发改率是最低，与其专业化的机构设置和人员配备并不完全吻合，而浦东法院虽然在金融审判机构建制上属于高度专门化，但其发改率较高；静安和闵行法院的发改率与其专业化建制较为吻合；金山法院作为一中片区内金融审判建制中度专门化的机构，其发改率第一；而长宁法院作为在传统商事审判庭中随机分案的单位，虽然建制专门化程度最低，但其发改率较低；上海金融法院作为中级人民法院建制，其发改率与自身专业化建制水平较为匹配。

表7-2　2014—2020年与公司、证券、保险、票据等有关的纠纷案件发改情况

专门化程度	法院	一审案件数量（件）	发改数	发改率（%）	排名
最高专业化	上海金融法院	3435	1	0.29	3
高度专业化	静安	2966	1	0.34	4
	浦东	9321	12	1.29	8
	闵行	4248	2	0.47	5
中度专业化	奉贤	2111	2	0.95	7
	金山	1185	0	0	1
	松江	1984	1	0.50	6
低度专业化	徐汇	1536	3	1.95	9
	长宁	508	0	0	1

从上述数据来看，基层法院的金融司法专业化水平的高低与金融商事纠纷的案件审理质效并未有明显的相关性。从整体的金融商事纠纷案件的审理质效来看，总体保持在1%以下的较低水平。

3. 上海金融法院的专业化实效

上海金融法院创设的重要目的在于提高司法的专业化水平，具体包括司法效率的提高。在此方面，上海金融法院于2019年1月构建了证券纠纷示范判决机制，主要应用于群体性证券纠纷，通过对具有典

型代表性的证券纠纷案件先行审理和判决来发挥示范案件的引领作用，弥补了在群体性证券纠纷案件中，我国集团诉讼制度的缺失和代表人诉讼的弊端，有利于节约司法资源，提高司法效率，保护中小投资者利益。如在实践应用中，上海金融法院于 2020 年 4 月对许某、厉某等人与上海某科技股份有限公司证券虚假陈述责任纠纷一案做出一审判决 [（2018）沪 74 民初 1399 号]，后又对 22 件其他当事人对该公司提出的虚假陈述案件以此为示范做出判决，并将示范案件结果和判决文书告知其他当事人，对生效判决认定的共同事实和共同争点的认定理由不再重新审理。

另外，上海金融法院的创立也应为现代金融新类型案件提供规则供给的功能，在新类型司法案件方面做出回应。目前证券市场的发展主要带来的新型纠纷类型包括以下三类。一是金融衍生品发展势头下诱空型虚假陈述的出现，这种虚假陈述隐瞒利好消息或发布虚假的不利消息可能会使得投资者在股价处于低位时卖出，待信息得以更正后受到损失。目前《虚假陈述司法解释》整体适用于诱多型虚假陈述，对诱空型虚假陈述尚存制度空白。二是涉科创板案件的信息披露问题。科创板因其自身研发投入大、回报周期长、风险高等特点，难以以传统范式应用到企业信息披露，在此类案件中如何衔接行政处罚和民事诉讼尚存争议。三是中介机构的责任认定问题。目前关于中介机构的过错认定、责任承担、勤勉义务的边界界定等都是新类型的疑难法律适用问题。[①] 在此方面，上海金融法院似乎尚未凸显其重要职能。上海金融法院自成立两年多来，在审判研究方面发布典型案例 10件，重要课题研究采取招标方式。

尽管当前依据上海金融法院官方发布的消息来看，在过去的两年

---

① 黄佩蕾. 2015—2019 年上海法院证券虚假陈述责任纠纷案件审判情况通报 [A]. 上海市法学会.《上海法学研究》集刊（2020 年第 8 卷 总第 32 卷）——上海金融法院文集 [C]. 上海市法学会，2020：15.

里，上海金融法院作为全国首个专门化金融法院备受瞩目，为充分发挥法院职能做出了很多的尝试，包括成立译研社、创新金融风险防范预警机制、首创"中小投资者保护舱"等，但令人质疑的是，所谓的"十大机制"是否都有必要且取得有益成果？"十大机制"的背后是否有司法形象工程的推动？换句话说，当我们重新回归法院在国家治理体系中理应充当的角色时，无论法院是"通过审判的社会治理者"，是"特殊的治理机关"①，还是通过发送司法建议等延伸审判职能来参与国家治理，其本质都应回归到司法推动纠纷解决的职能中来。受制于国家法治水平的整体提高，专门法院的专门性发展本就后天乏力。②当前上海金融法院的经济属性突出，虽然相对克制的司法原态并不符合其创设初衷，但正如初创企业一般，坚守本职工作，探索如何"做大做强"纠纷解决职能才是上海金融法院的首要目的，急功近利式的多样化尝试可能会影响上海金融法院作为专业化法院的主要职能发挥。

当然，从长远来看，上海金融法院也在积极为打造国际金融纠纷优选地而努力，如 2020 年 11 月，上海金融法院首聘 6 家单位和 14 位学者组建专家委员会，以进一步提升裁判专业化水平，一系列相关的改革建制实效还需要交给时间来检验。

（三）上海金融纠纷多元解决机制的实效分析

1. 上海金融仲裁的实效

与普通商事纠纷一样，金融纠纷的解决途径无外乎有协商、调解、仲裁、诉讼四种。协商系当事人之间的自力解决纠纷，后三者则是引入中立的第三方辅助解决纠纷。这四种方式共同构成了多元化解决纠纷机制。党的十八届四中全会提出要健全多元化纠纷解决机制，金融

---

① 江国华. 通过审判的社会治理——法院性质再审视 [J]. 中州学刊, 2012 (1)：64-70.

② 如：会议作为最高法院政法治理的重要方式，全国民商事会议纪要的出台在一定程度上已经填不了法律统一使用机制方面的缺陷，专门法院的重要优势之一（即法律适用的统一性）会被削弱。吴良志著. 实境中的法院运转 [M]. 北京：中国法制出版社, 2015 (8)：76.

纠纷多元化解机制是应有之义。相比协商和诉讼，金融仲裁和调解是促进当前多元化解决机制的重点方向。仲裁的优势在于灵活，作为诉讼的替代刚性解决方式，既具有一定的强制约束力，又具有相对的灵活性，能够充分尊重双方当事人的自由意愿。

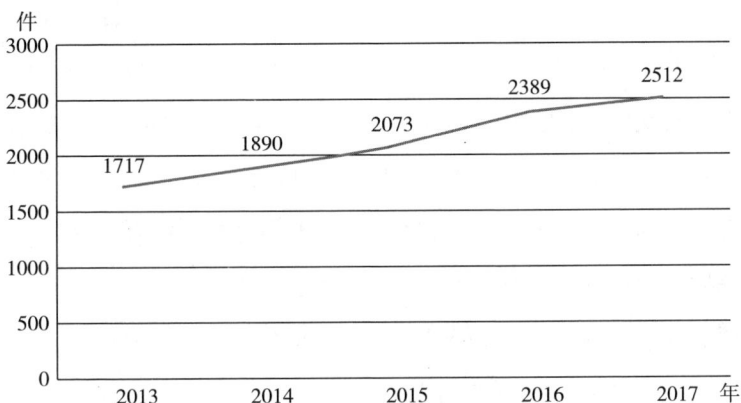

件
```
3000
2500                                    2389        2512
                                2073
2000          1890
       1717
1500
1000
 500
   0
      2013      2014      2015      2016      2017  年
```

图 7-6　2013—2017 年上海仲裁委员会收案情况

2007 年 12 月上海金融仲裁院成立，其是上海仲裁委的特设机构。2017 年，上海仲裁院共受理案件 592 件，较 2016 年的 341 件增加了 251 件，增幅为 76%。其中借款合同争议、保险合同争议、投资合同争议、融资租赁争议和基金、信托、期货等涉证券纠纷案件数量排名靠前。全年金融院办结案件 592 件，没有案件被法院撤销或者不予执行。2018 年上海金融仲裁院共受理案件 1238 件，增幅为 109%，其中保险、基金和借款类案件占争议数额前三位，全年办结案件达 787 件（见图 7-6）。

人力资源方面，目前上海仲裁委在聘 780 名仲裁员，其中外籍及港澳台籍仲裁员 51 名。国际化人才占比不足 7%，显然难以满足国际金融中心发展应有的国际仲裁庭规模。

2. 上海金融调解的实效

在金融调解方面，近年来，上海法院加快推进与"一行两会"等金融监管部门、行业协会、专业调解组织的合作机制建设，建立起联动机制，实现多方合力化解金融矛盾纠纷，取得了良好成效。

当前我国的金融专业调解组织属于在行业监管或自律监管发起并指导下的人民调解组织，属于半官方的特点。在证券行业，一是由行业协会设立调解组织，如中国证券业协会设立了调解中心，各地方证券业协会成立证券业纠纷人民调解委员会；二是由证监会设中证中小投资者服务中心有限责任公司；三是成立事业单位性质的调解组织——深圳证券期货业纠纷调解中心。在保险业，主要由地方保监局依托行业协会（同业公会）成立人民调解委员会，上海作为首批试点地区。在银行业，一是由地方银监局依托行业协会（同业公会）设立投诉和调解中心，如上海银行业纠纷调解中心；二是由地方银监局发起成立权益保护类社会团体模式，如深圳的"银行业消费者权益保护促进会"；三是由央行指导成立民办非企业法人性质的调解组织，如上海金融消费纠纷调解中心；四是由央行指导在金融消费权益保护协会等社会团体（行业协会）内部设立调解机构。①

上海金融专业调解目前的比重还较低，将其调解数据与同区域司法调解数据对比，上海各级法院近年来调撤案件数量整体呈上升趋势，但这主要与案件总数增长有关，而撤调率近年来并未有较大增长，在2019年甚至有回落现象（见图7-7）。

上海银行业纠纷调解中心在2016—2018年调解金融纠纷达1000件，② 调解成功率达80%以上。中证中小投资者服务中心有限公司自2014年成立至2017年底共受理金融纠纷3325件，调解成功2262件；上海金融消费纠纷调解中心自2014年成立至2017年底共调解纠纷797件，调解成功645件；上海市保险合同纠纷人民调解委员2016年共调解纠纷557件，调解成功387件。可以看出，上海金融专业调解组织受

---

① 孙天琦. 上海市金融消费纠纷调解中心的实践与思考［N］. 金融时报，2016-06-13.
② 上海银行业纠纷调解中心成立20多个月调解量达1000件 调解成功率达81.1% http：//www. shanghai. gov. cn/nw2/nw2314/nw2315/nw4411/u21aw1294018. html.

理的纠纷数量和调解成功数量均远小于司法调解，在金融纠纷多元化解机制中所占比重仍较小。

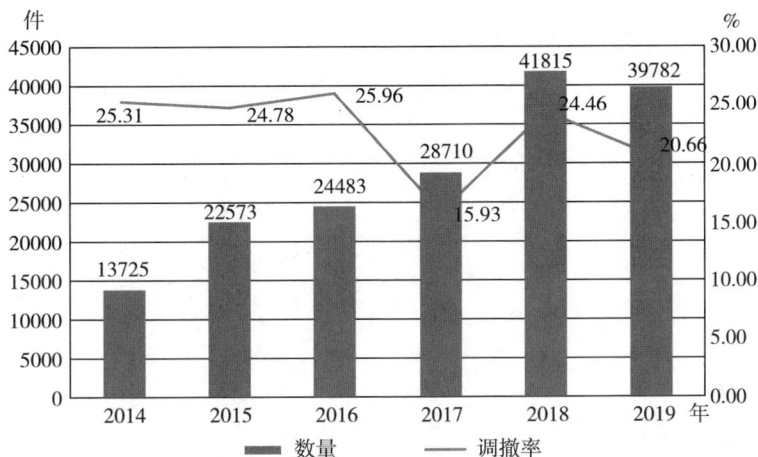

图 7-7　2014—2019 年上海法院一审金融民商事案件撤调情况

2020 年 5 月 15 日，中证资本市场法律服务中心在上海成立。中证资本市场法律服务中心是中国证监会批准设立的我国唯一跨区域、跨市场的全国性证券期货纠纷专业调解组织，它的成立将开启资本市场纠纷调解新篇章。此外，中证法律服务中心与上海金融法院共同签署了《诉调对接战略合作协议》。此举对于落实新《证券法》强化投资者保护具有重要意义，它的成立将推动形成专业、权威、高效的纠纷多元解决机制，有利于化解日益复杂的证券期货纠纷，提高调解工作整体规范化水平，有利于更好地保护投资者合法权益，进一步优化我国营商环境。[①]

---

①　全国性证券期货纠纷专业调解组织在上海成立 https：//jrj. sh. gov. cn/ZQ181/20200518/0c10988bc86a49718f2bf79e8e9942e6. html.

第三篇

域外国际金融中心的法制比较

广义的司法既包括传统的司法裁判，也包括仲裁、调解等多元化纠纷解决机制。为强化司法对金融市场的保障作用，在过去的20多年中全球主要国际金融中心均对自身的金融法治（特别是金融司法）体系实施了一些改革措施。从不同金融中心的法系渊源、形成主导因素以及金融司法具体实践方面，本书将域外（特指中国内地之外）国际金融中心的司法变革主要分为以下几类（见表8-1）。

表8-1 域外国际金融中心司法变革分类

国际金融中心（代表型）	法系（学界通说）	金融中心类型	金融法治变革派别
纽约、伦敦、香港	普通法系	历史形成型	"传统派—温和型"
新加坡	普通法系	政府主导型	"传统派—积极型"
迪拜、阿布扎比、卡塔尔、阿斯塔纳	伊斯兰教法	法制创新型	"激进派"
法兰克福、上海、东京	大陆法系	历史形成型/政府主导型	"保守派"

注：关于以上金融中心派别的描述仅为相对而言，不存在优劣褒贬之分。

第一类是以英美国家为代表的纽约、伦敦等国际金融中心，其在普通法系下建设起来，这类金融中心主要是由于战争等历史因素形成，其法制层面较于其他国际金融中心较为温和，笔者将其称为"传统派—温和型"。

第二类是以新加坡为代表的普通法系下政府主导型金融中心，相比纽约、伦敦等老牌国际金融中心，新加坡政府对金融中心的建设可谓鼎力支持，从税收政策到法制环境等各方面，新加坡政府均采取积极推动的方案，笔者将其称为"传统派—积极型"。

第三类是以中东国家阿联酋和卡塔尔等国为代表的在伊斯兰法系下建立起来的法制创新型金融中心，考虑到普通法系对金融中心建设的益处，近年阿联酋先后基于普通法建设了迪拜和阿布扎比国际金融中心，其利用自身强大的主权财富基金建立了两个成功的离岸国际金融中心，卡塔尔和哈萨克斯坦也基于迪拜的经验同样建设了普通法域的金融中心。在法制层面，相比纽约、新加坡等金融中心，迪拜等国际金融中心的做法显然较为激进，倘若认为普通法系是建设国际金融中心的必要条件，迪拜等金融中心的做法可谓是"逆天改命"，由此笔者将其称为"激进派"。

第四类是大陆法系下的传统派国际金融中心，如德国的法兰克福国际金融中心和东京国际金融中心，尽管其在法制层面尚有进益，但相比迪拜、新加坡等金融中心而言是相对保守的，笔者将其称为"保守派"。

本章主要就上述几类不同的金融司法变革派别选取其典型样本作为分析对象。

第八章 "传统派—温和型"国际金融中心的法制环境

一、伦敦国际金融中心

19世纪初期，伦敦凭借工业革命及殖民地一举成为"世界工厂"和"世界银行家"，18世纪的金融革命也直接带动了伦敦资本市场的发展，这场金融革命包括政府融资现代体系的建立和1694年英格兰银行的设立，加之境外贸易的增长，伦敦海运保险市场随之诞生，银行业务的活跃也直接奠定了伦敦作为当时顶级国际金融中心的地位。[①]

伦敦国际金融中心与纽约和东京竞争，并且成功地成为欧洲金融市场上无与伦比的领导者。一些分析家认为，伦敦在全球金融市场上的突出地位可归因于伦敦市场的独特性，但另一些人则认为，由于政府法规使英国首都成为今天的全球化大都市，这使得伦敦有可能超越欧洲大陆的其他竞争对手。还有第三种观点认为，伦敦在全球金融市

---

① 尤瑟夫·凯西斯著；陈晗译. 资本之都：国际金融中心变迁史（1780–2009年）［M］. 北京：中国人民大学出版社，2013（4）：14–16.

场上的成功归因于多种因素的结合，包括其作为金融中心的悠久历史，开放的市场经济，政治稳定，熟练和受过良好教育的劳动力以及每个主要的国际金融机构都在该城市设有办事处或总部。①

伦敦国际金融中心不仅是英国的汇兑和清算中心，也是全球国际贸易的汇兑与清算中心，相比纽约，伦敦国际金融中心更为国际化。伦敦金融中心持续旺盛的生命力，无疑得益于其地理位置、发展时机及历史的积累等，但更重要的是这里拥有雄厚的无形资产，其中，独树一帜的法律体制为金融中心的发展发挥着保驾护航的关键性作用。由于金融中心的主要活动集中于伦敦金融城，英国的国家金融立法也全面覆盖伦敦金融中心。作为普通法的起源国家，英国早先的金融制度是以习惯法与成文法相结合的方式。

（一）法制特区撑起伦敦金融中心

1986 年英国政府推行金融大改革，推动了伦敦金融中心实现大发展。这次变革的基本宗旨就是要大幅度减少监管，给金融中心创造活力。改革后，外国财团被允许购买英国上市企业，尽管此项决议使得英国政府备受争议，但伦敦金融中心的投资银行和经纪公司的构成和所有权也由此发生了翻天覆地的变化，金融中心的资本国际化愈加凸显。

为适应变革后的新变化，伦敦金融中心更加重视法制建设，一方面依赖于国家层面法律规则的公正与公平；另一方面则注重提高监管层面法律规则的效率与规范，从而造就良好的法制环境，为改进金融监管、促进金融创新发展提供保障。同时，金融中心还需特别注意提升监管人员的服务理念，要求他们在监管中既把法律规则公平高效地付诸实施，使法律规则的执行逐步变为经营管理者的自律行动，又为

---

① International Fiancial Services London［EB/OL］.［2020-10-29］. https：//www.ifsl.org.uk/

金融机构的创新留有足够、安全的空间，使其能够在规范中发展，在创新中提升，形成并保持金融业在国际竞争中保持领先地位。目前，伦敦金融中心已经拥有完备的金融管理的法律法规，许多世界级的法律事务所给金融提供法律支持。英国政府的这种"一松一紧"的政策，成为金融城自改革后长达 20 多年持续繁荣的重要保证。宽松的政策环境为金融中心法制建设的良性发展提供了可能。

伦敦金融中心位于伦敦金融城，金融城由自治政府伦敦金融城公司管理，政府由伦敦金融城市长、市府参事议政厅、政务议事厅和市政委员会委员等组成。参事议政厅和政务议事厅相当于市议会，是民意代表。议员由 25 个小选区中产生，外国人只要在伦敦居住 12 个月以上就可参选。议会不讨论国家政治问题，只是把注意力集中到金融城的具体事务之中，包括法律修订等。同时，金融城的市长兼司"英国金融和专业服务领域的国际大使"之职。英国是全球金融服务的主要出口国，价值 640 亿英镑。伦敦比任何其他中心都拥有更多的外国银行，并拥有更多的国际银行贷款。英国还提供出色的海事服务、伊斯兰金融、法律服务、保险、教育以及基础设施融资和交付，这些金融类专业服务从业人员约 230 万人，其中三分之二在伦敦之外工作。市长的职责就是利用金融城大使的身份，广泛与社会交往，一方面宣传金融城，加强金融城的品牌建设；另一方面听取各方意见，获取有利信息。[1] 此外，伦敦金融城警察局是从伦敦警察署分离出来，具有较强的独立性，将打击经济犯罪被列入首要职责。[2] 无论是立法还是执法，位于伦敦金融城的伦敦国际金融中心多少有些"法律特区"的意味。其实，独树一帜的法律制度正是伦敦金融中心最重要的无形资产之一，这也使得伦敦金融城的银行家对金融中心的未来充满了信心。

---

① 伦敦金融城公司官网［EB/OL］.［2020 - 10 - 09］. https：//www. cityoflondon. gov. uk/about-us.

② 王传宝："法制特区"撑起伦敦金融城［EB/OL］.［2020-08-09］. http：//roll. sohu. com/20120409/n340115903. shtml.

(二) 应时而变的金融监管和司法政策

在金融监管方面，历史上，英国长期实行金融分业经营。最近半个世纪以来，随着国际国内经济金融形势变化，英国开始逐步向综合经营，一些英国大型银行通过兼并收购，成为综合金融集团。面对如此庞大、复杂且集中的金融系统和金融市场，选择适合英国的金融监管体制对其金融稳定和经济发展至关重要。因此，英国一直积极探索金融监管体制的改革创新，英国率先经历了从"自我管制"到央行干预、混业经营再到分业经营、分业监管、"双峰监管"的历史变迁（见表 8-2），[①] 自 2008 年国际金融危机后，英国北岩银行、苏格兰哈里法克斯银行等大型银行受到冲击，英国金融监管体制在宏观审慎管理、微观审慎监管，以及消费者保护和现场监管等方面缺乏协调配合的弊病逐渐凸显出来。2012 年《金融服务法案》的颁布正是英国金融监管改革的关键，英国取消了金融监管局，赋予英格兰银行全面金融监管职责，同时建立了由英格兰银行直属的审慎监管局（Prudential Regulation Authority，PRA）和财政部与议会直属的金融行为监管局（Financial Conduct Authority，FCA）为两翼的"双峰"监管架构，其中，审慎监管局对金融机构和金融体系进行审慎监管，确保金融系统稳健发展；金融行为监管局负责对金融业务实施现场监管和非现场监管，保护金融消费者权益，打造信息透明、公平竞争、公开公正的市场环境。在英格兰银行下设金融政策委员会（FPC），负责实施宏观审慎监管，重点防范系统性金融风险，并且对审慎监管局和金融行为监管给予工作指导，增强金融监管部门之间沟通和协调。

---

① 李木子. 英国金融监管从分业到双峰：变迁与启示 [J]. 中国发展观察，2020（11）：59-60.

表8-2　英国金融监管主要历史阶段

时间	经营模式	监管模式	监管变更的背景	结果
1987年前	分业	自我管制	1986年"金融大爆炸",金融服务自由化	银行业和证券业通过金融集团实现混业
1987—2000年	混业	央行干预监管	对银行集团监管薄弱,监管漏洞频出,1991年国际商业信贷银行倒闭,1995年巴林银行倒闭	1998年金融服务局(FSA)成立,2000年《金融服务和市场法案》颁布,统一间隔框架确认并付诸实施。直至2004年,统一监管实现
2012年后	混业	双峰监管	2007年次贷危机冲击英国金融业,北岩银行、RBS等陷入危机。2008年雷曼危机后英国金融雪上加霜	2012年《金融服务法案》、2011年《金融监管新方法:改革蓝图》白皮书颁布。2013年PRA和FCA运作:双峰监管模式确立

在司法方面,现代意义的国际商事法庭则追溯至1895年,英国伦敦设立的商事法庭是最早现代意义上的国际商事法庭。该法庭设立的初衷在于回应伦敦金融城和商业社会对专业化的商事法庭的迫切需求:希望由本专业领域的学识渊博、经验丰富的法官来便捷、经济地审理他们的纠纷。由于英国的商事法庭同时受理国际和国内的商事案件,法律上它并不是一个纯粹的"国际"商事法庭,但就其目前审理的案件而言,70%以上的案件均为纯粹的国际商事案件。围绕商事法庭等司法机构,英国的法律服务业年收入达260亿英镑,占全国GDP的1.4%,雄踞世界法律服务业的制高点和中心之一。

此外,早在2000年英国就颁布了《金融服务和市场法案(FS-MA)》,2010年基于此项法案英国成立了专门的金融服务与市场法庭(The Financial Services and Markets Tribunal, FSMT),主要审理被监管机构与金融服务局(Financial Services Authority, FSA)之间的法律争议。该法庭可以审查的案件具体包括:(1)授权进行受管制活动的授予、变更和撤销,或授予此类授权的要求;(2)对市场滥用的处罚,包括对内幕交易的民事处罚;(3)对未遵守监管要求的授权人员采取的纪律措施；（4）FSA作为有关认可交易所股票上市的主管当局的决定；（5）代表授权人员履行某些职能的雇员和人员的批准和纪律，包括可能禁止某些人（包括专业人员）执行特定职能。该法院共有8名具有法律资格的主席（包括Stephen Oliver QC）和19名具有金融部门特殊经验的业主，均由大法官任命。根据法律上的判决，对英格兰和威尔士的上诉法院以及苏格兰的法院提出上诉。

然而自2010年4月该法庭被废除，职能移交给上级法院，针对金融市场纠纷案件，英国通过金融监察专员服务（Financial Ombudsman Service，FOS）来解决消费者和金融企业之间的纠纷，提供法庭以外的非正式途径。它也是一个公正的机构，为无法解决与金融企业纠纷的消费者提供免费服务。特别是在保险行业，解决消费者纠纷的主要不是法院而是金融监察专员服务。金融监察专员服务投诉案件的处理流程是：首先，根据FOS规定的受理投诉案件的要件，决定对案件是否予以受理。其次，对符合上述要件的案件，FOS针对案件的不同属性，分配至不同的专职部门进行处理。在对案件进行正式调查程序之前，FOS会先行调解或协商，若双方能达成一致性协议，则程序即告终止；若是案件复杂的情形，裁决者会提出纷争解决的相关裁决报告，这一报告是正式的文件，是裁决者依据事实提出的解决方案和适当的补偿措施，如果当事人都接受这一裁决报告，则投诉流程宣告结束，裁决报告对双方当事人都有约束力。若双方不能达成一致性协议或任一当事人不接受裁决报告时，投诉程序则进入最终裁决阶段。在此阶段，审查员会先对证据进行正式审查，且会对调查结果给予当事人辩论的机会。最后，审查员会先做出暂时性评估，并将其送达双方当事人，如当事人一方于期限内表示不接受时，则审查员将作出最终裁决。当事人对最终裁决可以接受也可以拒绝，如消费者选择接受，则金融机构也必须接受；如消费者持有异议，仍可向法院提出诉讼。[①]

金融监察专员服务（FOS）是依法设立的具有独立性的法人组织，它不仅能更加公正、公平地处理消费者与金融业者之间的金融服务争端，且能迅速、合理、非正式地解决纷争。其本质是一种法院诉讼替代性纠纷解决机制（Alternative Dispute Resolution system，ADR），除具有一般 ADR 所有的争议解决特点之外，FOS 还有其特有的特点：单一制金融纠纷解决机制，消费者无须为不同的金融消费如银行信贷、信用卡、借记卡、养老金、按揭、分期付款、典当、保险、证券及期货、债券投资等具体金融业务的划分而找不到对应的投诉机构而发愁；免投诉费用，FOS 对消费者投诉不收取任何费用；单向拘束力，FOS 的裁决只对被投诉公司有拘束力，消费者不满意可以拒绝接受最终裁决并向法院提出诉讼等。事实证明，其对保险事务的处理方式（如虚假陈述和不披露等）具有重要影响力（Caroline，2011）。

此外，根据《金融市场与服务法》，英国金融服务监管局（FSA）于 2001 年建立了金融服务补偿计划（Financial Services Compensation Scheme，FSCS）。FSCS 规定，任何英国公司一旦被金融服务管理局（FSA）批准运营时，则该公司自动成为金融服务补偿计划有限公司（FSCS）的成员。FSCS 是一个独立的法人机构，具有商业公司的所有特点，它接受金融服务管理局（FSA）监督，在职能上担任金融服务管理局（FSA）委任的存款、保险和投资赔付，并依照金融服务补偿计划开展消费纠纷的相关赔偿工作。当金融服务监管局授权经营的金融机构停止交易或面临索赔处于资不抵债状况时，由 FSCS 代为向特定的债权人偿付。FSCS 要严格按照有关规定的程序，在法定的范围内对

[①]　有关 FOS 处理金融消费申诉案件的具体流程及成效可参见冯圣中："论金融服务法与消费者保护之法律问题"，南台科技大学 2006 年硕士学位论文；邢会强．金融消费纠纷的多元化解决机制研究［M］．北京：中国金融出版社，2012：42-47．

客户（消费者）进行有限度的赔偿。作为一个合格的金融服务的存款人或投资者或投保人，要获得 FSCS 的赔偿，应符合以下几个条件：该存款人或投资者或投保人必须是一个合格的索偿者；且该存款人或投资者的存款或投资等服务是受保护的；且索偿对象是金融服务补偿计划的成员；且该金融服务补偿计划成员必须是处于违约状态。金融监察专员服务（FOS）与监管机构及金融服务补偿计划在保护金融市场参与主体的权益和建立消费者信心方面发挥重要作用，其在实质上拥有部分司法审判的职能。自此，英国专业金融审判机构维护市场的职权重新交回普通法院。

除此以外，伦敦的国际法律企业和人才也居世界首位，伦敦每年约有 5000 项国际仲裁和调解发生。与法律和法庭的解决相比，这些解决办法一般而言成本较低，也没有那么激烈。在伦敦约有 50 家机构提供解决争议的服务，包括行业协会、专业的机构和衍生产品交易所，它们会努力解决在其合同项下产生的争议。主要的专业机构包括：伦敦国际仲裁法庭（LCIA），处于仲裁服务发展的最前沿，有国际性的业务运作和视野；争议解决中心（CEDR），专门通过调解解决国际商业纠纷，它是世界上争议解决替代服务的主要提供者之一；注册仲裁员协会，是世界上主要的培训仲裁员的专业机构；国际商会（ICC），是国际仲裁的全球领导者，在伦敦的业务快速扩展。①

2021 年 1 月伦敦金融城发布的最新数据显示，与纽约、新加坡、香港和法兰克福等其他全球目的地相比，伦敦继续保持金融和专业服务的"头把交椅"。这一研究综合考虑了 91 种不同指标来分析伦敦与其他国际金融中心的竞争优势，它清楚地表明，尽管其他主要中心可能在某些措施上处于领先地位，但伦敦和英国的整体竞争力最强。研究表明，伦敦还将继续在所有关键方面保持强劲表现，包括创新、金

---

① ［英］罗伯茨著. 伦敦金融城：伦敦全球金融中心指南 ［M］. 沈阳：东北财经大学出版社，2008（11）：143.

融活动的覆盖面、业务弹性、基础设施、人才技能以及监管。① 伦敦和英国在全球舞台上表现出色的关键领域包括：（1）伦敦是金融服务技术和创新的世界之都，并且是大多数金融科技 100 强企业的所在地；（2）在主要经济体中，英国的监管和法律框架处于领先地位，因为它制定了国际标准，并处于创新的最前沿；（3）伦敦和英国是欧洲金融服务投资的主要目的地。2019 年，英国的金融服务净出口额高于新加坡、香港和德国的总和；（4）英国仅次于美国，是国际金融活动第二多的国家，并且是全球最大的国际债务发行，商业（再）保险和外汇交易中心；（5）伦敦是唯一的全球金融中心，也是可持续金融的领先中心。在所有全球金融中心中，伦敦拥有"最绿色"的证券交易所，并且在可持续发展问题上提供了面向未来的人才库；（6）英国拥有世界上最好的大学和 MBA 课程。再加上相关毕业生的高比例，为英国企业提供了世界领先的入门级人才库。

二、纽约国际金融中心

19 世纪末叶，纽约凭借自身经济活力、其他国家在美投资总量以及自身条件成为顶尖国际金融中心，但与伦敦作为资本输入型国际金融中心不同，纽约的主要作用是将大西洋西岸的资金输入到大西洋东岸，其在对外贸易融资方面主要依靠伦敦。②

纽约成为国际金融中心主要原因在于其在"二战"后顺势抓住了历史的机遇，并采取了一系列有效的措施，巩固了美元在国际上的地

---

① 研究显示：伦敦的综合竞争力得分为 62，其次是纽约（54）和新加坡（53）。排名靠前的是法兰克福（41）、香港（40）和东京（32）。参见 London leads global finance rankings in new bench-marking research：https：//news. cityoflondon. gov. uk/london－leads－global－finance－rankings－in－new－benchmarking－research/.

② 尤瑟夫·凯西斯著；陈晗译. 资本之都 国际金融中心变迁史 1780－2009 年［M］. 北京：中国人民大学出版社，2013（4）：101－106.

位，形成了成熟的法律和监管环境。这些具体措施包括开放资本市场、允许混业经营、实行汇率和利率市场化、给予外资金融机构国民待遇等。此外，在法律制度方面，纽约灵活的地方立法权、及时应变的执法环境以及高效的判例法体系也为其提供制度优势。

（一）地方立法权的优越性和联邦政府的支持

众所周知，美国是实行"三权分立"的国家，立法权、行政权与司法权的行使都有着严格的界限。同时，美国又是一个联邦制的国家，联邦和各州根据宪法享有和行使各自的权利。这种制度决定了美国立法体制的主要内容：国会和州议会分别是行使联邦和州立法权的主体。

依照美国宪法的规定，国会行使联邦立法权，美国各州议会行使地方立法权。在权限划分方面，美国宪法保留给州议会的立法权主要包括：（1）管理州内的工商业；（2）建立地方政府；（3）保护健康、安全，维护道德；（4）保护生命、财产和维持秩序；（5）批准宪法修正案；（6）举行选举；（7）改变州宪法和州政府。此外，联邦个州都可以行使的立法权限还包括：（1）征税；（2）借款；（3）设立银行和公司；（4）设立法院；（5）制定和实施法律（在各自权限范围内）；（6）为公共目的而征用财产；（7）兴办公共福利。① 因此，从立法上来说，美国地方对金融相关事宜的较大立法权给予了地方金融发展一定的自由空间。

此外，美国政府和监管机构顺势而为，集中地方和联邦实力也为金融中心的建设创造了条件。如美国政府配合私有机构，将联储的公开市场、黄金储备以及银行间实时清算系统 Fedwire 及其运作，集中在纽约而非集中在联邦所在地华盛顿，由纽约联邦银行实际操作。其中

---

① 吴大英等，著. 比较立法制度 [M]. 北京：群众出版社，1992 (12)：281-282.

的公开市场及其操作，就是在纽约建立的全球最大、最具流动性的政府债券二级市场。该市场变化方向因此成为全球经济和金融市场最重要的风向标。①

（二）金融监管的变迁

纽约金融中心在发展过程中出现过一些严重的法制问题。由于金融监管法规的滞后性导致市场违规操作风险增加，2002 年美国颁布《萨斯班-奥克斯利法案》（Sarbanes-Oxley Act）并逐步建立起以联邦证券交易委员会（SEC）为首对所有金融业务实施监管，第二级纽约州司法部对纽约金融公司实行执法监管以及第三级包括纽约证交所和纳斯达克证交所履行联邦委托授权的市场监管的三级监管模式。② 然而随着全球化和金融创新的发展，这一监管体制下的问题逐渐暴露。例如，监管标准不一致，监管对于市场的反应滞后等。2008 年国际金融危机后，美国通过《多德—弗兰克法案》（Dodd-Frank Wall Street Reform and Consumer Protection Act），成立金融稳定监管委员会（FSOC）以防范系统性金融风险并协调监管机构职能，在美联储体系下成立消费者金融保护局（CFPB）③ 以切实维护金融消费者的利益，此外，还通过设立联邦保险办公室加强了对保险集团的监管。总体来说，《多德—弗兰克法案》强化了对系统性重要金融机构的监管，填补了对冲基金、私募基金、信用评级公司等监管空白，在一定程度上提高了国

---

① 熊建军. 纽约：国际金融中心建设的经验和启示［EB/OL］.［2014-01-02］. http://blog. sina. cn/dpool/blog/s/blog_83844f770101jos2. html.

② 吴弘. 上海国际金融中心建设的法制环境［M］. 北京：北京大学出版社，2010：44.

③ CFPA 主要对提供信用卡、抵押贷款和其他贷款等金融产品及服务的金融机构实施监管，对金融产品的风险进行测试和防范，以保证消费者在使用住房按揭、信用卡和其他金融产品时，得到清晰、准确和完整的信息，从而杜绝一些信用卡机构和房贷公司的隐性费用、掠夺性条款和欺诈等不公平行为，切实保护消费者利益。该机构还可以监管美国各类银行和非银行金融机构，以及所有资产规模在 100 亿美元以上的信贷机构、支票兑换机构和其他类似的非银行金融机构。参见 https：//wiki. mbalib. com/wiki/%E3%80%8A%E5%A4%9A%E5%BE%B7-%E5%BC%97%E5%85%B0%E5%85%8B%E6%B3%95%E6%A1%88%E3%80%8B.

际金融市场的监管标准，拓宽了国际金融市场的监管范围。2012 年
《创业起步法案》（*The Jumpstart Our Business Startups Act*，JOBS 法）
的实施旨在通过最小化监管要求来帮助企业在公共资本市场筹集
资金。①

自特朗普执政以来，美国金融业监管框架再次被重构，总体上是
从 2008 年之后严格、审慎的监管转向传统、相对宽松的"放任监
管"，从而构建出新型金融监管模式。② 一方面，美国联邦金融监管机
构的权限和组织机构被大幅修订，具体包括废除联邦存款保险公司
（Federal Deposit Insurance Corporation，FDIC）针对金融机构的有序清
算权利（Orderly Liquidation Authority），消费者金融保护局以及美联
储、金融稳定监管委员会的权限、组织机构被修订。③ 另一方面，这些
修订也给美国甚至国际金融市场带来极大的不确定性。④

（三）金融纠纷的解决渠道

在司法方面，1972 年美国证监会（SEC）根据《联邦行政程序
法》建立了执法部（Division of Enforcement），该部门合并了以前由委
员会华盛顿总部的各个运营部门处理的执法活动。委员会的执法人员
对可能违反联邦证券法的行为进行调查，并在联邦法院和行政程序中
对委员会的民事执法程序进行诉讼。除此以外，委员会也可以提起各

---

① SEC 官方网站．［EB/OL］．［2020-07-29］．https：//www.sec.gov/answers/about-law-
sshtml.html.

② 郭敏，方梦然．美国金融监管改革成效及启示［J］．现代国际关系，2018（9）：27-
34，63.

③ 如：①将消费者金融保护局更名为消费者法律执行机构（Consumer Law Enforcement
Agency），变更其组织机构和领导机制，削弱了其实际监管权，弱化了对金融消费者的保护，增强
了政治影响；②废除金融稳定监管委员会将非银行金融机构、金融市场公用事业界定为系统重要性
金融机构的权利等；③弱化金融监管的标准及规则，包括减轻《多德—弗兰克法案》监管框架对
银行机构所施加的某些重大金融管控。参见邹伟康，于海纯．美国金融监管框架的重构：路径与趋
势［J］．金融论坛，2019，24（12）：3-13.

④ 宋玮．美国金融监管新趋势及中资银行的应对策略［J］．清华金融评论，2017（5）：
103-108.

种行政程序，对任何违反联邦证券法的人执行停止令（Cease and Desist Order），要求违法人员支付民事罚款或上交违法所得等①。执法部还开展了专门的执法合作计划，包括旨在通过奖励的方式来鼓励个人和企业在 SEC 调查和执法行动中加强合作的各种措施。而这一计划在涉及内幕交易、操纵市场以及金融欺诈等一些执法活动中也被证明具有宝贵的价值。目前执法部已经签署了许多合作协议，包括涉及中国公司的反向合并计划、保险公司股份的内幕交易、信贷危机期间的次级债券定价方案等②。

同年，SEC 设立了行政法官办公室（The Office of Administrative Law Judges，OALJ），它是由首席行政法官和一定数量的、独立的行政法官组成。其职责主要是对委员会发起的行政程序举行听证并对发现的事实与结论作出初步裁决或者建议性裁定③。从司法独立角度来说，行政法官根据《联邦行政程序法》的规定享有法定权力，SEC 不得在没有法律明文规定的情况下擅自剥夺行政法官的权力。但 SEC 可以在法律允许的范围内制定细则来规定上述权力行使的方式。与此同时，秉承制衡、救济的宪政司法基本原则，美国又从人事任免、职权范围、程序安排、司法审查等方面对行政法官予以规范约束，确保其独立性和公正性，发展出一套行之有效的金融司法制度④。

除了既有的国家金融服务监管机构和司法系统，美国也拥有专门处理金融个体消费者之间纠纷的 ADR 系统。美国的金融 ADR 机制主要体现为以下几点。（1）商事法庭设立的调解。美国的商事法庭一般

① 美国证券交易委员会执法部门［EB／OL］.［2019-10-11］. https：//www. sec. gov/enforce/Article/enforce-about. html.

② 美国证券交易委员会执法合作计划［EB／OL］.［2019-10-11］. https：//www. sec. gov/spotlight/enforcement cooperation-initiative. shtml.

③ 一般认为建议性裁定和初步裁定的区别是前者只有咨询性质，须被行政机关接受才有效。初步裁定已经发生效力，只在当事人不服提出要求或者行政机关主动复审并另做其他决定时才失去效力。

④ 郭雳. 美国证券执法中的行政法官制度［J］. 行政法学研究，2008（4）：116-122.

都设有 ADR 机制，但在实际操作上，几乎所有的 ADR 都是选择以调解的方式进行。在诉讼进行的任何一个阶段，商事法庭法官、行政法官的指示，或者依据诉讼当事人律师的请求，选定一个调解人，就诉讼中全部和部分的争议进行调解。[①]（2）仲裁协会。美国最早尝试通过仲裁方式解决消费者权益纠纷。1968 年，美国仲裁协会接受福特基金会的资助，在法院之下设立了"全国解决纠纷中心"，这属于法院附设的非诉讼程序。该中心确立了消费者纠纷仲裁制度，并在全美范围内进行运作。同时，美国还存在与仲裁协会类似的被称为 BBB（Better Business Bureau）的企业组织对消费者纠纷仲裁。BBB 是一家历史悠久的以自主规制不正当广告宣传为目的的行业性自律组织，它在全美设立了 140 多处事务所，处理消费者投诉是其重要业务之一，其中的 100 处事务所开展了通过仲裁解决纠纷的业务。金融消费者与经纪自营商或其代理商之间的大多数纠纷都是通过 FINRA（Financial Services ADR）争端解决机构（FINRA 的子公司）仲裁解决的，仲裁裁决可作为法院的判决，其效率较高，成本低廉，管辖范围广，当事人因此受益，以此有效降低了诉讼案件过多的压力。除了仲裁裁决，FINRA 还具有监管职能，尽管 SEC 有权监管经纪自营商，但 FINRA 作为自我监管组织（SROs）却监管着证券业很大一部分，其通过 SEC 审查和批准的规则、程序来实现对金融服务业非政府组织的监管[②]。（3）金融消费者保护局（CFPA）。该局拥有与负责监管银行安全的监管机构同样的权力，包括规则制定、从事检查、实施罚款等惩戒措施。CFPA 强化对消费者和投资者的金融产品及服务的监管，促进这些产品透明、公平、合理，促进公平竞争，使消费者和投资者免受金融服务中不公平、欺诈行为的损害；同时，要提高金融产品和金融服务提供者的行业标

---

① Rule3, Section 202. 70（g）of Rules of Commercial Division; Rule 3, Rule of ADR Program, supra note 28.

② Byron Ⅱ Crowe. Financial Services adr: What the United States Could Learn from South Africa [J]. Cornell International Law Journal, 2013, 47（1）: 145-180.

准。金融消费者保护局享有独立性，它拥有独立的预算，虽然其预算来源主要由美联储提供，但美联储禁止对金融消费者保护局的任何事务或程序进行干预，包括检查权或执行。[①] 这是金融消费者保护局与审慎监管分立的具体实践。[②]

三、香港国际金融中心

香港作为国际金融中心，金融市场发展非常成熟，已经连续 20 多年被美国传统基金会评为最自由经济体。香港金融中心跨越式发展有两大支柱，一是香港良好的营商环境、简单低税制、资金自由港、与西方接轨的司法制度、金融监管高效，以及最自由经济体等制度优势；二是内地与香港不断增强的经济贸易联系，特别是自 1997 年香港回归后，这一联系愈加强劲。二者有机结合保证了香港经济长期稳定，推动香港持续提升国际金融中心地位，亦是当前香港保持国际金融中心竞争力，应对外部挑战的制胜之道。此外，香港的地理位置、时区以及领土对开放人员的流动程度都使得其成为重要的信息交流中心。

香港特区政府长期奉行的是自由经济管治理念，政府长期采取积极不干预市场的施政方针，努力营造公平、公正、公开的市场竞争环境，自由主义贯穿于政治、经济、法律、生活等各个方面。例如，在政治上，政府长期坚持自由港政策，商品进出香港免征关税；在经济上，资本允许自由进出香港，外资在香港的投资领域不受任何限制；在法律上，企业在法律许可范围内经营自由；在生活上，人员进出境自由，本地居民和外来人士均可以不受限制地购买商品。总之，香港是世界上自由程度最高的自由港。而香港所承载的自由港特色决定了

---

① 林玫君. 美国金融监理改革有关消费者金融保护的相关规定之初探 [J]. 万国法律, 2010 (8).
② 熊进光. 金融衍生品侵权法律问题研究 [M]. 北京：中国政法大学出版社, 2014 (10)：203-206.

其高度外向化和国际化的特色。

同时，香港也注重香港金融市场质量，维护市场质量，依靠于健全的监管制度，这是香港金融体系的重要根基。香港也曾经受过各种金融风暴的冲击和考验，但各种风暴不仅无损香港国际金融中心的地位，反而使所暴露的问题不断得到克服和改善，香港的金融体系日趋完善和成熟。

（一）法治精神与监管特色

香港国际金融中心地位之所以稳固，首先归功于一套健全完善的法治体系为其保驾护航。在殖民地时代，其所依托的宪制性法律文件是1917年颁布的《英皇制诰》和《皇室训令》。这两份法律文件在香港拥有最高法律权威，对香港的权力机构和组织结构作出了系统性的规定，不仅明确了港督在香港的法律地位和最高权限，而且规定了香港采取行政、立法、司法机关三权分立的组织结构。自1997年香港回归以来，《英皇制诰》和《皇室训令》被《中华人民共和国香港特别行政区基本法》（以下简称《基本法》）所取代，成为香港的宪制性法律文件，拥有最高法律地位，任何法律均不能与《基本法》相抵触。同时，香港特别行政区行政长官取代港督，成为香港最高代表行使职权。除此以外，香港的组织结构和法治体系基本保持不变。与自由主义经济理念一同深入人心的是香港的法治精神。通过构建起一套完整的法律体系，香港将法治观念、法治秩序、法治环境、法制管理贯彻到香港市民的思想和行为当中，使法治精神成为香港社会的核心价值观之一。

以银行业为例，早在1948年，香港就通过了第一部《银行业条例》①，结束了将近一百年的香港银行业"法律真空"状态。在银行业

---

① 但第一部《银行业条例》是很不完善的，重点放在银行业的经营门槛和经营范围的限定上，虽然起到了汰弱留强的积极作用，但却无法防止银行过度扩张、关联交易、高杠杆经营等高风险行为，最终也无法避免20世纪60年代最严重的银行业危机的爆发。

危机爆发前后，其先后两次修订并补充了《银行业条例》①。80 年代初，香港银行业再次陷入长达五年的财务危机，根本原因是高负债、低增长、经营管理不善导致的。这次银行业危机迫使其再次全面修订《银行业条例》②。香港回归以来，在经历了 1997 年亚洲金融风暴和 2008 年国际金融危机以后，香港特区政府又先后多次补充修订完善了《银行业条例》，围绕银行业构筑的法律体系逐渐完善，针对银行业的监管也日趋完善。每一次危机过后，香港银行业法律根基反而更加坚固了，经营反而更加稳健了，对外开放程度反而更高了。同样，在证券业，香港证券业法律法规的制订以及对资本市场的监管，也是在经历股票市场剧烈波动和投资者利益受到严重损失后，才逐步建立并持续完善起来的。20 世纪 60 年代以后，面对日益火爆的股票交易活动，以及如雨后春笋般陆续设立的股票交易场所，导致资本市场割裂发展，证券市场缺乏统一规范运作的局面。于是，香港在 1973 年通过了首部《证券交易所管制条例》，对股票交易场所的设立设置了准入规则。在经历严重股市崩盘的 1974 年期间，其反思了导致股市崩盘的内幕交易、投机炒作等主要因素，出台了《证券条例》《保障投资者条例》两部重要法律条例③。然而，由于股票市场信息披露机制不健全，透明程度不高，导致内幕交易活动并未从根本上得到遏制。更关键的是，缺乏一个法定的行使调查、监督、惩罚权力的机构，对证券市场进行有效监管。因此，在经历 1987 年香港股灾以后，其颁布了

---

① 这两次修订《银行业条例》，主要是对银行经营作出进一步规范，包括限制了银行对公司董事及关联人士的借贷活动，限制了银行参与地产和股市的投资活动，限定了充当存款准备的流动资产规模等。

② 由于这次银行业危机的重灾区是吸收存款的财务公司，以及缺乏雄厚资金实力的中小型银行，因而修订的《银行业条例》重点加强对财务公司、中小银行的监管。

③ 这两部条例的核心宗旨是规范资本市场运作，并从根本上保障投资者利益。

《证券及期货事务监察委员会条例》，并于 1989 年成立了"证监会"①。
1997 年香港回归前后，香港证券业迎来另一个发展机遇。香港证监会
和中国证监会先后签署了《监管合作备忘录》（1993）、《有关期货事
宜的监管合作备忘录》（1995）、《监管合作备忘录（附函）》（2007）
等多份重要合作文件，为香港和内地的金融深化和监管合作奠定了基
础，也为 QDII、RQDII、沪港通等重要措施的出台铺平了道路。通过
加强与内地监管部门的联系，香港证监会也逐渐把工作重心从市场监
管向市场发展与监管并举过渡，从内涵建设向外延扩展过渡，促进香
港证券市场进一步做大做强，进一步提高其国际化水平和影响力。②

当前，在监管方面，香港金融管理体系不断在发展中完善，形成
了依靠法治、分业监管、与国际标准接轨和政府监管与行业自律并重
的四大特点③。

（1）依靠法治。香港政府对金融业运作的监管，主要是通过银行、
证券、期货和保险方面的专门法律条例和监管机构来进行。完善并备
受尊重的法律制度和监管框架是香港赖以成功的基石。以港交所为
例，港交所受一套符合国际标准且明确、完善的监管架构监管。这为
企业在香港募集资金提供了坚实的基础，也有助于增强投资者对香港
证券市场的信心。

（2）分业监管。目前香港的监管机构主要包括香港金融监管局
（金管局）、证券及期货事务监察委员会（证监会）和保险业监管局
（保监局），分别负责监管银行业、证券和期货业以及保险业（见表

① 证监会的监管目标包括维护公平、公正、公开的资本市场竞争环境，切实维护并保障投资
者利益，降低资本市场系统性风险。为此，证监会推动港英政府先后颁布《证券（披露权益）条
例》和《证券（内幕交易）条例》，以进一步促进香港资本市场健康发展。
② 陈小辛. 香港国际金融中心地位演变与路径选择 [D]. 长春：吉林大学，2017：47-49.
③ 太一投研社. 香港完善的金融监管体制. [EB/OL]. [2020-10-29]. https://
mp. weixin. qq. com/s? src=11&timestamp=1606018840&ver=2721&signature=v-LjpIDVhGcipYExaiBn-
lzn*a-ZSFJbwNMkz7qdJVs8eXlrfg6VqQTtByoiNxt*mK18DHHdnt9El7glrDMVTGILD8NpHdTsDMRUKd
F3bbN9LohnrSzWWe6D0IKqIJFB5Q&new=1.

8-3）。

表 8-3　当前香港主要监管机构及其职责

类别	监管机关	主要职责
银行业	香港金融监管局	维持金融体制、银行业稳定、管理外汇基金和货币政策的运作，维持港元稳定性等
保险业	保险业监管局	保障保单持有人的利益以及促进保险业的整体稳定；监管保险公司和三个监察保险中介人
强制性公积金计划	强制性公积金计划管理局	规管及监督私人托管的公积金计划；推动改良公积金计划等
证券及期货	证监会	监管证券及期货市场，促进和推动证券期货市场的发展；制定以及执行市场法规、向申请进行受证监会规管的活动发牌并监管；规管和监察香港交易所及结算所有限公司及其附属机构等

（3）国际标准的接轨。1999 年香港金管局按照巴塞尔银行监管委员会的建议，展开前所未有的金融业监管制度改革，将原有的以资本为基础的监管制度，转变为以风险管控为核心的监管制度。2007年，香港实行全新国际资本以及风险管理标准，采用内部评级法（IRB）对认可机构进行信用风险评估，成为全球率先实行《巴塞尔协议Ⅱ》的地区之一。2008 年国际金融危机后，金管局又从 2013 年起开始分阶段实施《巴塞尔协议Ⅲ》，进一步加强对银行业的监管。证券业方面，1999 年 3 月，香港特区政府发表《证券及期货市场改革的政策性文件》，推出一项"三管齐下"的证券及期货市场改革方案。2003年 4 月 1 日《证券及期货条例》正式生效，该条例把过去 25 年中颁布的 10 条规管证券及期货市场的法例更新，并综合为一条新法例，使证券及期货市场的规管制度符合国际标准和惯例。

（4）加强行业自律。香港的银行业、证券业和保险业的行业自律机构分别是香港银行公会、香港交易所和香港保险业联会。政府在金融监管中担当管理者的角色，行业自律机构则重在内部风险的控制和审查。政府监管及行业自律的两级监管模式，使得政府和行业自律机构合理分工，各尽其职，从而形成了香港自律与他律相结合、多形式、多层次的金融监管体系，有利于监管当局在维持有效监管的同时，发挥行业和市场的积极性，保持市场的活力。

在过去 20 多年，香港市场变得庞大而复杂，维护市场质量需要有效并且与时俱进的监管制度。香港政府除了督促监管者发挥好功能以外，也应积极引导和协调相关机构做好推动市场发展的工作。

（二）秉承司法独立和金融纠纷多元化解机制

在司法方面，香港国际金融中心实行普通法，相比大陆法系国家，普通法系法院的金融案件受理范围更广、法官能动性更大，能够更灵活地对新型金融交易模式的合法性与否予以判断，把握创新风险与欺诈骗局之间的界限，合理厘定混合性质的法律关系中的权利义务配置，匡正许多关键的弹性法律概念的尺度。① 然而，雷曼迷你债券事件发生之后，金融消费者与金融机构频繁出现的金融纠纷，也引发了香港金融界和法律界对金融消费纠纷处理中金融消费者保护的深刻反思。2012 年 6 月 19 日，香港政府正式设立了金融纠纷调解中心，其在性质上属于非营利性的公司组织。该中心以提供独立及不偏不倚的"先调解，后仲裁"的争议解决程序，协助香港的金融机构及其金融消费者解决金钱争议。其受理的争议应该具备以下条件：（1）争议的一方是调解计划辖下的金融机构成员；（2）有关争议必须是由符合资格的申索人与金融机构在香港境内签订的合约或由该金融机构提供的服务所引起的；（3）争议性质必须与金钱有关；（4）申请索赔的金额限制在港元（或等值外币）50 万元及以下；（5）必须先经过相关的金融机构内部处理。

金融纠纷调解中心在金融纠纷的解决程序简单便捷，从递交申请、

---

① 缪因知. 发达国家金融法院的经验与启示［J］. 金融博览，2018（10）：16-17.

缴纳申请费到中心是否决定受理再到安排调解或调解不成安排仲裁直到争议获得最终解决必须在 3 个月之内处理完毕，其中每个环节都十分紧凑，没有多余的步骤，这不仅节约了纠纷解决的时间，而且还提高了整个机构工作的效率。（1）解决金融消费纠纷的基本原则。金融纠纷调解中心在解决金融消费纠纷时应坚持以下五个基本原则：①独立性原则，成立及管理金融纠纷调解计划，并在不受任何外界干预的情况下，为金融机构及其客户提供独立的争议解决服务；②公平性原则，在维持及贯彻执行调解中心的程序上，不偏不倚地对待金融机构及其客户；③便捷性原则，制定简单直接、易于理解的争议解决程序，为使用者提供便捷的服务；④有效性原则，确保金融争议可尽快有效地获得解决；⑤公开性原则，在处理争议时尽可能地维持公开透明及按照有关保密及保障隐私的条例行事。（2）案件处理的流程与期限。香港金融纠纷调解中心为金融消费者提供调解和仲裁两种途径处理金融纠纷。其中调解为前置程序，若有关争议经调解后无法达成和解，金融消费者可以将该争议再提交仲裁，而作出的仲裁裁决是最终的且具有法律约束力，当事人只可就其中法律观点向法庭提出上诉。（3）收费制度。若金融消费纠纷都通过民事诉讼的途径处理，需要金融消费者付出很多的金钱，对金融消费者维权极为不利。为此，香港金融纠纷调解中心采取了灵活的收费制度，尽量减轻金融消费者的经济负担。①

总体来说，虽然在过去两年中香港金融中心地位有所下滑，但其传统优势依然存在。它们包括：对国际公司有吸引力的地理位置；激发信心和制度化的法治承诺，除其他重要事项外，可以维持保护知识产权的健全制度；用于清算和结算本地和跨境支付的高效且流动的系统；不断扩大的银行分支机构和相关业务网络，这些分支机构和相关

---

① 熊进光. 金融衍生品侵权法律问题研究 [M]. 北京：中国政法大学出版社，2014（10）：225-227.

业务已经跟随有希望的客户进入内地；对内向和外向资本流动的开放；与外部金融市场发展良好的联系；一批熟练的财务经理和专业服务提供商；现代化的交通网络能够非常高效地将人们运送到当地和中国境内；相对透明的金融监管体系；在全球媒体网络中占据显著地位；以及能够使长期政策合法和持久的民主政治文化的基础。与这些优势相比，香港吹嘘的低税收制度的实际重要性可能存在争议，特别是由于香港较高的房地产和生活成本使其低税率优势被磨灭。此外，作为吸引企业搬迁的一种手段，税收激励很容易被新加坡或上海等其他中心所接受。税收政策和易于列举的传统优势是极其短视的，一个充满活力的金融中心需要在一个更大的经济体中蓬勃发展。尽管香港金融业目前对国内生产总值的贡献很大，但它不太可能成为未来的就业大户，随着内地城市变得更加强大，金融和服务市场更加开放，香港对产业多元化的需求将变得更加迫切，不仅仅是金融和其他三个"支柱"产业。

第九章　"传统派—积极型"国际金融中心的法制环境

　　"传统派—积极型"国际金融中心的典型代表包括新加坡国际金融中心。1998年新加坡政府首次提出要在5~10年内将新加坡打造成一个世界级的国际金融中心。依据新加坡金融管理局统计，截至2020年1月，新加坡各类金融机构已超过2500家，2020年新加坡国际金融中心已在GFCI排名中位居世界第五大国际金融中心，支撑新加坡成功成为金融中心的三个关键因素是新加坡政府的政治意愿、政府对产业政策的娴熟运用以及新加坡法治的坚定实践。这些因素加在一起，形成了一个国家主导的发展模式，形成和维持了新加坡式的国际金融中心。从法律和发展的角度来看，新加坡走向国际金融中心的道路提出了国家与金融关系的问题。

　　与伦敦、纽约等老牌国际金融中心形成因素不同，新加坡国际金融中心主要是在政府主导下形成的。一方面，新加坡国际金融中心更多基于政府主导下建成，政策推动的作用大于历史机遇。作为一个高度开放的市场经济国家，新加坡的国内经济和金融市场容量较小，如何在保持和扩大对外开放使新加坡经济社会发展从中受益的同时，在经济全球化和金融国际化的发展趋势下，避免或减少国际不利经济金融因素及环境对国内经济金融发展的不利影响，是新加坡独立后，新加坡政府和金融管理当局一直探索的重要问题，在这方面新加坡已经取得了行之有效的经验。为保持自身竞争力，新加坡积极推动本国的伊斯兰金融服务，使其成为金融中心可持续发展的重要部分。另一方面，在亚洲地区，新加坡国际金融中心作为我国建设国际金融中心的最强劲的竞争对手，尽管两国在国家大小、社会制度等方面存在较大的差别，但我国实施的社会主义市场经济条件下的政府管理体制和模式，与新加坡有较多的相似之处，政府也始终在经济发展中发挥着主导作用，在目前的改革和进一步扩大开放的过程中，新加坡在有效应对亚洲金融危机，逐步建设成按市场机制运作、具有稳健严格金融监管体系的国际金融中心方面的经验和做法值得我国学习和借鉴。

新加坡国际金融中心的成功离不开其完备的法律体系。作为一个高度重视法治的国家，新加坡一直以来都很重视金融法律体系的建设。自亚洲金融危机后，新加坡政府不断修订新的金融立法以适应金融市场的创新发展，具体包括《证券与期货法》《支付体系监督法》等。①

一、新加坡金融管理体系

（一）新加坡的金融管理体制

在金融管理体制方面，新加坡经历了从严格的货币局体制到具有新加坡特色的货币局与央行混合体制的发展过程。目前由新加坡货币委员会、新加坡金融管理局和新加坡投资公司等政府金融管理机构各负其责、分工合作。

---

① 肖本华. 新加坡国际金融中心建设的措施、成效与启示 [J]. 亚太经济，2010（3）：35-41.

新加坡货币委员会董事局（Board of Commissioners of Currency of Singapore，BCCS），常设机构为新加坡货币发行局，成立于 1967 年 6 月，职能是根据《货币法》负责发行新加坡货币和赎回新加坡元。

新加坡金融管理局于 1971 年成立，其旨在依据《新加坡金融管理局法》等法规，负责制定和执行货币政策，履行除货币发行外的、与货币局与央行混合体制相符的中央银行职责，同时对银行业、证券业和保险业等全部金融机构和金融市场实施统一监管。

新加坡证券投资公司（Government Investment Company，GIC）于 1981 年成立，专门负责管理运营货币委员会和金融管理局资产中未用于汇率干预及货币兑换的外汇和黄金资产以及其他政府各部门的资产，以保证资产的保资增值。

尽管新加坡现已是一个活跃的国际金融中心，但新加坡政府从未打算收回"援助之手"。2015 年 7 月 28 日，新加坡金融管理局宣布成立金融中心咨询小组（FCAP），由来自银行、保险和资产管理行业的 26 名领导人组成。FCAP 讨论了发展新加坡金融中心的战略，包括吸引更多的机构投资者，以加强新加坡资本市场的买方生态系统，促进保险业的数字分销和其他创新，从初创公司到全球公司提供更无缝的资本筹集，建立外汇电子交易能力，提高亚洲债券市场的流动性，以及为所有金融部门提供利用技术。

从法律和发展的角度来看，新加坡走向国际金融中心的道路提出了国家与金融关系的问题。诚然，关于金融的主流文献非常正确地解释了为什么国家干预会损害金融市场的竞争力以及其他缺陷。但新加坡的经验表明，国家实际上可以伸出援手，在建立金融中心的过程中发挥重要作用。

（二）新加坡的金融监管体系

在金融行业和市场的监管方面，新加坡政府在新加坡金融管理局和财政部的支持下，建立了一个健全和全面的监管框架，包括《银行法》《公司法》《金融公司法》《保险法》《证券和期货法》《证券业法》《期货交易法》《发展贷款法》《地方财政法案》等。新加坡金融管理局一直保持着严格的审慎监管体系，尽管有些人认为这种体系监管过度，但它使新加坡避免了金融危机，就像它在 1997 年亚洲金融危机期间所做的那样。

1970 年之前，新加坡的中央银行职能由多个政府部门履行。1970 年新加坡议会通过《新加坡金融管理局法》。1971 年 1 月 1 日新加坡金融管理局（Monetary Authority of Singapore，MAS）成立。当前新加坡的金融管理局具有较强的运作自主权，依据《新加坡金融管理局法》，新加坡金融管理局的董事会由总统指派，董事会的主席由总统依据内阁的建议任命。董事会负责新加坡金融管理局的政策制定和监管工作，对新加坡议会负责。

新加坡采取积极开放的态度吸引外国银行，通过对黄金和外汇管制的放松来促进资金的融通，以此实现离岸市场的发展。总体上新加坡的金融监管呈现以下特点。（1）建立管监分离的监管体制，实施宽容并济的监管政策，其主要以信息披露为主并鼓励金融创新。管监分离的体制主要体现在对金融机构的日常行政管理方面与风险监督方面由不同的部门进行管理。新加坡金融管理局的职责具体包括制定和实施货币政策，发行货币，管理官方外汇储备，发行政府债券，监管银行业、保险业、证券业和期货业，以及促进新加坡作为国际金融中心的发展。此外，新加坡金融管理局在经济研究、货币政策以及储备管理方面都设有经济政策部、宏观经济监测部以及储备与货币管理部；在发展对外关系方面设有对外联络部、金融中心发展部以及金融市场战略部；在市场管理方面设有资本市场部和资本市场中介部；在审慎监管方面设有银行监管部与综合机构监管部、保险监管部、审慎监管政策部、特殊风险监管部；在货币发行方面设有货币部。除以上职能外，新加坡金融管理局还设有机构资源部、人力资源部、信息技术部、内审部、财务部、法务办公室、风险与技术办公室、特殊项目部和战略规划部等部门。新加坡金融管理局同时也在纽约和伦敦设有办事处，以此促进各金融中心的经验交流等。其中，MAS 内设的监管政策署（Supervisory Policy Department）专门负责对金融机构进行行政管理，具体包括市场准入的管理，制定监管规则、制度等；而其内设的银行署、保险署、证券署则负责对金融机构进行风险管理。这种管监分离的方式事实上提高了工作的效率和专业水平，且大大降低了人力资源成本，有利于形成统一标准的监管工作。（2）为实现防范系统性金融风险的目标，新加坡始终坚持审慎的市场准入原则，为适应国际金融发展趋势，实行混业监管，保持高度谨慎和严格的监督标准，建立以风险为主的金融行业评估，通过提高市场规则的透明度来吸引投资者。[①] MAS 鼓励本地银行进行重组、整合、兼并来提升竞争力，对外资银行则采取有选择的市场准入。在银行混业经营的现状下实施混业监管，具体业务由 MAS 的银行署、保险署或证券署分别完成。（3）风险管理贯穿于金融监管的全过程。新加坡的巴塞尔协议重视金融风险的监管，并建立了内部风险评级、VAR 等风险评级体系，在巴塞尔核心资本监管原则下加大对金融风险的评估。《巴塞尔协议Ⅲ》改革则提高了银行间基于风险的资本要求的稳健性和可比性，通过修改信用风险的框架减少对外部信用评级的依赖。[②] 作为政府主导型金融中心，新加坡政府在税收、财政等方面同样给予很多优惠以促进金融中心发展。

事实上，新加坡的金融监管机构在需要抓住机遇时可以非常灵活，例如，利用全球金融动荡扩大新加坡成为金融中心的机会。如前

---

① 李倩. 新加坡政府在国际金融中心建设中的作用及其启示 [J]. 现代商业，2012（30）：44-45.

② 新加坡金管局就实施《巴塞尔协议Ⅲ》最终改革发起咨询. 中金网. [EB/OL].
[2020-09-22]. http://www.cngold.com.cn/hangye/20190509f12201n4436940657.html.

所述，新加坡通过利用香港在 1997 年回归中国所带来的机遇，吸引了香港的资产，以发展自己的资产管理业务。正如《经济学人》所言，为了保留这些资产，新加坡制定了一个法律框架，允许设立信托账户，该账户曾是泽西岛和百慕大的专属领地。尽管新加坡本身不征收遗产税，新加坡人也不需要这项服务。良好的信托法加上强大的资产管理和外汇交易能力，使得新加坡到处都吸引着财富管理公司。

（三）新加坡的金融监管法规制度体系

新加坡金融监管法规制度体系由三个层次组成：第一个层次就是新加坡国家的立法机构议会制定并颁布、由新加坡金融管理局执行的法律（Statutes），主要包括《新加坡银行法》（Banking Act）、《新加坡金融公司法》（Finance Companies Act）、《期货交易法》（Future Trading Act）以及《保险法》（Insurance Act）、《证券业法》（Securities Industry Act）、《票据法》（Chit Funds Act）、《货币兑换及汇款业务法》（Money-Changing and Remittance Business Act）和《新加坡金融管理局法》（Monetary Authority of Singapore Act）。

第二个层次就是由新加坡国家立法机构议会制定并颁布、由新加坡金融管理局执行的补充立法（Subsidiary Legislation）。当前该类补充立法涉及银行业、证券业、保险业以及票据类等，这些补充立法旨在实施适应金融发展的需要。

第三个层次就是新加坡金融管理局根据上述法律和补充立法制定并颁布的通知（Notices）、指示（Directives）和指导意见（Guidelines）。相比上述立法，这些通知、指示和指导意见更为详尽，操作性较强，以此实现对金融机构实施监管时的要求较为明确。

此外，在监管手段方面，新加坡金融监管采取非现场稽核和现场稽核相结合的方法。同时，新加坡的监管机构积极与国外金融监管机构合作实施监管，如 1998 年对《银行法》的修订内容之一，就是为国外金融监管机构提供更为详尽的金融机构信贷信息并允许更广泛的使用。与此同时，新加坡也充分利用新加坡银行协会、新加坡保险协会等社会力量来实施部分监管职能。如对储蓄账户的计息方法，由新加坡银行协会管理。①

二、法制推动新加坡伊斯兰金融发展

自 20 世纪 70 年代首次复兴以来，伊斯兰金融发展迅猛。穆斯林和非穆斯林的大力支持导致市场估值约为 1.6 万亿美元。目前它仍以每年 15% 至 20% 的速度增长，使其成为全球金融业增长最快的行业之一。新加坡认识到这一全球趋势，决定充分利用这一趋势。正如吴作栋部长所说，"如果我们不提供伊斯兰金融服务，新加坡就不可能成为一个完整的国际金融中心"。伊斯兰金融虽然与传统金融相比规模较小，但正处于严重扩张的门槛。② 近年来，伊斯兰金融服务也越来越成为新加坡作为全球金融中心持续发展的一部分。这背后有很多原因。在过去的 30 年里，伊斯兰金融在全球范围内呈指数级增长。它已成为全球金融体系中增长最快的部分之一。为了保持新加坡的竞争优势，排除伊斯兰金融不是一个选项。新加坡在这个利基市场的强大潜力是显而易见的。新加坡是亚洲领先的基金管理中心之一。③ 新加坡货币管理局（以下简称货币局）始终通过实施新的立法来容纳伊斯兰金融，以确保公平的竞争环境。④ 新加坡还与中东和北非地区的国家有着

① 李豫等．金融危机下的新加坡国际金融中心 [M]．北京：企业管理出版社，2010（6）：15-25.

② Daud Vicary Abdullah & Keon Chee. Islamic Finance：Why It Makes Sense-Understanding its Principles and Practices [J]. Singapore：Marshall Cavendish Business, 2011.

③ 新加坡管理的总资产约为 1.4 万亿新加坡元，是亚洲主要的资产管理中心之一，资产管理行业有 500 多家公司根据各种许可计划运营。

④ 由于伊斯兰金融的一个特点是禁止基于利息的交易，其大多数产品都有买卖成分，如果不修改立法，这往往会导致额外的税收。

牢固的经济联系，它还战略性地位于世界上最大的伊斯兰金融——马来西亚市场和世界上人口最多的穆斯林市场——印度尼西亚。

（一）伊斯兰金融概述

伊斯兰金融是指符合伊斯兰法律（也称为伊斯兰教法）的金融和银行体系，管理伊斯兰银行业务的基本价值观是双方共同分担风险和利润，保证对所有人的公平，交易必须基于基本的商业活动或资产，而不仅仅是投机。伊斯兰金融的决定性原则包括禁止高利贷和过度的不确定性，鼓励真正的贸易和商业，禁止与伊斯兰教认为不道德的某些部门进行交易，如消费色情制品等。

伊斯兰金融提出了有利可图的风险分担和不公平的风险转移的基本原则，其基本原则是禁止高利贷（通常以利息的形式）和高风险（过度的不确定性）。在伊斯兰教中，无论涉及多少金额，高利贷都被认为是高利贷，而且没有所谓的可接受的高利贷金额。[①] 由于传统金融主要是以利息为基础的，所以给出了一种替代方案。伊斯兰金融机构会计和审计组织[②]已正式承认14个伊斯兰金融机构工具，其中四种是最常用的。简而言之，它们是穆拉巴哈（按预先确定的价格出售）、伊哈拉（承租人可选择购买基础资产的租赁安排）、穆沙拉卡（以盈利为目标的特定金融企业伙伴关系）和伊斯兰债券（由资产支持的伊斯兰债券）。

伊斯兰银行业发展的主要障碍是，各种伊斯兰教法委员会对不同伊斯兰银行内部开发的不同类型产品的许可性做出了相互矛盾的裁决。这导致个别顾客对各种产品的允许性产生混乱和误解。在新加坡，没

---

① Sudin Haron & Nursofiza Wan Azmi（Wan.）. Islamic Fimance and Banking System: Philosophies Principles and Practices［J］. Singapore: McGraw-Hill, 2009.
② 阿拉伯伊斯兰金融组织（The Accounting and Auditing Organization for Islamic Financial Institutions, AAOIFP）是一个非营利组织，成立于1991年，为伊斯兰金融机构制定会计、审计、治理、道德和伊斯兰教法标准。

有明确或单一的董事会来管理涉及伊斯兰金融冲突的纠纷。一般来说，管理《穆斯林法》的是一个法定委员会，被称为新加坡伊斯兰宗教理事会，其设立是为了就与伊斯兰教有关的事项向总统提供咨询。通过 1957 年《穆斯林法令》，与该委员会一起创建了一个伊斯兰教法院，对离婚和继承案件作出裁决。然而，与其他一些国家的做法相反，新加坡没有专门或强大的机构来监管伊斯兰金融。相比之下，1997 年在马来西亚，当更多的伊斯兰银行成立时，人们决定最好在国家一级设立一个伊斯兰教法咨询委员会（SAC）以批准新产品，确保其一致性，避免在类似问题上的裁决不一致，此外还要为这项工作提供最佳的专业知识，这是为了避免对伊斯兰教法的看法不一致或混乱。因此，虽然每个伊斯兰金融机构（IFI）都需要有自己的伊斯兰教法委员会，但马来西亚中央银行的伊斯兰教法委员会和马来西亚证券委员会在各自的管辖范围内拥有最终发言权。这从总体上提高了伊斯兰金融的一致性和可信度，而且伊斯兰金融机构不需要为生产这一公益物品雇用太多的人力资源。

除了各国政府之外，国际伊斯兰金融机构，如阿拉伯伊斯兰金融机构、伊斯兰金融服务委员会（IFSD）和伊斯兰开发银行，正在带头制定关于伊斯兰金融的法律和监管框架。伊斯兰金融法缺乏规定的全球标准，这使得银行界无法创建真正的全球产品线。全球传统银行系统非常重视数据保护，对洗钱零容忍。这是一个全球标准可以管理传统银行体系平稳运行的例子。

伊斯兰金融对新加坡有很多好处。伊斯兰金融有潜力通过调动储蓄、生产性投资和总体经济发展，为社会带来广泛的经济利益。[①] 伊斯兰金融的盈利能力完全由实际经济增长保证，而传统金融的盈利能力不一定来自实际部门，即使面对实际正增长，银行也可能遭受损失。

---

① Ibrahim Warde. The Relevance of Contemporary Islamic Finance（2009）[J]. Berkeley Journal of Middle Eastem and Islaic Law，2009.

伊斯兰原则不同于世俗金融原则，因为有些基本原则和禁令是不可更改的。

当然，许多挑战仍然存在。伊斯兰金融的迅速发展和商业化对政策和法律提出了许多复杂的要求，这些要求肯定会考验现有的国际和国家框架，因为伊斯兰金融和传统金融体系之间有着巨大差异。例如，收取利息或高利贷长期以来一直是传统金融的支柱，这反映在银行家与其客户之间的债权债务关系上，而拒绝利息或高利贷则是伊斯兰金融的决定性特征之一。另一个挑战是现代经济环境，涉及大量投机和操纵。目前的货币体系已经脱离了以金银为基础的传统货币体系，不受控制和监督的货币系统，纸币可以印刷几乎没有限制，有利于以传统的利息为基础或高利贷为基础的系统，但他们的可持续性受到质疑。在一个传统的金融体系中，伊斯兰金融的选择性应用有其自身的挑战。如由于现代监管制度的复杂性和不同的法律原则，例如法律实体和公司的分离，这类伊斯兰银行或金融家必须仔细分析所有相关因素，以避免不必要的损失。

（二）新加坡伊斯兰金融的发展

自 1995 年以来，新加坡就开始提供伊斯兰金融服务。汇丰（新加坡）也在同年推出了伊斯兰全球基金。为了增进对伊斯兰金融的了解和理解，新加坡金融管理局①于 2003 年 12 月作为观察员成员加入 IFSB，并于 2005 年 4 月成为正式成员。IFSB 是监管和监督机构的国际标准制定机构，在确保伊斯兰金融服务业的健全和稳定方面拥有既得利益，伊斯兰金融服务业的广义定义包括银行、资本市场和保险。在推进这一使命的过程中，IFSB 通过引入新的或调整符合伊斯兰教法原

① MAS 作为新加坡的中央银行，通过适当的货币政策制定和对新趋势和潜在脆弱性的密切宏观经济监督，促进持续、无通货膨胀的经济增长。它管理新加坡的汇率、外汇储备和银行业的流动性。新加坡金融管理局还是新加坡所有金融机构的综合监管机构，包括伊斯兰金融机构。

则的现有国际标准，促进发展审慎和透明的伊斯兰金融服务业，并建议采纳这些标准。

为了改善新加坡伊斯兰金融的法律和监管框架，必须妥善解决基本障碍。新加坡政府认识到，鉴于伊斯兰金融产品的性质和结构，它们往往比同类产品发生更多的税收。总的政策方针是将伊斯兰合同的税收待遇与它们在经济上等同的传统融资合同的待遇相一致。根据这一政策，财政部宣布对 2005 年和 2006 年的预算进行若干修改。2005年，新加坡免除了对涉及房地产的伊斯兰交易征收双重印花税，并对伊斯兰债券的收入给予适用于传统债券的同样优惠税收待遇。2005 年还推出了符合伊斯兰教法的储蓄账户。

2007 年，星展银行在新加坡推出了第一家伊斯兰银行——亚洲伊斯兰银行，此前该银行获得了新加坡金融管理局（MAS）的正式批准，获得了全面的银行牌照。亚洲伊斯兰银行的创始股东，包括多数星展银行股东（DBS）和来自海湾合作委员会（GCC）国家的 34 名投资者。星展银行还在中东进行了大规模、里程碑式的股票首次公开募股（IPO）和证券化，是首批获得迪拜国际金融中心（Dubai International Financial Center）银行牌照的几家亚洲银行之一。2010 年 8月，马来西亚国家投资者哈扎纳（Khazanah）出售了 15 亿新加坡元的伊斯兰债券，交易规模为账面规模的 4.3 倍，是新加坡最大的伊斯兰债券交易。对替代金融产品的巨大需求并不奇怪，马来西亚中央银行行长泽蒂·阿赫塔尔·阿齐兹博士说，虽然伊斯兰银行部门在跨境资金流动的中介方面发挥了重要作用，但伊斯兰债券市场已成为伊斯兰金融的一个重要部分，为促进国际联系提供了一个独特的平台。伊斯兰债券市场已经证明了其有效跨境中间资金，有助于全球金融体系中资金的有效配置。伊斯兰债券是国际融资和投资活动的真正全球性产品的缩影。越来越多的多边机构、主权国家、政府机构和公司，包括跨国公司，都依赖伊斯兰债券市场作为融资来源。各大洲伊斯兰债券投资者的多样化构成进一步深化了伊斯兰债券市场的国际层面。2008年5月，大和资产管理公司还在新加坡上市了第一只富时日本股票交易所交易基金。2020年8月，大型房地产公司城市发展公司（City Development）通过一项10亿新加坡元的伊斯兰信托证书计划，推出了新加坡第一家企业伊斯兰债券。伊斯兰金融在新加坡各个领域的持续增长仍在继续。2013年，新加坡已是多家伊斯兰金融机构和银行的所在地。新加坡的主要目标是将伊斯兰金融纳入其金融投资组合，并担任中介或财富/资产经理。

（三）新加坡伊斯兰金融法制改革

全球缺乏统一的监管和法律框架是伊斯兰银行业的一个主要缺点。监管改革、治理标准和税收结构需要跟上伊斯兰金融的快速国际化，从而为大规模跨境交易提供更大的空间。目前，新加坡当局的目标是确保法律和监管框架的公正性。

对新加坡伊斯兰金融发展的最大担忧之一是其监管方式，该行业一直受到监管和法律架构零敲碎打方法的困扰，这些方法在很大程度上不完整。相比之下。马来西亚遵循一种双重银行模式，一种与传统银行并存的伊斯兰体系。这种模式被载入《2009年马来西亚中央银行法》。事实上，该行业受到一系列独立授权法律的制约，包括新的《2013年伊斯兰金融服务法》《2013年金融服务法》和《发展金融机构法》。而作为伊斯兰金融的最大市场，沙特阿拉伯没有独立的伊斯兰银行法。过去，沙特阿拉伯货币机构（SAMA）出于政治原因，不敢提及伊斯兰银行的名称。但近年沙特银行业监管机构已经开放，强调它意识到符合伊斯兰教法的银行产品和服务的重要性。

在新加坡，根据《银行法》颁布的《银行条例》已经过修订，因此，自2005年9月起，新加坡的银行能够提供一种重要的伊斯兰金融形式，称为穆拉巴哈（Murabaha）。穆拉巴哈通常用于短期融资和贸易融资，本质上是指银行购买相关资产，并以成本加延期付款的方式将其出售给客户。2006年，新加坡财政部审查了其银行和金融条例，随后审查了其现有的税收框架，以便为伊斯兰金融机构创造一个公平的竞争环境，并建立一个新的立法基础设施来鼓励参与进入市场的机构包括取消对伊斯兰交易和产品的双重征税或减税；免除伊斯兰房地产融资和伊斯兰债券支付的印花税；对伊斯兰贷款、基金管理、塔卡富和再塔卡富活动实行5%的优惠税率；以及引进与新加坡教育机构挂钩的培训方案。

新加坡金融当局决定，伊斯兰银行和传统银行应在一个共同的监管框架内进行监管。为此，已经进行了一些立法改革，以便在目前框架内促进新加坡伊斯兰银行的发展。

在新加坡发展伊斯兰银行和金融监管框架的过程中，新加坡金融管理局已将有关伊斯兰银行和金融的新规定纳入现有立法（通常是《银行法》和《证券和期货法》），并在必要时纳入法规。为了建立一个公平的竞争环境，新加坡的所得税立法和条例也进行了微调，以符合伊斯兰融资安排，提供与传统融资安排相同的税收待遇和激励措施。还有一些举措，包括对来自符合伊斯兰教法的基金管理、贷款和保险以及再保险的收入给予5%的优惠税率。①

三、法治维护新加坡金融中心声誉

（一）严格法治的遵循

新加坡作为一个卓越的金融中心，其发展也得益于其严格的法治，法治平等适用于所有人，任何人都不例外。这里有两个案例值得

---

① Kepli, Mohd Yazid Bin Zul. Ilslamic Finance in Singapore: Legal and Regulatory Challenges. [J]. Singapore Law Review, 2013 (31): 279-302.

一提，第一个是关于一个著名的英国金融家，吉姆·斯莱特，他在1971年被英国首相特德·希思介绍给李光耀，后者将自己的资产委托给斯莱特。李光耀对斯莱特参与新加坡股市表示欢迎。据披露，1975年吉姆·斯莱特拥有的斯莱特·沃克证券（Slater Walker Securitiecs）参与操纵新加坡证券交易所上市公司。帕尔兄弟国际（Haw ParBrothers International）的股票。虽然有人担心"对伦敦证券交易所的一个大人物进行调查，如果不正当的话会给我们带来坏名声"，但李光耀还是下令进行调查，最后对斯莱特及其同谋者提出17项指控。另一个案例涉及臭名昭著的国际信贷和商业银行（BCCI）。BCCI后来被认为是国际金融欺诈的象征。就全球资本交易而言，新加坡位于一个几乎是理想的地理位置。自1819年被英国殖民统治以来，它一直由稳定的政治政权统治。然而，所有这些有利条件并不一定能成为国际金融中心。正如优素福·卡西所观察到的，"新加坡的发展并不是自发的，它先于香港"。相反，这是当局在1965年该国独立后立即作出系统努力的结果，目的是将其变成一个国际金融中心。①

（二）建设独立的国际商事法庭

在司法方面，为适应国际商务和金融中心建设的需要，新加坡国际商事法庭委员会于2013年11月29日正式提出议案，详细分析了国际经济局势与纠纷解决市场的发展，仔细研究了英国商事法院体系与国际金融中心伦敦、纽约、香港等发展模式，开创性地建议增设国际商事法庭。2015年新加坡高等法院设立了新加坡国际商事法庭（Singapore International Commercial Court，SICC），与国内其他法院相比，新

① Wang, JiangYu. The Rise of Singapore As International Financial Centre: Political Will [J]. Industrial Policy, and Rule of Law, 2016 (18). Jiaxiang Hu, Matthias Vanhullebusch & Andrew Harding (eds.). Finance, Rule of Law and Development in Asia: Perspectives from Singapore, Hong Kong and Mainland China [J]. leiden/Boston: Brill Academic Publishers, 2016: 3-17.

加坡国际商事法庭作为新加坡高等法院特别运作部门，其面向全球，主要审理国际商事事务。法院包括来自不同外国司法管辖区的法官，特别在 SICC 中有一个法官小组，成员多来自商事事务方面经验丰富的国际法学家以及新加坡上诉法院和高等法院。SICC 没有像新加坡高等法院那样的一般民事管辖权，如符合以下条件，SICC 有权审理的诉讼案件包括：该诉讼是高等法院可以在其民事管辖权范围内审理的诉讼；索赔具有国际和商业性质。

此外，法院的规则和程序适用于涉及外国诉讼当事人的商业纠纷以及跨境纠纷，无论这些纠纷是否与新加坡有关联。SICC 的诉讼程序并不适用新加坡国内诉讼程序规则，而是遵循了国际商事案件的审理实践，特别是参考《英国商事法庭指南》（《LCC 指南》），制定了独立的、具有实操性的《新加坡国际商事法庭实务指引》。SICC 与新加坡国内法院适用的诉讼程序规则相比，主要有三个方面的不同：第一是 SICC 不受新加坡证据规则的约束，除非 SICC 根据《新加坡法院规则》第 110 号命令决定适用该规则；第二是 SICC 诉讼程序的文件出具、书面质询和当事人的合并审理都有具体的诉讼程序规定；第三是 SICC 不同于传统法院，当事人可以以书面形式，放弃、限制或变更其对 SICC 判决的上诉权。[①] 与传统法院相比，新加坡国际商事法庭的外国律师拥有更大的出庭权利，因此，在某些情况下，当事人、律师和法官都来自不同的司法管辖区。使得 SICC 拥有一个独一无二的特点，其作为一个国际商事法院专门设立的，只审理具有"国际商业性质"的索赔案件。正如新加坡国际商事法庭委员会所阐明的那样，SICC 的关键前提是使得新加坡"能够提高其作为法律服务和商业纠纷解决的主要论坛的地位"，并成为"一个亚洲纠纷解决中心，处理与亚

---

① 赵蕾，葛黄斌. 新加坡国际商事法庭的运行与发展［N］. 人民法院报，2017 - 07 - 07（008）.

洲有关的国际纠纷。"SICC 委员会认为，新加坡具有的以下优势，将有助于新加坡获得一个值得信赖的争端解决中心的地位：（1）一个基于普通法的发展完善、有利于商业的法律体系；（2）具有商业经验的律师；（3）健全的法官；（4）日益复杂的商业判例。[1]

---

[1] Godwin, A., Ramsay, I., & Webster, M. International commercial courts: The Singapore experience. [J]. Melbourne Journal of International Law, 2017, vol. 18 (2): 219-259.

第十章　"保守派"国际金融中心的法制环境

一、东京国际金融中心

（一）制度缺陷，由盛转衰

日本东京作为国际金融中心，是在日本经济、金融实力和日元国际地位增强的过程中逐渐形成的。20 世纪 80 年代，日本逐步采取利率自由化、经营业务领域自由化、金融市场和产品自由化、开放国内金融市场和日元国际化等多项改革措施。随着离岸金融中心的兴起，日本强大的产品竞争优势借助出口使得日本形成庞大的国际贸易顺差，为东京建立离岸金融中心奠定雄厚的经济基础。20 世纪 80 年代末期，东京逐渐发展成亚洲重要的国际金融中心之一，与伦敦、纽约形成三足鼎立之势。随着日元升值和日元国际化加速，日本从原来的出口导向型战略逐渐转型为资本输出型战略。在这一过程中，日本金融机构适时推出大量国际投资、国际并购、国际借贷等离岸业务，同时建成了担保融资、商业票据等多层次金融市场，其交易规模一度超过纽约。但是，进入 20 世纪 90 年代后，泡沫经济崩溃，日本金融市场的发展步履蹒跚。

由于制度缺陷等原因，大量资金借助东京离岸金融市场在离岸在岸市场之间进行转移，不仅催生了证券、房地产等金融泡沫，而且实体经济也陷入"产业空心化"，最终导致 20 世纪 90 年代初的经济泡沫破灭。① 这也使得东京国际金融中心的竞争力大幅下降，与纽约、伦敦等国际金融中心的差距在不断拉大。

（二）金融改革，从规则性监管向原则性监管转变

1993 年，日本开始实施《金融制度改革法》，正式开放不同业别的金融机构得以子公司方式兼营其他业务，即日本金融开始了稳定金融秩序、消除不良债权方面的第一次大改革。② 现今，日本金融已进入第二阶段的改革中，为实现自由化和全球化目标，日本政府及东京都政府都在积极地推动东京国际金融中心地位的重振。2006 年，日本通过了对投资者的概括保护与金融商品横向规制的金融服务法——《金融商品交易法》。该法再次扩大了金融商品的范围，将衍生品交易纳入其调整范围，使其调整范围包括场内交易、场外交易、跨境交易等。③

在金融监管方面，为提升日本金融市场的国际竞争力，日本金融厅 2007 年 7 月开始实施"改善金融监管制度行动"，金融厅借鉴英国监管模式逐步由"规则监管"向"原则监管"转变，力求通过改善金融监管制度的质量营造更具竞争力的监管环境。日本金融厅提出"四条纲领、五个实践"作为指引。其中，四条纲领包括：一是实现规则

① 贺瑛. 国际金融中心比较研究 [M]. 上海：上海财经大学出版社，2011（7）：144.
② 熊进光. 金融衍生品侵权法律问题研究 [M]. 北京：中国政法大学出版社，2014（10）：78.
③ ［日］松尾直彦、冈田大、尾崎辉宏："金融商品交易法制解说——金融商品交易法制概要"，杨东译，载刘俊海主编：《中国资本市场法治评论》第 2 卷，法律出版社 2009 年版。

式监管和原则性监管的融合来改善监管效果；二是关注未来风险的防范与管理，对高度优先级问题迅速做出有效的监管回应；三是鼓励金融机构的自愿行动，力求建立激励相容的监管关系；四是持续改善监管活动的透明度和可预见性。五个实践包括：一是增强监管机构与金融机构之间的对话；二是加大监管信息的公开程度；三是强化与境外金融监管机构的合作；四是加强金融研究力量，及时了解金融市场变化；五是增加对监管人力资源的投入。

此外，日本金融厅在 2019 年发布适用于 2019 年 7 月至 2020 年 6 月的《日本金融厅政策：2019 年战略优先事项与评估》文件指出，会持续推进金融厅自身改革，执行新的原则为本监管方式，强调与金融机构对话，持续提高监管质量。新的原则为本监管方式下，日本金融厅将采取风险为本监管方法，并注重对金融机构的风险采取实质性、前瞻性和整体性的分析判断形式，建立新监管方法三大支柱，以激发金融市场活力。第一个支柱是执法最低标准要求，日本金融厅将继续执行为达到金融稳定，消费者保护、市场诚信、透明度等监管要求制定的最低标准，并对金融机构实施实质性、前瞻性和整体性的判断和指导分析。第二个支柱是动态监管。日本金融厅认为遵守最低标准并不能保证未来监管目标实现，在对金融机构进行前瞻性评估的基础上，分析将来金融机构的风险，未来可能的违规行为并督促整改。第三个支柱是披露与参与式监管。日本金融厅将推动信息披露和被监管机构的密切接触。与金融机构管理层进行建设性对话，鼓励金融机构追求最佳实践，探索适合公司自身条件的风险解决方案，鼓励金融创新。[①]

（三）金融 ADR 机制

日本 ADR 的确立与发展较为成熟是因为对英国 FOS 制度有所借鉴

---

① 苏如飞．日本金融业合规管理改革的启示 [J]．国际金融，2020（5）：27-32．

和创新，其中最具代表性的是证券业类的金融商品斡旋咨询中心，为指定型行业纠纷处理机构。日本金融 ADR 以纠纷解决机构为中心，其内容包括以下几个方面。

（1）金融 ADR 机构的设立。金融 ADR 机构一般为金融各行业组织。根据日本《金融商品交易法》第一百五十六条的规定，申请成立金融 ADR 机构应具备以下条件。①须为法人。另外，社团以及被认可的财团的代表机构和管理机构也可成为纠纷解决机构。②具备纠纷解决业务的管理能力和技术基础。③不存在影响纠纷解决业务公正实施的障碍。《金融商品交易法》规定纠纷解决委员会至少要含有律师、消费者专家各 1 人。④存在符合相关法律的完善的业务规程制度。⑤金融服务机构对指定不存在异议。对于指定纠纷解决机构的相关制度和规则，如果一定比例以上的金融服务机构对纠纷解决程序的相关内容持有异议，那么该指定纠纷解决机关的指定申请将不被受理。金融机构也可以选择和任意一个或者多个纠纷解决机构缔结协议，以解决和金融消费者之间的纠纷。① 截至目前，在日本一共有八个组织被指定为金融争议解决机构，分别是金融商品斡旋咨询中心、日本损害保险协会、全国银行协会、保险投诉调查协会、日本小额短期保险协会、生命保险协会、日本贷金业协会、信托协会。② 根据日本金融厅的统计数据，2019 年上半年结案后达成和解比例最高的为金融商品斡旋咨询中心，和解率高达 74%，而结案数量最多的是日本损害保险协会，2019 年上半年的结案数高达 172 件。

（2）金融消费者的选择权。与金融服务机构产生纠纷时，金融消费者可以选择向已获认证的 ADR 机构提出申请，也可以自由决定利用其他纠纷解决机制解决。若消费者既利用 ADR 机制又向法院提出诉讼时，则应向 ADR 机构通告其诉讼情况，ADR 机构将终止相关纠纷解决

① 王莹丽. 日本金融 ADR 机制探析 [J] 财贸研究，2011 (1).
② 李琳琳. 日本金融 ADR 机制探究 [D]. 上海：上海外国语大学，2020.

程序。

（3）对金融消费者的倾斜保护。突出表现在通过对非诉解决金融消费纠纷费用承担的分配上，减轻了金融消费者的经济负担。以《银行法》的规定为例，其将纠纷处理所需的费用分为负担金与受理费两个部分，其中规定金融机构有交纳负担金的义务，也就是说不管是否发生金融纠纷，金融机构都必须按规定定期（年或季度）交纳负担金。而受理费只有在金融消费者向 ADR 机构提出解决纠纷的申请时，才会向纠纷当事人即金融机构与金融消费者双方征收，若金融消费者无力承担费用，也可只向金融机构征收。这样不仅解决了金融 ADR 机制运行的经济成本问题，而且减轻了金融消费者的经济负担。

（4）金融 ADR 机制的纠纷解决程序。日本将金融纠纷具体分为投诉和纠纷两类。其中，投诉指金融消费者因金融机构所提供的金融商品、服务等相关内容不满而进行投诉。纠纷是我国一般意义上理解的纠纷。首先，投诉处理程序。当消费者向金融 ADR 提出投诉申请并被受理后，ADR 机构将详细记录与纠纷相关的所有内容，并将该投诉传达给金融机构。必要时，ADR 机构将进行调查，并要求相关金融机构提供纠纷解决方案，然后将该方案通报消费者一方，并表明自己关于方案的意见。若消费者同意该方案，则 ADR 机构将对该解决方案予以确认，纠纷解决程序即告结束。其次，纠纷解决程序。如果消费者的投诉不能得到解决，或者金融纠纷的一方向 ADR 机构提出申请并被受理后，金融 ADR 将依据《金融商品交易法》的规定，选任纠纷解决委员。纠纷解决委员会在听取各方意见，审查相关证据资料，确认客观案情的基础上，提出和解方案或者做成特别调停方案。如双方都不同意接受方案，则可以选择诉讼或其他方式解决纠纷。①

（5）纠纷的最终解决。一般情形下，基于纠纷解决委员会提出的

---

① 王莹丽. 日本金融 ADR 机制探析［J］. 财贸研究，2011（1）.

和解方案或做出的特别调停方案，消费者和金融机构达成和解后，金融纠纷即可获得解决。其中，和解方案依双方自愿接受和履行；而特别调停方案则具有一定拘束力，即在当事人之间不能达成和解时，若纠纷解决委员会认为能够依照纠纷的性质、当事人的意向以及其他已掌握客观事实来认定纠纷、作出公正决断时，纠纷解决委员会可出具特别调停方案，金融机构对于调停方案必须原则性接受，该方案对其具有单方拘束力。倘若消费者也不接受该调停方案，抑或金融机构提起了诉讼，则该调停方案将自动失效。为有效保护金融消费者的权益，ADR 对金融机构附加了相应的义务，如果有关金融机构不履行义务，可以通过媒体向社会公布其商号、名称及不履行义务的事实，同时向金融监管部门报告，以期通过降低公众形象和舆论压力，来促进金融机构改善服务并履行承诺，最终实现纠纷解决的实效性。①

总体而言，日元国际化战略转变为区域性战略以后，东京与亚洲各国货币合作日益频繁，在亚洲金融体系当中的作用日益重要，其亚洲国际金融中心地位也得到进一步巩固和加强。但不可否认的是，日本经济复苏遥遥无期，已经严重影响了东京国际金融中心的竞争力。

二、法兰克福国际金融中心

法兰克福是德国最重要的金融中心，也是欧洲大陆的金融中心之一。德国前 30 大银行中有 13 家在法兰克福开设，约三分之二德国的外资银行设立于法兰克福，世界前 500 的银行中，有 107 家在法兰克福设立机构，法兰克福仅次于伦敦，排名欧洲第二。法兰克福证券交易所是德国最大的证券交易所，排名世界第四，整个德国超过 80% 的证券交易在法兰克福证券交易所进行。法兰克福衍生品交易活跃，正

---

① 陶建国，王迎春. 日本证券及金融商品斡旋咨询中心的纠纷解决制度及其启示 [J]. 南方金融，2011（9）.

在力争建成全球最大的衍生品交易市场。欧洲中央银行总部坐落于法兰克福，因此还是欧洲货币政策制定的中心。

法兰克福并非德国最早的金融中心，大约到"二战"后法兰克福才逐渐超越柏林，成为德国的金融中心，这对于上海建设国际金融中心有重要的借鉴意义。法兰克福与柏林分别为德国的金融与政治中心，在一定程度上与中国的情况存在相似性。

近年来，法兰克福作为欧洲大陆最大的金融中心，时常成为与伦敦比较的对象。尤其是英国公投脱欧以后，由于伦敦金融业可能受到失去欧洲单一市场准入的影响，各方面都在讨论法兰克福替代伦敦的可能性。

法兰克福以成为欧洲的全球金融中心为目标，近年来金融竞争力持续攀升，这个城市实现目标的关键在于能否吸引伦敦以及欧洲其他地区的金融业务集聚到此，但一些学者也认为其面临的挑战来自多方面。一是在接近的时区内，金融中心之间往往有互斥效应，现存金融中心维持原有地位往往比新金融中心提升竞争力要容易，伦敦现存的金融业务、人才、市场集聚等效应需要法兰克福进一步提升。二是伦敦监管环境较德国更为宽松。尽管全球金融危机后伦敦改革了监管架构，加强了监管力度，但英国依然是全球金融市场自由度较高的地区。伦敦也是全球创新中心之一，不管是商品创新带动技术创新影响金融发展，还是金融创新直接影响金融市场，伦敦均领先法兰克福。三是法兰克福城市魅力还不及伦敦，国际金融中心往往具有全球一流的人居环境。但城市吸引人才前往的实力对于金融业更为重要。四是伦敦的文化更符合金融市场而对于吸引金融人才这一点也尤为重要。另外，法兰克福金融市场与国家的关系更为密切，这成为阻碍其进一步提升金融市场能级的主要障碍。与政府的关系往往影响到其金融市场结构，进而影响到资本市场的发展水平。①

---

① 孙福庆，刘亮. 上海改革开放与创新发展理论和实践丛书 转型国家的国际金融中心建设 上海国际金融中心建设的实践与经验［M］. 上海：上海社会科学院出版社，2018（6）：249-250.

总体来说，德国作为传统大陆法系国家，法兰克福国际金融中心的法制建设对我国金融中心的法制建设具有一定借鉴作用，另外，为加强自身竞争力，法兰克福国际金融中心在金融法制方面采取的一系列措施也值得我国金融中心研究学习。

（一）多层次的监管体系

传统上德国金融市场一直遵循严格监管的原则，大型德国银行一度因为严格的监管逐渐在国际上失去市场份额。20世纪80年代后，德国政府自身面临巨大的融资需求，加上提升金融业竞争力的需求，德国逐渐开始放松管制，将金融发展的重点转向资本市场，通过了一系列促进金融产业发展的法律。

德国金融监管制度的形成，经历了一个从分业监管到混业监管的转变过程。其资本市场的监管体系涉及三个层面。

第一个层面是联邦政府。联邦政府设联邦金融监管局（BaFin）。2001年1月，德国金融监管进行全面改革，建立一个统一的金管机构，由此宣告德国金融监管体系从分业到混业监管变迁的开始。2002年5月，德国联邦金融监管局（BaFin）宣告成立，将原来的银行监管局证券监管局和保险监管局三局合并实行混业监管。联邦金融监管局负责德国境内银行、证券和保险等所有金融机构的监督和管理工作，但储中央银行在实施金融监管方面紧密合作。联邦金融监管局设置三个专业管理部门，分别监管银行、保险、证券业务；同时设置三个交叉业务部门，专门处理交叉领域的问题。其主要目标是确保整个金融系统正常、平稳运行，保护银行等金融服务机构的清偿能力，保护客户和投资者利益。

为保证监督的实施，金融监管局还可以发布适当且必要的指令。可以暂时中止单个或数个金融工具的交易，或者暂时中止在所在交易市场上被停牌的单个或数个金融工具的指令交易，以确有依本法规定强制实施禁止或消除或预防不良趋势的必要为限。

依据德国《有价证券交易法》第四条总括性的授权，联邦金融监管局具有质询权，可以要求任何人提供信息、提交文件及副本，也可以传唤并询问有关人员，以有证据表明为监督本法禁止事项和要求事项的遵守情况确有采取上述措施的必要为限。在特殊情况下，还可以要求提供涉及金融工具持有情况变化的详细资料和相关人员，尤其是委托人或是从交易中获得权利或产生责任的人员的身份信息。法定提供或拒绝提供信息的权利及法定保密义务不受影响。

依据德国《有价证券交易法》第四十条，联邦金融监管局对违法自然人和金融机构具有处罚权，对市场操纵的自然人可以处最高20500000欧元的经济处罚，对金融机构法人可以最高处以其年营业额15%的经济处罚。① 联邦金融监管局还可根据《有价证券交易法》的规定进行披露和通知，费用由负有披露或通知义务但未予履行或未正确、全面履行或未以规定方式履行的主体承担。

第二个层面是州政府的交易所监管机关。依据《联邦金融机构监管法》，德国联邦金融监管局只是在为了公共利益的需要的前提下，才有权实行监管权。简言之，德国联邦金融监管局只是负责金融业的宏观监管，并不涉及金融业微观方面的监管。对于证券交易所的设立、运行、法律的履行等方面的监管权由德国各州交易所监管局行使，德国各州交易所监管局的权限和组成机构在《交易所法》中有具体的规定，主要是设立许可权、撤销权、质询权和调查权。各州交易所监管局的监管行为也是行政行为，行政行为相对人依法可以行使申诉权。②

州政府交易所监管机构是州政府直属的对交易所进行监管的机构，同时也是对本州的证券活动进行监管的机构。各州的交易所监管

---

① Petra Buck-Heeb. Kapitalmarktrecht, 2014. S. 291.

② Von Rosen. in Assmann &. Schütze. Handbuch des Kapitalanlagerechts. 1997, S. 84; Wolfgang Groß. Kapitalmarktrecht. 2002. S. 108.

机构不尽相同，例如，黑森州的交易所监管机构是黑森州经济、贸易、技术和欧洲事务部，是法兰克福交易所的监管机关。

联邦州政府对交易所的管理主要是通过州交易所监管机构行使其权力、履行其职责，其中最为重要的职责是对交易所、《交易所法》及有关法规的遵守情况、交易所的有序交易和清算等进行监督。随着《交易所法》的多次修改，州政府交易所监管机构的监管职能不断扩大，从法律监督权已扩大到交易监督权和市场监督权。根据《交易所法》第一条、第二条的规定，其主要职责和权力为：（1）批准交易所的组织构成，解散交易所；（2）对交易所和交易所类似的机构进行监督，包括交易所法的规定及指令的遵守情况、交易所及与交易所类似的机构内的交易行为和交易的清算；（3）发布必要的指令以防止违反交易所法及指令的行为，或消除与防止有损于交易所及与交易所类似的机构的有序交易、交易清算和由此产生的监督的违法行为；（4）参加交易所各机构举行的讨论、批准交易所规则及交易所收费规则；（5）为履行其职责无须任何特定理由，要求交易所、相关机构或人员提供信息（包括身份资料和证券、衍生品持有量变化数据等）和提交文件，并可以进行调查；（6）在正常工作时间内进入相关机构的营业场所调查和取证，或仅限于为避免公共安全和秩序即将来临的危险所必要的情况，在非正常工作时间内进入相关机构的营业场所或进入相关人员的私人居所调查和取证；（7）监督合格的利益份额持有人，可禁止收购或增加合格的利益份额，可禁止合格的利益份额持有人及其控制的企业行使表决权，并规定仅在交易所同意的情况下使用其份额；（8）对依据《交易所法》设立的证券经营机构进行监督，批准交易所内交易监察部门负责人的任命，批准解除受交易监察部门委托人的监管职责；（9）监督负有定价责任的经纪人，经授权就负有定价责任的经纪人的许可程序、负有定价责任的经纪人的权利和义务等问题发布附加规则；（10）负责德国境内的电子交易系统的登记和类似交易系统的监督。

交易所监管机构是州政府对交易所进行监督的最高主管当局，但并非唯一的监管机构。根据《交易所法》第20条规定，州政府有权成立一个纪律委员会，并通过相关条例就纪律委员会的构成、程序、费用以及交易所监管机构的参与等问题作出规定。条例还可授权纪律委员会对证人和专家进行询问调查，并可提请地方法院协助搜集相关证据。州政府也可将上述权力授予交易所监管机构，纪律委员会的主要职责是对交易参与者及发行人进行监管，并享有一定的惩处权。

德国各州交易所监管局有权制定交易所管理条例等行政规章，主要是对本州内的证券交易所和交易所参与机构的行为、法律履行、规章制定、证券交易价格机制的形成等方面进行监管，基本上没有涉及对上市企业和上市交易的证券等方面的监管，对具体的上市申请、上市企业和证券的交易监管由立法者授权给了各交易所。

德国实行联邦制，各州政府有很大的经济管理权力。各州证券交易所监管局隶属于各州财政部或经济部，并依据联邦《有价证券交易法》代表州政府对本州内的证券交易所进行监管。各州监管局的监管重点是检查交易所内的交易价格形成过程是否合理合法，并负责对设立证券期货电子交易系统进行审批，但涉及审批外国证券期货机构在德国开设电子交易系统时，则由联邦金融监管局审核。[①]

第三个层面是交易所内的交易监察部门。交易所是市场监管的自律机构和责任人。德国各交易所通常都设有上市申请审核部和证券交易监管部，根据法律的授权，享有上市申请的许可权、上市交易的暂停权、终止权、撤销权、上市后信息的及时公开监管等权力。[②]

因此，企业在德国证券市场上市的法律监管集中体现在具体的交

---

① 主力军. 欧盟与德国资本市场法研究［M］. 上海：上海社会科学院出版社，2018（4）：240-242.

② Bröcker, in Claussen. Bank-und Börsenrecht. $6 Rn. 33f.

易所的上市申请审核和证券交易监管这一层次。而交易所对于企业的上市申请与证券交易的监管要求主要是强制信息披露制度：在一级发行市场是上市申请材料的公开，在二级交易市场是持续信息的及时公开。[①]

交易所监察部门是由交易所依照交易所监管机构拟定的要求设立并管理。交易所监察部门的负责人经管理委员会推荐，由交易所理事会经交易所监管机构同意后任命或重新任命。交易所监察部门的负责人应定期向交易所监管机构报告，那些由交易所监察部门委托以监管职责的人仅在交易所监管机构同意后，才可被解任。

交易所监察部门作为一个交易所内设机构，负责监督各类交易和结算业务。交易所监察部门应系统地、完全地记录和评估有关交易所交易和交易所交易结算的数据，并应进行任何必要的调查。交易所监管机构可以向交易所监察部门发布指令并接管该调查权。

交易所监察部门可以向管理委员会和其他交易所的交易所监察部门递送有关交易执行情况的资料，以接受者履行义务所必不可少为限。如果交易所监察部门有证据确信违反交易所法规或指令的行为正在发生，或者存在其他可以损害交易所交易的有序进行或交易所交易结算的违法行为的结论是合理的，则应立即告知交易所监管机构和管理委员会。在紧急情况下，管理委员会可以发布适当指令以保证交易所买卖的有序进行和交易所交易的结算，管理委员会应立即向交易所监管机构告知已采取的措施。

总体来说，三个层次监管机构的职权范围彼此有别，同时又相互合作。联邦金融监管局代表联邦政府对整个市场进行监管；州政府交易所监管机关对交易所实施法律监督，对辖区内的交易、结算和其他衍生产品交易活动进行监管；交易所负责管理衍生产品交易的具体业

---

① Susanne Kalss. Anlegerinteressen, 2001. S. 4ff.

务，履行对证券交易的一线监管职能。^① 其金融监管体系的主要特征包括：一是德国中央银行负责对金融机构行使统计权力，德国金融监管局所需的金融信息均由德国中央银行提供。二是德国中央银行分支机构承担了对各地金融机构的合规性监管工作，德国金融监管局没有地区性分支机构。三是政府监管与社会监管、金融机构的自律性监管与行业协会监管并重。^②

（二）法兰克福金融司法创新——国际商事法庭

前任德国司法与消费者保护部部长海科·马斯（Heiko Maas）曾直言："在全球化时代，法律也是一个重要的竞争因素。"德国司法是欧洲大陆成长起来的成文法系的重要代表，且大陆法有可预见性、可负担性及可执行性等优势，德国法院也因高效与优质的判决而享有国际声誉。尽管如此，德国法律在国际商业合同中却很少被选择作为准据法，与德国企业相关的商事纠纷也都通过国际仲裁或是在伦敦或者其他以英语为母语的法院通过诉讼解决。格拉夫-彼得·加雷斯教授（Graf-Peter Galliess）和海曼·霍夫曼法官（Hermann Hoffmann）撰文指出，德国司法解决国际商事纠纷能力与德国经济出口比例增长是背道而驰的，前者在不断下降而后者在不断上升。一方面基于国际金融中心建设的竞争，另一方面也源于全球化背景下国际商事纠纷的增多，金融纠纷审判权的竞争渐趋激烈。为此，德国要求加强本国法律与司法国际影响力与话语权的呼声越来越强烈，尤其在英国宣布脱欧之后，英国法律服务的国际竞争力可能被削弱，欧洲大陆诸国包括法

① Petra Buck-Heeb, Kapitalmarktrecht. 2014. S288f.；Zietsh &. Weigand. Auskuon ftsanspruch der BaFin und Akteneinsichtsrecht. gegenüber der BaFin ein rechtsfreier Raum. WM 2013. 1785.；Cahn. Veruultungsbefugnisse der Bundesanstalt für Finanzdienstleistungsaufsicht im Übernahmereht undRechtsschutz Betroffener, ZHR 167（2003）. 262.

② 孙福庆，刘亮，等. 上海改革开放与创新发展理论和实践丛书 转型国家的国际金融中心建设 上海国际金融中心建设的实践与经验 [M]. 上海：上海社会科学院出版社，2018（6）：246-249.

国、德国等都希望能够填补伦敦国际商事法庭留下的空白。

1. 法兰克福国际商事法庭的设立

2018 年 1 月 1 日法兰克福中级法院宣布引入国际商事法庭，根据法兰克福地区中级法院《2018 年度业务分布》的安排，对于符合商事法庭管辖而又不属于其他法庭特殊管辖的案件，只要纠纷具有国际性，且当事人在诉讼时效内均同意用英语进行庭审，不使用翻译人员，由第 2 商事法庭负责审理。第 2（国际）商事法庭配备有 2 名职业法官，6 名商事法官，以及 1 名法官助理和 1 名财务人员。2018 年 4 月 18 日，德国联邦众议院公布了一份由联邦参议院提交的《引入国际商事法庭的立法草案》（以下简称《立法草案》），核心内容是授权州政府在州中级法院设立国际商事法庭并将英语作为审判语言。法兰克福地区中级法院此举是以法院对内部事务管理权为基础的"试点"做法，因此国际商事法庭在用英文审理案件时还有诸多局限，尚不能突破现有德国《法院组织法》以及《民事诉讼法》的规定。

从《立法草案》的文本以及法兰克福地区中级法院的"试点"举措来看，德国引入国际商事法庭以传统的商事法庭为依托。国际商事法庭的管辖权、审判制度、程序规则以及证据规则等诸多方面将大体沿用原有的商事法庭及民事诉讼法的规定。国际商事法庭与普通商事法庭之最大区别在于，前者可使用英语作为庭审语言并出具英语裁决文书，而后者仍只能使用德语。

德国《立法草案》的立法者认为："德国的国际商事法庭将把重要的经济法案件审理吸引过来，这些案件迄今为止，要么已仲裁，要么在以英语为母语的国家得到审理。通过更多当事人协议选择德国法院也可使德国法在国际合同关系中得到更广泛的适用，为德国企业提供他们更熟悉的法律制度也有利于他们在国际经济交往中获得更大的法律确定性。"可见，德国国际商事法庭也蕴含着特殊的目标定位。

这主要包括：第一，通过国际商事法庭发挥德国现有司法资源的优势。立法者认为，德国司法在全球范围内享有较高声誉，而且，德国法官很多都有接受过海外法律教育的背景，具备用英语审理国际商事案件的能力。但德国法院因现行《法院组织法》与《民事诉讼法》的制约只能使用德语作为唯一审判语言，未能充分发挥法官的潜能。除了专业法官以外，德国法院系统中已有的商事法庭中还有很多了解国际商事活动的"商事法官"，他们可以通过参审制度将其国际商业经验及语言知识带入专业的国际商事审判活动；第二，通过国际商事法庭扩大德国法律的适用。立法者意识到，由于德国法院只能使用德语作为审判语言，因此很多外国当事人都不愿在国际合同中约定在德国法院诉讼，这极大地影响了德国法在国际合同关系中的适用。法院地的选择与法律适用在实践中是相辅相成的。对于当事人来说，保持适用法律与法院地选择的一致性是优先考虑的因素。若引入国际商事法庭可以增加德国法院对当事人的吸引力，那么当事人也会更多考虑在国际合同中选择德国法作为准据法。当然，引入国际商事法庭以后，到底会有多少当事人因此选择德国法作为准据法还需要实践的检验；第三，通过国际商事法庭为德国企业在国际商业活动中带来更多法律确定性。据统计，2013 年德国有 9000 多家大型企业有对外出口。此外，约 10 万家小微企业，约 6 万多家小企业以及约 2.7 万家中型企业有外贸出口活动。德国企业从事跨境交易十分活跃。对于大型企业来说，出现国际商事纠纷时可以选择国际仲裁或到境外进行诉讼，而对于德国大量的中小企业而言，此二者因其高额的费用与时间成本都不是上佳选择。设立国际商事法庭无疑将为德国的中小企业提供了本国法院这一更便利的纠纷解决渠道，使其在国际商业活动中处于一个更为熟悉的法律环境中，以便于把握自己的机会与风险。

2. "商事法官"的参审制度

德国国际商事法庭也将采取已有商事法庭的参审制度。参审制度是指，除民事诉讼法规定应由庭长取代合议庭作出裁决外，商事法庭的合议庭，应由一名州中级法院法官和两名荣誉职法官（Ehrenamtliche Richter）组成，并以州中级法院法官为庭长。所谓"荣誉职法官"在商事审判中也被称为"商事法官"（Handelsrichter）。商事法官与职业法官有同等的表决权。商事法官不取得法官报酬，但可以根据《法院组织法》第一百零七条的规定取得日费、住宿费及交通费的补助，即谓之"荣誉职"。

商事法官在履行职务期间享有与职业法官同样的权利与责任。商事法官同职业法官一样要遵守独立审判原则，有关法官回避的事项也同样适用于商事法官。商事法官与职业法官在诉讼程序中享有同等权利，可以行使询问权，评议权及表决权。但是，商事法官不得担任审判长，也不得成为独任法官。

商事法官经由工商协会（Industrie-und Handelskammer，IHK）推荐后任命，任期五年，可以连任。《法院组织法》第一百零九条第一款规定了商事法官选任的绝对要件，即（1）德国人；（2）年满 30 岁；（3）目前或曾经商事注册或合作社登记注册的商人、公司董事会成员或公司总经理或者是有签字权的代理人，或是基于法律特别规定无须注册的公法法人的董事会成员。第一百零九条第二款规定了商事法官选任的相对要件，即满足第（1）项要件规定的人，如具备下列资格，可以被任命为商事法官：（1）居住于商事法庭辖区内；（2）在商事法庭辖区内有营业场所；（3）隶属于某企业，而该企业在商事法庭辖区内有营业场所或子公司。此外，有签字权的代理人且在企业承担独立责任或与之相等的行为能力的人，以及合作社的董事会成员，其主要工作为合作社执行职务，而该合作社具有类似贸易与商务贸易之地位者，也可以被选任为商事法官。第一百零九条第三款规定了取消商事法官资格的法定理由，即不具备参审员资格的人不得被任命，或者因身体健康情况不得被任命，或者是因财务问题不得被任命的情形。

从上述规定来看，未来国际商事法官的选任也必须符合一般商事法官任命的资格与条件，同时会更多考虑前者在国际商事方面的专业知识以及具备良好的英语能力，从而保证审判和裁决的质量。德国方案对于国际商事法官的选任采取了以本国法官为主的方式，类似荷兰与我国国际商事法庭的做法，而没有像迪拜国际金融中心法院或是新加坡国际商事法庭那样引入国际法官。

3. 德国国际商事法庭的管辖权

《立法草案》第一条第四款对德国《法院组织法》第一百一十四条进行修订，新增第一百一十四 A 条至第一百一十四 C 条，其中第一百一十四 B 条的规定涉及国际商事法庭的管辖权。据其规定："本法所称国际商事案件是指符合第九十五条规定，具有国际因素且当事人一致同意应当使用英语审理的案件。在纠纷发生前，只有当事人均为商人、公法法人或者公法特定财产才可约定使用英语进行商事案件审理。在纠纷发生后，任何不符合第 2 条规定的当事人均可约定使用英语进行商事案件审理，只要约定是明确且以书面方式作出。"

由此可见，国际商事法庭获得案件管辖权需满足三个要件：（1）属于商事性质（Handelssache）；（2）具有国际因素（Internationaler Bezug）；（3）当事人一致同意（Uebereinstimmung der Parteien）。《立法草案》修订案文第 114a 条规定，若符合国际商事法庭管辖的要件（第114b 条），应由国际商事法庭替代一般商事法庭审理案件。

此外，作为非英语母语的国家，德国引入英语作为法院的另一种审判语言是对本国审判制度的一次较大改革，现行《法院组织法》《民事诉讼法》只规定德语为唯一审判语言。在一定情况下，外国语在法院审判中也可被使用，但不作为审判语言。如德国《民事诉讼法》第一百四十二条第三款规定当事人可以提交外国语的文件资料。《法院组织法》第一百八十五条第二款规定可以不聘用翻译人员并部分使用外国语进行庭审。

能否将英语作为审判语言引入国际商事法庭是德国商事审判国际

化的重要一步，但同时也就此在本国引发了合宪性质疑，部分地导致之前的立法努力未获成功。反对者的一个重要理由是，德国法院用外国语审理案件可能会损害德国《基本法》所保护的司法公开原则。根据德国的宪法理论，司法公开的一项核心内容是让非诉讼当事人也能够旁听审判过程并阅读判决书。除非涉及个人隐私等特别情形，法院的庭审与判决都应当公开。现在国际商事法庭若用英语进行庭审并书写英语判决书，尽管形式上依然公开，但实际上会影响以德语为母语而又不掌握英语的公民了解法院对案件的审理和裁决，从而可能架空司法公开原则。

立法者对此在《立法草案》中作出了回应，认为司法公开是德国《基本法》中"法治国家"（Rechtsstaatlichkeit）与"民主公开"（Oeffentlichkeitder Demokratie）原则的具体体现。这一点德国联邦宪法法院在"广播录音与电视录像法庭审理案"判决中已明释，而同时判决也指出，立法者有权在维护司法公开与其他权利保护之间进行协调与平衡，譬如，为保护个人隐私可以限制法院庭审程序的公开。尽管法院公开审理与判决是《基本法》所要求的，公众有获得相关信息的权利，但司法公开原则亦非绝对。此外，根据德国语言社（Gesellschaft fuer Deutsche Sprache）提供的信息，德国 16 岁以上公民中有 67% 的人认为自己可以听懂并能较好地用英语表达。如此之高的比例说明，很多德国人可以了解用英语审理的案件，从而可以使案件的审理获得足够的公众监督，因为有效的公众监督也不意味着让每个人都必须听懂法院审理案件中的每一句话，这在以德语进行的诉讼中都难以做到。再者，在当今社会，公众对司法公开的监督在很大程度上依赖大众媒体。通过那些懂英文的媒体记者对国际商事案件的报道及其对审判程序和判决所进行的职业批判，也可以表达公众的关切，实现第三方监督。因此，将英语引入国际商事法庭并不会有损《基本法》所保护的司法公正与司法公开。

　　显而易见的是，在引入国际商事法庭时立法者并没有试图另起炉灶建立一套完全脱离本国商事法庭传统的全新机构与机制。以州中级法院为基础的商事法庭及其独具特色的"商事法官"参审制度在德国已有上百年的悠久历史，被证明是一种在商事纠纷中行之有效且获得广泛认可的司法制度。况且，在传统商事法庭的基础上引入国际商事法庭可以说是一种较为稳妥且节省成本的方案，可避免因新设司法机构而增加纳税人负担。但这种传统性使得德国的国际商事法庭在法官选任、举证规则、诉讼程序以及审级制度方面都相对偏于保守，国际化与法系的融合度并不高。

　　引入国际商事法庭对德国现行法院体制和民事诉讼制度的最大革新之处在于，引入英语作为除本国语以外的另一种审判语言。这对于非英语国家而言并非易事，在德国也引发了合宪性担忧，因为用英语审理案件可能会影响以德语为母语但又不能熟练掌握英语的德国公民的权利，可能架空德国《基本法》所保障的公正司法与司法公开原则。为此，《立法草案》特别设计了强化在英语诉讼中第三人权利保护的制度，包括第三人有权提出申请聘用翻译人员或用德语进行诉讼以及第三人有权拒绝接收经英语审理程序形成的英语文书等。这些对于非英语母语国家在引入英语作为审判语言时具有很大的借鉴意义。譬如，在我国的国际商事法庭尚不能用英语作为审判语言，而只是可以依据《国际商事法庭若干规定》第九条第二款的规定经对方当事人同意后向法庭提交英文证据材料，因此在诉讼语言的国际化方面还有改进的空间，而且我国也是非英语母语国家，需要考虑如何保证第三人的权利以及公众对司法实施有效监督的问题。

　　总体而言，德国的国际商事法庭既没有像中国或新加坡等国那样将国际商事法庭作为隶属于最高法院的专门机构，也不像阿联酋迪拜国际金融法院或荷兰国际商事法庭那样被作为特区法院来对待。它是一种更具广度与弹性的机构模式：既可以允许国际商事法庭在德国境内的州中级法院全面铺开，其数量将蔚为壮观，但同时也可以允许各州政府根据地方需要只引入少量而必要的国际商事法庭，以保证司法资源的灵活与高效配置。这种目前看来独一无二的模式是德国立法者试图结合国际商事纠纷解决的现代性与本土商事法庭传统性使然。[①]

---

① 毛晓飞. 独特的德国国际商事法庭模式——解析《联邦德国引入国际商事法庭立法草案》[EB/OL].［2019-05-10］. http：//iolaw. cssn. cn/zxzp/201905/t20190510_4880714. shtml.

第十一章　"激进派"国际金融中心的法制环境

近年来，一些中东伊斯兰法系国家通过建立以英格兰和威尔士普通法管辖权为基础的金融中心，这一制度的建立为其金融服务业的发展增添益处，形成以普通法为主的司法创新型的国际金融中心来增强自身竞争力。这主要包括阿联酋 2004 年建立的迪拜国际金融中心（DIFC），2015 年建立的阿布扎比国际金融中心（ADGM）①，卡尔塔国际金融中心以及哈萨克斯坦建立的阿斯塔纳国际金融中心（AIFC）。

这些金融中心都基于英国普通法原则设有专门法庭，以解决金融民商事纠纷。这些法院都不属于其国内法院的管辖范围。如卡尔塔金融中心（QFC），从法律体系上来追本溯源，QFC 法律体系的一个重要

---

① 阿布扎比国际金融中心目前已成为中东北非地区最大的财富管理中心及房地产信托投资基金中心。自 2016 年起，连续三年被《全球投资者》（Global Investor）杂志评为"年度金融中心（中东北非地区）"。2019 年和 2020 年，阿布扎比国际金融中心连续两次被总部位于伦敦的资本金融国际企业（Capital Finance International，CFI. co）评为"2019/2020 年最佳国际金融中心（欧洲、中东和非洲）"该奖项旨在表彰 ADGM 在金融和司法服务领域的成就，以及旨在改善其作为战略性国际金融中心的价值主张的转型举措，以满足全球，区域和当地利益相关者的需求。参见阿布扎比国际金融中心官方网站：http：// cn. adgm. com/2018/11/27/921/index. html ，http：// cn. adgm. com/2019/07/29/974/index. html，https：// www. adgm. com/media/announcements/adgm－wins－best－international－financial－centre－emea－2020－for－2nd－ consecutive－year.

组成部分是 QFC 的民商事法院，即卡尔塔国际法院和争端解决中心（QICDRC）。QICDRC 是一个最先进的、独立的民事和商业法庭，致力于解决卡尔塔机构与其他实体之间的以及卡尔塔境外国际实体之间的争端。国际法院法官的工作程序与普通法制度相似，他们来自世界各地，以独立、公正和专业知识著称，对解决复杂的国际争端有深刻的理解①。相比之下，阿联酋的迪拜和阿布扎比国际金融中心作为司法创新的典范，其设立的目的之一是提供现代商业和商法的法律基础环境，以成为公认的机构融资中心以及资本与投资的区域性快速通道。2004 年 DIFC 法院分为初审法院（The Court of First Instance）和上诉法院（The Court of Appeal）。2007 年 DIFC 法院还设置了专门审理小额诉讼案件的特别法庭（The Small Claims Tribunal）②。2004 年仲裁委员会成立，有自己的法律法规和仲裁设施，它独立于阿联酋的民商法。这些法律以世界主要金融管辖区的最佳实践为基础，以金融法律原则奠基。同样，阿布扎比国际金融中心自 2015 年成立以来，已成功建立了健全且先进的司法管辖区和业务平台，增强了阿布扎比作为全球贸易和金融中心的地位。同样，位于哈萨克斯坦的阿斯塔纳也在短短五年时间建成一个基于普通法的国际金融中心。本章节以阿布扎比和阿斯塔纳国际金融中心为例做具体介绍。

一、阿布扎比国际金融中心

近年来阿联酋国家在成文法法域内建设了两个基于普通法的国际金融中心，即 2004 年建立的迪拜国际金融中心（DIFC）和 2015 年建

---

① Zain Al Abdin Sharar, Mohammed Al Khulaifi. The Courts in Qatar Financial Centre and Dubai International Financial Centre：A Comparative Analysis［J］. Social Science Electronic Publishing，2016（10）.

② 丁冬. 金融审判竞争视野下的司法供给：迪拜国际金融中心法院建设的启示［J］. 金融理论与实践，2019（7）：62-68.

立的阿布扎比国际金融中心（Abu Dhabi Global Market，ADGM）。这两
大国际金融中心都是以普通法为基础，通过构建独立的金融法制环境
来增强自身在金融中心建设时的竞争力。阿布扎比国际金融中心自
2015 年成立以来，已成功建立了健全且先进的司法管辖区和业务平
台，增强了阿布扎比作为全球贸易和金融中心的地位。目前，该国际
金融公司拥有近 2685 个已发行的注册执照，以及 150 多个获批的金融
机构，其致力于建立一个整体和蓬勃发展的生态系统，以促进该地区
和全球各地的本地和国际企业的成长和发展。在过去的 5 年中，ADGM
倡导了最新的创新技术，率先制定了渐进的法规，并在该地区发起了
各种各样的首创举措，在金融创新和独创性方面脱颖而出。① 尽管一些
学者认为考虑到现代金融市场的复杂性，当前我国学习此类国际金融
中心的经验来采用普通法建设金融中心的方案可能还欠缺一定的说服
力。② 然而就阿联酋两大金融中心的创新举措取得的成功，其实践经验
依然值得加以研究和思考。

---

　　① 阿布扎比国际金融中心目前已成为中东北非地区最大的财富管理中心及房地产信托投资基
金中心。自 2016 年起，连续三年被《全球投资者》（Global Investor）杂志评为"年度金融中心
（中东北非地区）"。2019 年和 2020 年，阿布扎比国际金融中心连续两次被总部位于伦敦的资本金
融国际企业（Capital Finance International，CFI. co）评为"2019/2020 年最佳国际金融中心（欧洲、
中东和非洲）"该奖项旨在表彰 ADGM 在金融和司法服务领域的成就，以及旨在改善其作为战略
性国际金融中心的价值主张的转型举措，以满足全球，区域和当地利益相关者的需求。参见阿布扎
比 国 际 金 融 中 心 官 方 网 站：http：//cn. adgm. com/2018/11/27/921/index. html ，http：//
cn. adgm. com/2019/07/29/974/index. html， https：//www. adgm. com/media/announcements/adgm -
wins-best-international-financial-centre-emea-2020-for-2nd-consecutive-year.
　　② 周仲飞. 国际金融中心法制环境研究［M］. 北京：经济科学出版社，2017（9）：16.

(一) 阿布扎比国际金融中心的法制背景

阿布扎比国际金融中心位于阿拉伯联合酋长国的首都阿布扎比,[①] 该国实行联邦制,源于法国法系的埃及法对阿联酋的法律体系形成具有重要作用。当前,阿联酋法律体系的核心原则来自伊斯兰法,其司法体系依据的是拿破仑法典中采用的民法体系,因此阿联酋法系又被认为是广义的民法体系国家。与传统大陆法系不同的是,其并非是完全的成文法,而是一种伊斯兰法学思想。作为伊斯兰教义的《古兰经》指导人们在经济生活中应当秉承"诚信、公正、仁慈"的价值观。因此,阿联酋法律体系主要是法国法、伊斯兰法和习惯法并存的局面。

尽管阿联酋被认为是广义的民法体系国家,但其法律体系具有一定的英美法系国家特征。阿联酋的立法机构为联邦最高委员会,其拥有制定和通过联邦法律的权利,近年来阿联酋联邦政府为增强在全球市场的竞争力,出台修改了《商业代理法》《商业公司法》《商标法》等。以新的阿联酋《商业公司法》为例,其引入了一些新规定,包括:允许有限责任公司或私人股份公司创建独资公司;允许有限责任公司和股份公司作为控股公司成立;设立公司注册处;允许在有限责任公司进行股份质押;以及规定上市股份公司股东拥有出售优先购买权的能力等。[②] 这些对现有制度进行变革的规定也被认为推进了阿联酋的愿景,即建立一个更为发达的经济体,通过强化公司治理要求、股东保

---

① 阿布扎比是阿联酋七个酋长国中面积最大的酋长国,也是首都和中央政府所在地。阿布扎比贡献阿联酋三分之二以上 GDP,自 2015 年起年均 11%的 GDP 增速。阿联酋作为全球和中东地区的重要产油国,石油储量占全球已探明储量的 9%,天然气储量 5%,绝大部分都在阿布扎比境内。阿布扎比国际金融中心的设立也是酋长国实施《阿布扎比 2030 远景计划》的一项关键国策,旨在推动阿布扎比成为全球商业和金融中心,促进中东、非洲和亚洲经济发展,目前非油气经济占阿联酋 GDP 的比重约 49%,其中现代金融服务业是其重要发展方向。参见阿布扎比国际金融中心官方网站:http://cn.adgm.com/contents/21/14.html.

② 参见 UAE Federal Law No. 2 of 2015, UAE Official Gazette No. 577 (Mar. 31, 2015). 该法的生效时间为 2015 年 7 月 1 日。

护和社会责任承诺来达到全球标准。

阿联酋各酋长国既可依据宪法颁布地方法规，也能在授权范围内以法令的形式颁布非实体法律。① 总体来说，阿联酋的法律体系从纵向划分可分为联邦宪法、联邦法律、国际条约和国际协定以及各酋长国制定的地方法律。② 在司法上，阿联酋的最高司法机构是联邦最高法院，首席法官由联邦最高委员会任命。阿联酋的诉讼程序一般分为三个阶段：初审、上诉审以及联邦最高法院终审。

（二）阿布扎比国际金融中心创新法制的构建

阿布扎比国际金融中心于 2013 年依据阿联酋联邦法令和阿布扎比酋长国法律双重授权成立。首先，阿联酋宪法第一百二十一条允许联邦颁布"金融自由区法"。其次，2004 年第 8 号联邦法规定，在联邦法令许可范围内建立的酋长国金融自由区可免受所有联邦民商事法律的约束，仅刑法依然适用联邦法。最后，2013 年阿布扎比第 4 号法律详细规定了建立阿布扎比国际金融中心及其治理、立法和监管框架。因此，在联邦和酋长国的双重授权下，拥有独立民商法体系的阿布扎比金融自由区便得以确立。

阿布扎比国际金融中心不受阿联酋民商法管辖，建立了一个以普通法为原型的金融自由区。依据 2013 年第 4 号阿布扎比法第十条规定，阿布扎比国际金融中心最高权力机关和立法机关为董事会，董事会下设三大主管机构，包括商务注册局（Regulatory Authority，RA）、金融服务监管局（Financial Services Regulatory Authority，FSRA），以及阿布扎比国际金融中心法院。每一机构都单独享有独立的法人资格和财政预算，且依法独立行使权限，在权限内可发布相关行政决议。

1. 商务注册局主要负责处理阿布扎比国际金融中心内法律实体的

---

① 李屏. 阿联酋法律体系特点 [N]. 中国工业报，2017.04（8）.
② 孙小波，柳莹. 投资阿联酋 [M]. 北京：对外经济贸易大学出版社，2014：98.

设立、登记和许可，以及与商事立法相关的法律法规更新维护工作。商务注册局具体工作还包括自由区内商业类牌照的发放和续展，经营场所及不动产登记、抵押、租赁等方面的监管服务和支持。

2. 金融服务监管局主要负责阿布扎比国际金融中心内多项与金融服务业相关的监管职能，旨在促进金融市场的开放、透明，维护可靠的金融监管环境，并通过防范潜在风险来维护金融中心的安全。依据 2013 年第 4 号阿布扎比法律和《金融服务和市场法规》（FSMR），金融服务监管局具体规定了金融服务的全部立法和监管框架。同时，金融服务监管局致力于与国内外政府机构、全球主要经济体的金融监管当局签署双边备忘录，以实现阿布扎比国际金融中心在国内外建立多方合作关系，从而构建起一个有益的全球商业生态系统。[①]

董事会针对监管局还设立了监管委员会和上诉小组。监管委员会对监管局做出的任何可能影响个体权利、义务的决定进行全面审查。[②] 上诉小组依申请审查监管委员会作出的决议、命令等；制定有关上诉的议事规则。上诉小组的决定如存在法律上的错误，当事人可向法院申请司法审查。[③]

3. 阿布扎比国际金融中心法院只受理民商事纠纷，法院体系和司法部门广泛的模范了英国普通法下的司法体系，对英国普通法直接适用的事实也使得阿布扎比成为中东地区第一个采取类似新加坡和香港

---

① 如：2015—2019 年，金融服务监管局代表阿联酋政府和阿布扎比与中国人民银行、银保监会和证监会分别签署了有关设立中国代表处和监管合作的备忘录，其也是中东北非地区首个且唯一一个在中国设立代表处的监管机构。

② Financial Services And Markets Regulations 2015 (224-226) [EB/OL]. [2020-02-17]. https://www.adgm.com/documents/courts/legislation-and-procedures/legislation/regulations/adgm_courts_regulations_2015_amended_18_december_2018.pdf.

③ Financial Services And Markets Regulations 2015 (227-230) [EB/OL]. [2020-02-17]. https://www.adgm.com/documents/courts/legislation-and-procedures/legislation/regulations/adgm_courts_regulations_2015_amended_18_december_2018.pdf.

做法的司法管辖区。① 该法院由初审法院和上诉法院组成，其中初审法院又分为民事法庭、劳资法庭和小额申索法庭。初审法院的司法管辖权包括：（1）涉及金融中心任一所属机构或在金融中心所成立的公司权利主张或争议；（2）在金融中心进行的交易或在金融中心所发生事件的权利主张或争议；（3）有关金融中心法规或立法的权利主张或争议；（4）向金融中心法院提出听证和裁定权利主张或争议的任何书面请求。上诉法院作为终审法院，主要处理对初审法院判决、裁定和命令提出上诉的案件，并负责解释金融中心的法规。阿布扎比国际金融中心的民商法基于《2015年英国法律适用条例》设立，这使得英国的判例法和衡平法都能直接适用于该金融中心。通过民事诉讼程序规则可以看出，该金融中心的法院系统与英国法院系统有许多相似之处，其中包括索赔人提出案件的方式，辩护方接受或拒绝指控的方式以及案件管理等方面。②

在仲裁方面，2015年，阿布扎比国际金融中心董事会制定了《2015年仲裁规则》③，原则上该规则适用于金融中心内的任何仲裁，即既包括国内外仲裁也包括仲裁协议约定适用的情形。这一规则以《联合国国际贸易法委员会国际商事仲裁示范法》（2006年修订）和《1996年英国仲裁法》为基础，与《示范法》相比，该规则在具体适用范围、法庭管辖权、仲裁员的任命和责任、临时措施、议事规则、适用实体法等方面存在一些差异。④ 并且，依据该规则，该金融中心法

---

① Le Gal, Jean-Francois, Iris Raynaud. The Success of the DIFC Courts: When Common Law Makes Its Way into a Civil Law Region [J]. International Business Law Journal, 2017 (4): 289-304.

② Ghany A. A Short Summary on ADGM Civil Court Proceedings [J]. Ct. Uncourt, 2018 (5): 34.

③ 当前阿联酋既有在案仲裁解决国内商业纠纷，又拥有包括迪拜国际金融中心和阿布扎比国际金融中心两个金融自由区的离岸仲裁。

④ Sami Tannous; Samantha Lord Hill; Sarah-Jane Fick. National Report for the United Arab Emirates (2018 through 2019) [EB/OL]. [2020-02-17]. http://www.kluwerarbitration.com/document/kli-ka-icca-hb-101-009-n? q=ADGM.

院的法官也可以担任仲裁员。2018 年 10 月位于"一带一路"沿线的阿布扎比国际金融中心仲裁中心开始全面运营,其较为先进的技术和审理设施为当事人提供了全面的数字化服务。

为促进法院判决和仲裁裁决执行力,阿布扎比国际金融中心法院已与境内外多方机构签署谅解备忘录,以相互认可和强制执行判决。[①] 其仲裁裁决可依据《纽约公约》在 150 多个国家强制执行,也可依据其他的多边条约或司法上的谅解备忘录强制执行。近期,阿布扎比国际金融中心 2020 年第 12 号法律对阿布扎比法 2013 年第 4 号做了部分修订,主要涉及阿布扎比国际金融中心争端解决框架的强化,特别是确立了阿布扎比国际金融中心法院的可选择管辖权,[②] 并规定金融中心法院将加强与司法部的合作,提升其为阿布扎比司法系统内法院,并以阿布扎比管理者的名义作出判决的地位,此外也表明了阿布扎比国际金融中心法院可执行非该金融中心判决和其他司法管辖区的仲裁裁决。

(三) 阿布扎比国际金融中心建设的法制经验

近年来阿布扎比国际金融中心受到越来越多的肯定,[③] 陆上民法管辖区与其离岸普通法对应方之间的合作也不断增强,阿布扎比在建设金融中心时的创新制度设计使其成为测试普通法法律移植的重要区域。在未来,这种陆上和离岸法律体系的结合对于大陆法系国家依然值得

---

① 当前阿布扎比国际金融中心法院已与包括阿联酋司法部、阿布扎比司法部、哈伊马角法院、英国商事法院、中华人民共和国香港特别行政区高等法院、新南威尔士州最高法院、澳大利亚联邦法院、新加坡共和国最高法院等签署合作谅解备忘录。

② 阿布扎比国际金融中心 2020 年第 12 号法律对原 2013 年第 4 号法律中第十三条第八款和第九款作出修订,规定了阿布扎比国际金融中心法院的可选择管辖权,其允许当事人在与阿布扎比国际金融中心没有关联的任何问题上选择阿布扎比国际金融中心法院裁决其争端。

③ 阿布扎比国际金融中心目前已成为中东北非地区最大的财富管理中心及房地产信托投资基金中心。自 2016 年起,连续三年被《全球投资者》(Global Investor) 杂志评为"年度金融中心(中东北非地区)"。2019 年,阿布扎比国际金融中心被总部位于伦敦的资本金融国际企业 (Capital Finance International, CFI. co) 评为"2019 年最佳国际金融中心(欧洲、中东和非洲)"。参见阿布扎比国际金融中心官方网站:http://cn.adgm.com/2018/11/27/921/index.html,http://cn.adgm.com/2019/07/29/974/index.html.

关注和思考。① 在关注阿布扎比国际金融中心创建面向国际的金融中心实践时，其实践中的一些特点也值得我们去发现和总结，主要包括以下几点。

1. 建立完备的法律框架

阿布扎比国际金融中心能够取得较大成功，很重要的一个原因在于其快速建立了完备的法律框架（见表11-1）。这与阿联酋的立法体系相关，该国实行酋长立法，自治区享有较大的自主权。阿布扎比国际金融中心直接将对英国法的适用纳入自身法律体系，包括制定法和英国法院的判例，② 如首次尝试以成文方式引入英国2000年发布的《金融服务和市场法》（FSMA）和《金融服务和市场法规》（FSMR），在立法上向英国普通法看齐的行为被认为因创造了一个西方投资者熟悉、可靠、高效的法律体系而更易吸引境外投资，发展当地经济。由于享有地方立法权，阿布扎比国际金融中心可依据实际需要快速创立新的法规，并不断以修正案方式更新已经引入的英国法相关规定，以此增强法律法规在当地的适用性和协调性。

表11-1 ADGM现行法律框架

ADGM法律框架	种类	相关法律法规（类型）
商业立法	规章制度	英国法律法规的适用；受益所有权和控制条例；商业许可法规；公司规定；数据保护条例；就业规定；基金会条例；破产条例；释义条例；有限责任合伙条例；房地产法规；地层产权规定；收购条例；信托条例
	规则	商业许可法规规则；公司条例规则；2019年就业条例规则；有限责任合伙企业规则；书记官长制定的规则；2015年收购条例规则
	废除法例	—

① Blanke G. Free Zone Arbitration: The Mechanics [J]. Indian J. Arb. L., 2017 (6): 56.
② Jonathan Rees at al., Comparison of Abu Dhabi Global Market (ADGM) and Dubai International Financial Centre (DIFC), [EB/OL]. [2015-10-17]. http://www.freshfields.com/uploadedFiles/SiteWide/Knowledge/ADGM%20note%20briefing.pdf.

ADGM 法律框架	种类	相关法律法规（类型）
FSRA 立法	规章制度	《2018 年银行追回和处置规定》；《2017 年共同报告标准规定》；《金融服务和市场法规》
	规则	《反洗钱和制裁规则与指南》《伊斯兰金融规则》《审慎——投资、保险中介和银行规则》《监管行政收费规定》《基金规则》《金融市场基础设施规则》《商业法规》《专属保险业务规则》《市场行为规则》《"基金通"规则》
ADGM 法院立法	ADGM 法院条例	2015 年 ADGM 法院、民事证据、判决、执行和司法任命条例；2017 年修正案；2018 年修正案
	ADGM 法院规则	2015 年执法人员认证规则；《2015 年分部及司法管辖区（原诉法庭）规则》；2015 年司法行为（司法办公室持有人）规则；2015 年司法纪律规定程序规则；掌握《2015 年商品和商业租金欠款追回规定》；2016 年 ADGM 法院行为准则；2019 年 ADGM 法院诉讼资金规则
仲裁立法	2015 年仲裁规则	—

2. 国家政策的大力支持

混合型法律制度的创新能在 ADGM 取得成功，这与当地政府辅以大量政策支持有重大关系。依据 ADGM2013 年第 4 号法律第十八条和第二十一条规定，"国际金融中心和市场机构、当局及其工作人员应实行零税率，包括与他们在国际金融中心内的经营有关的所得税。税率包括自本法规定生效之日起五十年内以任何货币向国际金融中心以外的任何目的地转移资产、利润或工资……""国际金融中心及其主管部门和市场机构为在国际金融中心内开展业务而进口的所有货物和商品应免征关税。进口到董事会设立或者管理的非金融区的货物、商品，免征关税。该货物和商品进口或者出口时，在国际金融中心范围内不征收关税"。该项规定在税收制度上使得 ADGM 获得较大的国际竞争优势。同样，该法第十九条规定，"国际金融中心及其组织机构的资金、权利以及行为不受除司法裁决之外的任何没收、扣押或个体所有权限制；国际金融中心的机构可以由非该国国民或在该国定居的个人或实体部分或全部拥有"。这充分保障了 ADGM 经营者的所有权。在人力资源管理方面，ADGM 实行开放自由的政策，该法第二十条规定，"国际金融中心、董事会及所有市场部门和机构只要认为合适，都可以雇佣任何个体工作者，只要这些个体不是来自国家抵制的地区人员……"同时，ADGM 颁布《2019 年雇佣条例》，充分保障境内外劳动者的基本权利，并为在工作时长、休假等方面提供具有全球竞争力的就业待遇。

事实上，阿布扎比国际金融中心并非是阿联酋首次尝试适用普通法。早在 2004 年，阿联酋就以"混合法"的方式创设了迪拜国际金融中。有学者认为，迪拜国际金融中心类似于中国香港的"一国两制"原则，在阿联酋联邦法律体系之外，创设了基于普通法的独立法律体系。① 2015 年阿布扎比在迪拜国际金融中心成功创设的经验上设立了阿布扎比国际金融中心。尽管这两大金融中心表面上都是实行普通法，但两者之间存在一些重要的区别。不同于阿布扎比国际金融中心直接将英国法纳入自身法律体系，迪拜国际金融中心并不直接适用英国制定法或法院判例，只有在法官认为英国法院某判例具有说服力，特别是在法院缺乏先例时，才可适用该判例。阿布扎比国际金融中心法院如果不赞成现行的英国法律，"阿布扎比国际金融中心法院将在他们认为适当的时候灵活地做出判决"。② 因此，阿布扎比国际金融中心法院在如何纳入英国法方面存在不确定性，考虑到英国普通法中更深层次的判例法，迪拜国际金融中心法院可能提供了更大的可预测性。③ 尽管阿联酋以混合型法律制度支持国际金融中心建设，在学术界

① Carballo A. The law of the Dubai International Financial Centre：Common law oasis or mirage within the UAE？［J］. Arab Law Quarterly, 2007, 21（1）：91-104.

② Muneer Khan, Samir Safar-Aly, Abu Dhabi Global Market：An Overview of Proposed Financial Regulations,［EB/OL］.［2020-06-23］. http：//www. simmons-simmons. com/~/media/Files/Corporate/External%20publications%20pdfs/AbuDhabiGlobalMarket_AnOverviewofProposedFinancialRegulations_20150825102651. pdf.

③ Hdeel Abdelhady, Sarah A. Oliai, Ibrahim Sattout, Dania Dib, Emma Higham, et. al. , Middle East Committee［J］. Regional and Comparative Law , 2016.

和实务界都引起很多争议,① 然而正是由于联邦政府作为重要支持者给予了投资者更多的信心。②

3. 鼓励金融创新的同时兼顾金融风险的防范

阿布扎比国际金融中心除了围绕现代金融服务业打造金融生态,还积极推动地方科技创新。首先,金融中心通过参与中东首创的"金融监管沙盒"(RegLab)和"数字沙盒"(Digital Lab)等项目,积极推动传统金融机构的数字化转型和金融科技行业的生态建设;其次,多方合作联合成立的 Hub71 科技创业中心,为金融中心提供了技术支持服务。年度金融科技阿布扎比峰会的举办也加强了科技创新及投资交易等话题的行业交流,有利于共建区域金融科技生态。

在风险防控方面,作为"全球金融创新网络"(GFiN)的创始成员,2016 年阿布扎比国际金融中心推出"金融科技监管实验室"项目(ADGM RegLab),③ 支持金融科技解决方案的跨境测试,帮助参与该项目的公司在全球拓展业务。2019 年阿布扎比国际金融中心金融服务监管局加入"央行与监管机构绿色金融网络"(NGFS),将可持续性纳

---

① 如 Alejandro Carballo 质疑 DIFC 究竟是普通法的绿洲还仅是一场海市蜃楼,他认为尽管经修订的阿联酋宪法明确授权,DIFC 在民商法领域可享有实质的独立性。引入普通法的法律将有效吸引外国投资者,并受到独立司法系统的支持,这也将进一步加强立法独立性。然而目前依然存在一些障碍,比如 DIFC 金融依赖司法,面向普通法的 DIFC 法院能否参考英国案例? Carballo A. The law of the Dubai International Financial Centre: Common law oasis or mirage within the UAE? [J]. Arab Law Quarterly, 2007, 21 (1): 91-104.

Jayanth K. Krishnan 和 Priya Purohit 在 2015 年曾深入阿联酋迪拜国际金融中心,在与迪拜国际金融中心相关工作人员、国际律师事务所律师以及一些民商事法官进行深刻访谈后认为,这一创新制度的出现是全球化进程中复杂、微妙甚至具有讽刺意义后果的典型例子,是非普通法国家在适应国际商事规则以吸引西方投资者的一项战略。Krishnan J K, Purohit P. A Common Law Court in an Uncommon Environment: The DIFC Judiciary and Global Commercial Dispute Resolution [J]. The American Review of International Arbitration, 2015.

而业内很多利益相关者也给予了一些正反不一的评价,主要包括对于法院判决和仲裁结果的可执行性,当地监管是否过于宽松,法院效率是否得以提高等。

② Krishnan J K, Purohit P. A Common Law Court in an Uncommon Environment: The DIFC Judiciary and Global Commercial Dispute Resolution [J]. The American Review of International Arbitration, 2015.

③ "金融科技监管实验室"项目是中东北非地区首个"监管沙盒"制度,金融科技创新公司可以在监管机构的指导与监督下,在受控环境中与客户一起现场测试和部署其解决方案。

入监管框架，通过"金融科技桥梁"协议，金融中心也帮助金融科技企业在不同的司法管辖区扩展和部署其解决方案。2020 年，金融中心出台第 12 号法律，正式确立了实施与经济发展部合作建立的双重许可制度。阿布扎比国际金融中心重视科技对金融创新和金融监管的作用，积极地完善金融生态中的每一个环节，为地区金融稳定和创新发展提供了良好的示范。

4. 打造独立、开放和创新的司法环境

阿布扎比国际金融中心法院自 2016 年 5 月开始运营，意图打造世界领先级的独立法院来改造营商环境。在法官选任上，法院审判人员由来自世界领先的普通法司法管辖区的资深法官组成，目前几位大法官分别来自英格兰、苏格兰、澳大利亚、新加坡和中国香港地区。外国律师仅需要在法院网站注册就能申请代表金融中心法庭上一方当事人参与出庭，法庭的听证会可在世界任何地方举行，且对公众完全开放，法庭文件和诉讼均适用英文。①

为解决跨越地区和时区的障碍，阿布扎比国际金融中心法院于 2018 年底首创数字法庭，通过电子法庭（eCourts）在线平台改革了民商事法庭与当事人及其律师的互动方式，以实现相对方 24 小时可在线办案、查案的目标。该法庭利用先进的技术设施为诉讼案件提供端到端的解决方案，全球可实时远程访问数字法庭档案，为高效低成本的无纸化审判创造了最佳的环境。

（四）阿布扎比国际金融中心建设的启示

1. ADGM 对非普通法域区域创建国际金融中心的启示

阿布扎比国际金融中心取得的成绩，为非普通法区域和城市以混合法模式创建国际金融中心提供了三点启示。

---

① Wilske S. International Commercial Courts and Arbitration – Alternatives, Substitutes or Trojan Horse [J]. Contemp. Asia Arb. J., 2018 (11)：153.

第一，阿布扎比国际金融中心展示了构建完善的金融生态是促进区域金融良性发展的基础条件。从契合国际化的法律文本到独立的监管机构和司法机构，金融中心建立了良好的法律环境。从汇聚技术公司、企业家和投资者，重视科技，包容创新，到支持跨境测试，推动监管发展，金融中心推动了行业交流，促进了资金流动，实现了跨界融合，构建了良好的场景金融生态圈。同时大量政策支持也吸引了国外更多企业与机构加入这一生态圈，客观上增强了金融中心的活力和影响力。

第二，在建设金融中心时，构建多方合作是提高自身水平和影响力的重要因素。阿布扎比国际金融中心在建设过程中通过举办"金融科技峰会"、联合成立科技项目等方式不断加强与金融机构、技术企业以及投资者之间的沟通与合作，客观上促进了资本、人才以及技术等要素的流通。尽管当前受新冠肺炎疫情影响，逆全球化趋势渐显，然而正是由于跨界合作和精细分工使得现今工业水平如此发达，意识到"独木不成林"的道理，加强多边合作和交流，促进技术渗透传统产业，激活产业活力已经成为发展共识。

第三，良好的法制环境对金融中心的建成具有促进作用。阿布扎比国际金融中心的地方立法权有助于管理部门及时应对市场变化，从而快速调整与金融市场发展相适应的法规条文。在大陆法系区域引入普通法探索混合型法律制度创新，有助于形成国际认可的法制环境。

在当前的国际竞争格局下，敢于创新、勇于创新，才能激发民族进步的活力。无论是迪拜抑或阿布扎比国际金融中心，其成立之初敢于面对质疑、勇于攀登的精神同样值得我们学习。

2. ADGM 对上海金融中心建设的启示

良好的法制环境无疑有利于国际金融中心的建设，对比各国在国际金融中心建设中的成功经验，无疑有利于我国在建设国际金融中心时实事求是取长补短。从伦敦和纽约的国际金融中心形成和发展来看，尽管这两大国际金融中心都具有相对良好的金融法制环境，但其形成原因更多是基于历史、战争等因素，而新加坡这样的政府主导型国际金融中心的形成，可能更值得发展中国家予以关注。

单从金融法制环境建设的角度，纽约、伦敦和新加坡三大国际金融中心都有我国可供参考之处。上海国际金融中心目前已经成为最具潜力的国际金融中心之一，但其国际化程度还较低。因此，在上海国际金融中心未来的发展过程中，加强其国际化建设将是重要的建设目标。

首先，上海国际金融中心应加强国际化人才培养和储备工作。2020 年 2 月，中国人民银行、银保监会、证监会、国家外汇管理局和上海市政府联合发布《关于进一步加快推进上海国际金融中心建设和金融支持长三角一体化发展的意见》，为上海金融中心的建成提供了加速的引擎和保障。有学者认为，在中国正处于 COVID-19 大流行高峰时发布这样一份政策文件表明了官方对这一目标的支持程度，但金融枢纽不能仅靠政府政策来建立。上海大学经济学院教授何书全教授认为："我们将不得不看中国政府是否有能力培养人才或体制，以满足成为国际金融中心的要求。""如果政府无法培育环境，那么上海可能无法成为真正的国际金融中心。这种环境既可以自然形成，也可以由于政府的努力而形成。但是，对于政府人为地建立金融中心而言，肯定要付出一定的代价。"①

其次，在上海金融法制建设过程中，目前金融立法和金融监管已经有了非常多的尝试，更多在金融司法方面还存在很大的进步空间。因此，上海国际金融中心的建设应重视上海金融法院的建设实效，贯彻契合国际金融中心发展方向的金融司法理念。金融市场具有其特殊

---

① Shanghai's quest to become an international financial centre [EB. OB]. [2020-10-02]. World Economy News https：//www. hellenicshippingnews. com/shanghais-quest-to-become-an-international-financial-centre/.

性，在金融司法中要秉持符合金融市场规律的司法理念，重点要把握好三对关系；一是处理好保障金融创新与维护金融秩序之间的关系，鼓励和保障金融创新活动同时依法规制名为金融创新实为逃避监管的违法违规行为；二是处理好保护金融债权与服务实体经济之间的关系，兼顾金融债权保护与实体经济发展降低金融融资的成本；三是处理好司法裁判与行政监管之间的关系，在裁判结论上，要注重司法裁判的价值取向与金融行政监管精神内在的一致。[①]

最后，为提升国际竞争力，上海国际金融中心可比拟阿布扎比金融法院及新加坡商事法庭，积极发展面向国际化的国际商事仲裁，甚至以普通法方式建设国际商事仲裁法庭，以此增强外国投资者的信心。

二、阿斯塔纳国际金融中心

(一) 新型组织架构下的金融中心

2015 年，为提振经济、提升国际竞争力、响应"一带一路"倡议，哈萨克斯坦总统纳扎尔巴耶夫颁布总统令，宣布建立阿斯塔纳国际金融中心（Astana International Financial Center, AIFC），提出五年内将其发展成为全球金融中心指数亚洲前十、世界前 30 的金融中心目标，并致力于成为覆盖中亚、高加索、欧亚经济联盟、中东、中国西部、蒙古国以及欧洲等区域的国际金融中心。2018 年 7 月，AIFC 正式启动并迅速走向世界舞台。短短两年已初步形成了制度框架独立、金融产品丰富、配套设施完备的金融中心，在 102 个金融中心中排名第

---

① 茆荣华. 金融司法服务保障国际金融中心发展 [EB/OL]. [2020 - 10 - 29]. http：//www.lujiazuiforum.org/node2/n1471/n1657/n1672/u1ai36342. html.

51 位，在东欧和中亚地区排名首位。①

2018 年，哈萨克斯坦开始执行国有资产私有化方案，该方案具有很高的内在价值和增长潜力，确保所有投资者，包括当地和国际投资者都拥有平等的机会。便利的准入、高度安全的少数投资者权利和有吸引力的商业环境使得该国在世界银行的营商便利度排名中不断进步。②

在具体实践方面，为推动阿斯塔纳国际金融中心建设，哈萨克斯坦主要做法包括：搭建新型的组织架构；吸引金融机构入驻，提供多元金融业务；提供全方位的金融配套设施以及税收优惠政策；授权阿斯塔纳国际金融中心实施相对独立的法律框架体系。

AIFC 组织结构主要包括以下五大机构。第一，AIFC 管理局（AIFCAuthority）。AIFC 管理局是一个管理机构，旨在促进 AIFC 的战略发展、服务发展和 AIFC 的基础设施管理。第二，阿斯塔纳金融服务管理局（Astana Financial Services Authority，AFSA）。AFSA 于 2018 年 1 月 1 日成立，作为 AIFC 金融和非金融服务活动的独立监管机构。它的使命是建立一个公平、透明的金融和资本市场环境，促进个人和机构诚信行事。其职能包括：（1）注册和成立；（2）授权和承认；（3）制定政策；（4）监督和执行。AFSA 提供广泛的金融服务，包括投资和资产管理、私人银行、基金管理、提供和安排托管、伊斯兰金融以及其他活动，包括开设代表处。AFSA 还为支持金融服务行业的专业服务颁发许可证。第三，AIFC 法庭（AIFCCourt）：AIFC 法庭是 AIFC 首个普通法法庭，它根据最高的国际标准来解决 AIFC 的民事和商事纠纷，独立的英国法系法院对 AIFC 市场主体纠纷进行听证和判决，审判团队由 9

---

① 王炜. 阿斯塔纳国际金融中心建设的经验启示与货币合作机遇［J］. 黑龙江金融，2020（2）：51-54.

② Z/Yen 智库研究［EB/OL］. ［2020-10-29］. https：//www. longfinance. net/publications/journal-papers/.

名英格兰和威尔士知名法官组成。第四，国际仲裁中心（IAC）。IAC 提供独立、经济和快捷的诉讼途径，以最高的国际标准处理国际仲裁委员会的民事和商事纠纷。IAC 拥有自己优秀的国际仲裁员和调解员小组，仲裁员们经验丰富、独立、公正和高度正直。第五，阿斯塔纳国际交易所（AIX）。AIX 是为了改变区域金融生态系统而成立的，基于全球公认的技术平台和国际公认的监管环境，作为哈萨克斯坦政府私有化计划的一部分，AIX 的初始重点将是为计划中的 IPO 提供一个平台，AIX 将为全球和本地投资者提供无缝隙上市通道。

（二）独立的法律框架体系

在法律方面，AIFC 经营主体或机构可以享受 50 年免征企业所得税、外籍雇员免征个人所得税、免征财产税和土地税等税收优惠政策。AIFC 参与者还可在中心内享有法律、审计、会计、咨询、信用等全套金融配套服务（见表 11-2），同时 AIFC 还为中心内的主体提供签证签发、机构注册等一站式服务。总体来看，AIFC 在金融监管和设立、账户开立、资金汇划、业务审慎管理、税收优惠等方面均较哈萨克斯坦国内政策规定有明显的优势（见表 11-3）。

表 11-2　AIFC 提供的配套服务

配套服务类型	内容简要
法律服务	提供法律咨询或法律顾问；起草或完成法律文件或协议；在法庭诉讼或行政裁决程序中的代表权，提交法律诉状和审查依据的记录
审计服务	对财务交易和会计记录进行审计、审查、核实、调查、核证、列报或审查；编制相关文件的报告
会计服务	适用会计原则或判断，提供会计程序和财务或数据记录、提交或证明等事项的咨询
咨询服务	就某一专题提供专家知识或建议
信用评级服务	对发布或审查信用评级的信息进行分析或评估

表 11-3　AIFC 与哈萨克斯坦国内金融业的制度比较^①

分类	哈萨克斯坦国内金融市场	AIFC
外资金融机构准入与设立	哈国对外资银行和保险的准入实行较为严格的管制，外资银行的资本份额不得超过国内所有银行总资本的25%，所有合资非人寿保险公司的总资本份额不得超过非人寿保险市场总资本的25%，合资人寿保险公司的总资本份额不得超过人寿保险市场总资本的50%	根据《AIFC 公司法》规定（第十二部分）：在中心内成立公司要满足：（1）"被认可外国公司分支"需在任何时候在区内指定至少一名授权人员留在区内，代表公司履行义务并行使权力；（2）AIFC 区内有固定办公地点，以便发送或者接收通知；（3）向 AIFC 区内监管部门提供相应的注册材料（商业计划书、办公场所租赁活动等）；（4）每年向 AIFC 区内工商注册机构提供总行在国内的相关财务资料；（5）遵循 AIFC 区内注册公司的规则
账户开立	居民和非居民可在授权银行自由开立外汇账户，无须批准	目前，AIFC 法案中暂无关于账户开立及使用的详细要求，也暂无关于账户限制兑换的监管要求
资金汇划	企业在缴纳各项应缴费用后，可以自由汇出利润，个人和法人均可通过银行向境外汇出其合法的外汇收入	AIFC 对其成员单位的交易币种无特殊要求，成员单位间的交易币种可由双方自行决定
融资服务	哈国本币贷款利率一般在 15% 以上，外币贷款利率在 10% 以上，贷款金额一般为抵押物价值的 50%~60%。此外，银行还会要求借款人提供税务局出具的纳税证明、其他银行出具的信用证明等	目前，AIFC 法案中暂无关于开展融资服务的详细要求，但按照中心内金融服务的框架规定，可提供信贷以及相应的信贷安排
税收优惠	哈国从事经营活动的本国和外国公司常设机构主要缴纳以下税种：企业所得税（20%，除另行规定）；增值税（12%，适用于应纳税营业额和应纳税出口业务）；个人所得税（自然人个税税率10%，境内外红利收入5%）；社会税（9.5%，不同社会群体缴纳比例都有差异）；消费税（某些商品和经营活动，如汽油、酒精）；土地税（不同土地种类税率不同）；财产税（法人财产税为税基乘以1.5%）；法人不动产税（2%）；矿产开采税和其他专项税费	在符合 AIFC 条例的基础上，AIFC 中心参与者不承担哈萨克斯坦共和国税法对中心内金融服务框架条例下的金融服务（如投资、信托、伊斯兰金融、绿色金融等）产生的收入或资本征收的企业所得税。2066年1月1日前，AIFC 机构及其组织在遵守 AIFC 法案规定的任何条件下免征企业所得税，AIFC 参与方或 AIFC 机构的外籍雇员免征个人所得税，AIFC 机构和参与者在中心内的设施免征财产税和土地税

① 王炜. 阿斯塔纳国际金融中心建设的经验启示与货币合作机遇［J］. 黑龙江金融，2020（2）：51-54.

分类	哈萨克斯坦国内金融市场	AIFC
金融监管	哈国金融领域的法律有《金融租赁法》《金融监管法》等，从事金融活动的法人必须有金融从业资质，政府发放或撤销自然人和法人参股银行的许可等	根据《AIFC 公司法》的规定，在 AIFC 设立的银行可以是子行也可以是分行。金融中心设立的公司类型包括满足条件的私营公司或者上市公司。外国公司可依法作为"被认可外国公司分支"在 AIFC 区内注册。AIFC 参与成员包括 AIFC 区内和区外成立的公司，组织形式包括上市公司、私营公司、特殊目的公司、合伙制公司、非营利机构以及"被认可外国公司分支"

为帮助 AIFC 与国际金融市场快速接轨，2015 年 12 月 7 日哈国批准 AIFC 实施以英国法为主的普通法系，独立于以大陆法系为框架的哈萨克斯坦司法系统。此外，AIFC 对商业行为、市场规则、金融服务、银行审慎原则等多项业务制定了 50 余项规章制度，从各方面规范商业行为和金融活动，确保各项金融业务合规有序开展。

第十二章 域外国际金融中心建设的法制经验

一、国际金融中心的比较与经验

（一）传统国际金融中心的横向比较

伦敦金融市场相比纽约有多方面优势。一是英国法制水平较高，法律条文清晰易懂，监管、司法与执法部门可预测性高，一般被认为较为公正。二是伦敦国际金融中心有一个重要的特征，大量在伦敦进行的金融业务并非英国本身市场产生的，这些业务选择伦敦金融市场主要因为伦敦提供大量金融机构和高端金融从业人才。金融人才的多元化是伦敦金融业务多元化的基础，依靠提供的机遇与高生活质量，伦敦吸引了众多来自欧美其他国家的金融从业人员，金融业中几乎所有重要的细分行业在伦敦均有业务开展。三是英国经济发展已对伦敦金融业发展产生路径依赖，国家政策多倾向于维护巩固伦敦金融中心地位。相比贸易，跨境资本流动对英国尤为重要，尽管在国际金融危机发生后，英国对金融业发展的态度一度有转变的迹象，但政府依然不会制定有损金融业发展的政策。从历史经验来看，维持金融市场的国际地位相比提高金融市场竞争力难度较低。

伦敦也存在进一步发展金融市场的劣势。一是伦敦商务与生活成本高昂，特别是由于土地空间限制和城区风貌保持需要，房地产价格居高不下。尽管新金融城坐落于金丝雀码头，但由于与中心城区的交通及其他因素，仍未能缓解房价上涨。二是英国金融相关法律与监管环境面临重大不确定性。在全球金融危机之前，伦敦长期是全球金融监管较宽松、自由度较高的市场。然而金融危机改变了立法部门、监管部门、政治家与公众对于金融业发展的立场，加之欧盟长期以来一直在加强监管，而脱欧又可能失去欧洲市场准入，伦敦金融市场面临强化监管与失去部分欧洲市场份额双方面的压力。纽约作为国际金融中心，与伦敦有很多相似性，纽约金融业务范围覆盖广，金融从业人员多元，金融机构众多。但是纽约也与伦敦有显著区别。

除了大量跨国金融业务外，有大量美国本土相关的金融交易也发生在纽约，国际化程度可能是纽约与伦敦最明显的差异。相较伦敦，更高的本土化程度可能成为纽约的一大优势，即便美国国外环境发生较大变化，金融市场竞争力中来源于国际市场的部分发生动摇，纽约所拥有的国内市场广度与深度仍能够支撑其金融市场地位。同时，纽约金融市场还是连接美国跨境金融交易的主要市场，这些交易的一端根植于美国，即便在国际市场波动时，仍可以依靠美国本土需求持续发展。

较高的本土化程度未必会成为纽约金融市场国际化的阻碍。对一些市场而言，专注本土业务意味着失去在全球范围竞争的动力与环境，但纽约的发展道路并没有受限于国内业务的发展。大部分美国的投资银行同时在欧洲市场，特别是伦敦设立机构并开展大量业务，相反，其他地区的金融机构在美国的发展比较有限。纽约的城市营商环境相比而言也好于伦敦。

纽约与伦敦的另一个相似之处就是美国监管层对金融监管态度的转变。作为全球金融危机的发源地，美国拥有全球瞩目的金融创新力，很多方面甚至优于伦敦。但近年来，金融业对于创新与监管的关系有更为复杂的观点，甚至有部分观点认为监管是金融业发展的主要动力。大西洋两岸均在加强监管可能导致金融创新业务向其他更自由市场转移。

相比伦敦、纽约国际金融中心，德国和法国的监管环境较为严格，同作为欧洲大陆的金融中心，法兰克福和巴黎的金融市场自由化高度都不及伦敦。在城市魅力上，国际金融中心往往具有全球一流的人居环境，这一点巴黎与伦敦较为接近。同样，在文化方面，欧洲大陆文化相较于英国而言更为保守，也由此带来一些潜在影响。例如收入问题，伦敦的金融业收入要高于法兰克福和巴黎，而对于吸引金融人才这一点尤为关键。

此外，巴黎和法兰克福的金融市场与国家的关系更为紧密，这成为阻碍两地进一步提升金融市场能级的主要障碍。与政府的关系往往影响到金融市场结构，进而影响到资本市场的发展水平等。

（二）域外经验中的地方特殊立法权

从国际金融中心的建设来看，理想的金融商事立法应当与金融市场的运行法则高度契合、协调统一。[①] 但考虑到金融商事交易的一系列特征及其带来的连锁反应，中央立法的效率显然并不能快速适应金融市场的变化，由此，国际金融中心的建成对于地方特殊立法权具有重要的需求。

从立法角度考虑，国际金融中心具备快速的立法权能够使得法律

---

① 李曙光. 依法治国与金融法改革［J］. 中国法律，2014（2）.

及时适应社会的变迁。在域外国际金融中心的建设经验中，地方立法权也被认为是一个重要的法制因素。

以纽约国际金融中心为例，美国是实行"三权分立"的国家，即立法权、司法权和行政权相互独立。同时，美国又是一个联邦制国家，联邦和各州依据宪法享有和行使自己的权力。这一制度决定了美国立法体制的主要内容：国会和州议会分别行使联邦和州立法权。美国各州议会是州立法机关，各州可以在自己的权限范围内制定和实施法律。州长享有一定的地方立法职权，主要是向州议会呈送咨文，召集议会特别会议和对议会通过的法案行使否决权。同时，州政府还可以依据联邦宪法、州宪法的规定和州议会的授权，对议会立法的事项行使州的授权立法权。正是由于美国地方享有充分的立法权，在金融市场发展中能够尽可能减小法律滞后的弊端。此外，美国立法实施效率较高，一个典型的例子是《多德—弗兰克华尔街改革与消费者保护法案》于 2010 年 7 月 21 日由奥巴马总统签署通过成为法律，而该法案中的部分条款在第二天就开始生效。[①]

相比之下，我国在建设上海国际金融中心时，由于受立法权的限制，目前在诸多方面还存在法律规范或规则的缺位。而上海国际金融中心的发展通常快于全国其他地方，一些新的情况也可能导致无法可依的问题。[②]

我国《立法法》第八条规定："下列事项只能制定法律：……（八）基本经济制度以及财政、税收、海关、金融和外贸的基本制度"该条可以被看作法律保留事项，即涉及金融基本制度的事项应当由法律来规定，而并非地方立法的权限范围。

尽管金融立法属于中央事权，但当前针对上海国际金融中心建设

---

① 罗斯·巴克利；道格拉斯·阿纳. 从危机到危机 全球金融体系及其规制之失败 [M]. 北京：中国政法大学出版社，2016（8）：172.

② 周仲飞. 国际金融中心法制环境研究 [M]. 北京：经济科学出版社，2017（9）：48.

的立法也并不在少数。在地方立法权限上，上海还可以行使地方立法权实施部分金融事务，具体可包括：第一，金融机构的准入管理方面。目前《商业银行法》《证券法》《保险法》等都对相关的银行、外资保险、证券公司等金融机构的设立规定了一定的条件，其中一些需要满足国务院相关的金融监管机构规定的"其他条件"，这些"其他条件"可由上海市人大或市政府依据上海国际金融中心建设的需要做出规定，而非必须由国务院相关的金融监管机构作出适用于全国的"其他条件"来加以限制，而且这些适用于全国的"其他条件"可能并不适用于发展较快的上海。第二，金融业务的准入。在《商业银行法》《保险法》《证券法》等金融法律规定的相关金融机构可从事的经营业务中，均设有一定的兜底条款，即国务院金融监管机构批准的"其他业务"。考虑到全国各地的金融机构产品开发和业务能力不尽相同，此类规定可由上海市人大或上海市政府进行具体规定，以适应上海国际金融中心的国际化标准建设。

总体来说，上海国际金融中心法治建设并不是对国家金融基本制度的挑战或改变，而是需要地方立法给予其发展的具体的、详细的、可操作性的改革制度支撑。在法律规定的金融基本制度框架下，地方立法可以在自身的权限范围内、能力所及范围内，以地方立法的形式支持和鼓励金融改革、发展和创新。[①]

二、比较视野下国际金融中心的法制公约数

当前，国际金融中心主要有三种类型：一种是以伦敦、纽约、香港为代表的市场导向型；另一种是以新加坡、东京为代表的政策推动型；还有一种就是以中东的阿联酋、阿斯塔纳等为代表的法制创新型。实

---

① 周仲飞. 国际金融中心法制环境研究 [M]. 北京：经济科学出版社，2017 (9)：48.

际上，这一分类方式可能比法律渊源的划分更有研究价值。我们可以借此厘清国际金融中心在不同制度上的经验优势，为我国国际金融中心的建设提供操作性建议和理论素材。从前文各大国际金融中心的比较来看，当前知名的国际金融中心主要有两个共同点。

（一）国际化和多元化的纠纷解决机制

在国际贸易中能否妥善处理双方预期纠纷是商事交易主体较为重视的条件之一。国际金融中心是否有国际化和多元化的纠纷解决机制对资本的吸引力有较大影响。2006 年，迪拜国际金融中心法院（DIFC Courts）开始启动。迪拜"9 号迪拜法"的修改，帮助在迪拜国际金融中心成立纠纷解决管理局（Dispute Resolution Authority），[①] 用以总体规划和管理金融中心内的诉讼与非诉讼纠纷解决。迪拜国际金融中心所设立的独立法律制度吸引了大量外资进入，更加突出了法律"定纷止争"的核心功能。[②] 2009 年，卡塔尔国际法庭和争端解决中心（QICDRC）成立。2015 年，新加坡国际商事法庭（SICC）问世。随后，哈萨克斯坦、印度和阿布扎比相继立法，分别建立了阿斯塔纳国际金融中心法院（AIFCC）、印度商事法院和阿布扎比全球市场法院（ADGMC）。2017 年 7 月，荷兰商事法庭（NCC）面世；10 月，比利时政府通过了设立布鲁塞尔国际商事法庭（BIBC）的法案。2018 年 2 月，法国巴黎上诉法院宣布成立一个新的英法双语的国际商事法院；4 月，德国发布《引入国际商事审判庭的立法草案》，准备在全德境内全面引入"国际商事审判庭"。可以说，近年来国际商事法庭确如雨后春笋般涌现，构成了"逆全球化"世界图景下一道亮丽独特的法律风景线。从长期来看，倘若司法优势成为我国金融中心的独特竞争优势，稳

---

① 赵蕾，邓迪心，何晓懿，沙漠金融中心之门———迪拜国际金融中心的纠纷解决机制 [N]. 人民法院报，2017-07-14（8）.

② 丁冬：金融审判竞争视野下的司法供给———迪拜国际金融中心法院建设的启示 [J]. 金融理论与实践，2019（7）.

定性牢、连续性强的法律监管环境必然会进一步吸引外商、外资入驻。

在金融纠纷多元化解机制方面，通过对上述世界主要国家的金融中心 ADR 机制比较，可以看出，当前随着各国对金融消费者保护的日益重视，金融服务与消费领域的多元化纠纷解决机制的建立已经成为一种发展趋势。从某种意义上说，金融消费纠纷的顺利解决，已经成为金融服务提供者提高服务品质所必须面临的问题。

相比传统诉讼手段，金融 ADR 机制具有灵活、低成本、简便、快捷的特点，不仅成为法院诉讼方式之外纠纷解决方式的有益的、重要的补充，并且在某种程度上有"超越"诉讼方式的趋势。金融服务无止境，如果金融服务提供者不重视服务品质，不重视金融消费纠纷的解决，就必然会失去市场的竞争力；同样，如果金融服务提供者不重视诉讼外的多元化纠纷解决机制的运用，就必然会增加处理纠纷的成本，反过来也会降低其市场竞争力。

由于金融产品和服务的特殊性，建立专门的金融 ADR 机制就显得尤为必要。以日本金融 ADR 为例，其体现出明显的行业性、专业性和统一性的特点。正如日本学者所指出的：虽然都是以消费者保护为目标，但是各专业领域内的纠纷解决机制，很好地掌握了行业纠纷的特点和解决关键，对行业特征鲜明的纠纷来说，由业内机制来进行解决是合理的也是明智的选择。在《金融 ADR 会长备忘录》中，日本金融厅就曾提出"在未来，最好是建立一个统一的全面的第三方机构"。美国、欧盟也致力于通过建立统一的金融消费者保护机构来处理金融消费纠纷。但尚需注意的是，尽管金融 ADR 是一种替代性纠纷解决机制，但它属于"制度"的范畴，与诉讼制度一样，也要纳入法律的调控范围之内。并且，从金融 ADR 的发展趋势来看，各国均开始通过制定或修改金融服务法或其他金融服务法律来强化金融 ADR 机制的设立与运行，如日本的《金融服务法》《金融商品交易法》、欧盟的《金融工具市场指令》等。

(二) 灵活的监管尺度

在金融国际化的背景下，对国内金融市场进行管理和规制的金融法也逐渐走向国际化。近年来，越来越多的学者指出随着金融市场基础建设的完善，当下金融发达国家市场模式的相似性，促进了全球金融法的诞生。① 两大法系在金融法规领域开始出现相互融合和借鉴的趋势，对于具体的金融市场交易、国际贸易管理等规则逐渐进行全球协调处理，在更大范围内促进资本的跨区域流动。② 以日本为例，1996年，日本借鉴英国"金融大爆炸"的经验做法，日本政府提出通过金融改革实现 2001 年把东京建设成为"自由、公正、全球性"金融市场的目标。次年，日本政府通过《金融体制改革规划方案》。按照《金融体制改革规划方案》，日本修改《外汇管理法》和《日本银行法》。修订后的《外汇管理法》和《日本银行法》要求日本放宽外汇交易限制，外汇交易的场所并不局限于特定银行，市场内实现了货币自由兑换。从此，日本金融业正式走向了自由竞争。此举不但消除了公司设立的障碍、减少了对公司内部控制的监管，同时在稳定本币币值、鼓励本币计价的外国证券发行、放松融资渠道管理、刺激外币存款增长等方面也发挥了重要作用。这一经验表明各国的法律宽严程度从来不是静止状态。福利国家兴起前，在自由市场观念指导下诸国金融市场得以扩展，之后又往往会因金融危机而采用严格监管。由此可见，监管的关键在于与市场情况相适应，并且可以恰当适时地引导投资者，在维护投资者稳定预期的基础上保证市场环境的有序竞争。③

从国际化水平层面比较来看，目前我国国际金融中心的法治体系

① 周仲飞. 全球金融法的诞生 [J]. 法学研究, 2013, 35 (5): 175-194.
② 张圣泽. 地方金融立法背景下的法系衔接问题: 以上海国际金融中心为例 [J]. 金融法苑, 2020 (1): 204-213.
③ 秦焕梅. 2020 年上海基本建成国际金融中心评估与建议 [J]. 科学发展, 2020, No. 135 (2): 38-48.

建设须遵循由易到难的实践路径，针对执法和监管能力进行重点提升，在常规营商环境建设之外加强立法针对性。首先，应从立法领域予以突破，构建相应法律体系，为金融中心建设提供法制保障。其次，金融司法领域进行调整以应对发展困境，借由司法裁判与仲裁来保障金融环境的安全稳定。

第四篇

我国国际金融中心建设的
法制创新展望

第十三章　上海国际金融中心的
法制展望

从国际化水平层面比较来看，目前上海国际金融中心存在一个核心问题：仅个别指标领先、结构性差距明显。因此，上海国际金融中心的法治体系建设须遵循由易到难的实践路径，针对执法和监管能力进行重点提升，在常规营商环境建设之外加强立法针对性。首先，从金融司法领域进行调整以应对当前发展困境，借由司法裁判与仲裁来保障金融环境的安全稳定。其次，从立法领域予以突破，构建相应法律体系，为金融中心建设提供法制保障。

一、上海金融地方立法

（一）"包裹立法"的可能选择

针对上海国际金融中心在建设中遇到的税法政策不明确、金融消费者权益保护不到位、规则性监管灵活度差等问题，采取"包裹立法"的方式可以更快速地响应市场变化，并且有先例可参考。

从法理上讲，法律被赋予具有天然的保守性与一致性，这就势必要求法律之间能够统一地衔接，而包裹立法以其固有的属性成为目前解决这一问题的较好方式。作为一个隐喻式的立法术语，包裹立法，比较官方的解释是指针对多个法律内的有关规定，立法机关在各法律性文件中一次性地作出"打包"修改，以达到同一个立法目的，① 这种观点实际上只限定在法律修改领域。在学界，包裹立法是指立法机关基于一个共同的立法目的，将存在与经济社会发展明显不适应、不协调问题的数个（或多个）法律文本，通过法的增加、法的删减或法的替代等形式，整合在一个法律案中进行小幅度变动的法律修改技术。对包裹立法的定义进行分解，可发现它包含以下几层内容：（1）包裹立法是一种法律修改技术；（2）包裹立法是解决法律文本"硬伤"的法律修改技术；（3）包裹立法是小改而非大动的法律修改技术；（4）包裹立法是处理不同法律文本之间矛盾的法律修改技术；（5）包裹立法系基于一个共同的立法目的而运用的法律修改技术。

包裹式立法具有体系完整、程序经济、减少立法时差、节约立法成本、有利于法律一次性应对复杂多变的社会环境等特点。② 自 2009 年 8 月 27 日全国人大常委会通过《全国人民代表大会常务委员会关于修改部分法律的决定》以来，我国多次运用"包裹立法"这一法律修

---

① 郑淑娜．包裹立法：解决中国法律体系中的硬伤 [N]．人民日报，2009-07-16．

② 郭道晖．法律修改方略述评 [J]．中国法学，1989 (6)．罗传贤．立法程序 [M]．上海：龙文出版社，1993．但是，包裹立法带来这些好处的同时，也对法律的起草工作提出了很高的要求。包裹立法的准备工作必须非常仔细，要将所有涉及的法律条文进行整理，立法过程也必须十分审慎，否则难免发生挂一漏万的情形。

改技术，对几十部不再适应当前实践的法律进行打包修改。[①] 与人大通过立法不同，"包裹立法"能够抓住关键时机，针对部分法律同社会实际不相适应的部分条款集中修改，及时使法律规定同社会实际相一致。[②] 曾两次承担法律打包修改工作的全国人大常委会法工委社会法室主任郭林茂指出："打包修改作为立法形式的一种创新，有利于节约立法资源、提高立法效率。"[③] 具体到上海国际金融中心的立法修改与调整上，主动运用"包裹立法"可以便利达成法系衔接的目的，为完善金融法治体系积累经验。借鉴前几次打包修改法律的经验，在各部门相互协调的基础上，中央立法机关可进行一系列法律条款小规模调整。将与金融市场监管密切相关的系列法规进行统一修改，将保险、银行、证券等金融领域的纠纷解决管辖权统一，使得相关立法与金融开放进阶相一致。如针对税法政策不明确，可以就金融税收法律制度完善拟定《税收征管法》及其实施细则、《税务登记管理办法》等有关规定的包裹立法，要求税务机关对于不办理扣缴登记，不报送相关材料的行为实施处罚，[④] 并列明上海国际金融中心管辖下的税款扣缴义务与豁免。又如，针对金融消费者权益保护问题，可以在《消费者权益保护法》《反不正当竞争法》《反垄断法》《价格法》《银行业监督管理法》

[①] 如 2004 年 8 月 28 日十届全国人大常委会为了贯彻 2003 年 8 月 27 日通过的行政许可法，一次性对渔业法等 11 部法律中的相应条款进行了修改，尽管这 11 部法律被纳入同一个议案，但实际上最终也都是逐条表决，有些还被列入了当届全国人大的立法规划中，因此其实不能算是严格意义上的"包裹立法"。又如 2012 年 10 月 26 日对《监狱法》等 7 部法律进行统一条文清理，经过对有关法律的规定进行清理，决定草案相应地对《监狱法》作了 7 处修改，对《律师法》作了 6 处改动，对《未成年人保护法》《预防未成年人犯罪法》《治安管理处罚法》《国家赔偿法》和《人民警察法》各作了 1 处修改，共 18 条。决定草案对实施日期的规定与修改刑事诉讼法决定实施的日期一致，即 2013 年 1 月 1 日，以解决与 2012 年 3 月 14 日十一届全国人大五次会议审议通过的刑事诉讼法修正案相关规定不一致、不衔接的问题。

[②] 刘风景. 包裹立法的中国实践 [J]. 法学, 2014（6）.

[③] 朱宁宁. 开局之年立法工作全面提质加速——十三届全国人大及其常委会 2018 年立法工作回眸 [N]. 法制日报, 2019-02-26（5）.

[④] 彭海艳. 建设适应上海国际金融中心特点的跨境金融税收制度 [J]. 科学发展, 2019（12）.

《商业银行法》《票据法》《证券法》《信托法》《保险法》等相关法律基础上，聚焦金融科技的消费者权益保护的专项内容。

（二）中央—地方立法规范

毫无疑问，法制建设对于金融中心的崛起作用不可忽视，在立法层面，目前上海国际金融中心既包括中央金融立法，也有一些"政策推动式"立法。根据《立法法》的相关规定，当前我国地方有权机关在不同宪法、法律、行政法规相抵触的前提下，可以根据本行政区域的具体情况和实际需要制定地方性法规。2009年6月25日上海市人大常委会通过了《上海市推进国际金融中心建设条例》，在六个方面作出了具体规划：金融市场体系、区域布局和基础设施、金融人才环境、信用环境建设、金融创新环境、金融风险防范与法治环境。同时明确指出建设上海国际金融中心的目标，要重点发展与国际金融中心相适应的配套经济环境，如不断提升人民币国际化水平。2020年7月1日起施行的《上海市地方金融监督管理条例》，在明确责任主体的基础上，不同于山东、河北、四川和天津的监管规定，上海具体明确了对地方金融组织及其活动的限制，[①] 突出对金融消费者和投资者合法权益的保护，强调金融监管对上海国际金融中心建设的保障作用。

以上的宏观目标和规划安排需要实体的法律法规支持，可以参考当年深圳经济特区关于立法权的规定思路。1992年第七届全国人大常委会授权深圳市人大及其常委会和深圳市政府分别制定法规和规章在深圳经济特区实施。因此，有学者指出全国人大可以沿循此路径，授权

---

① 《山东省地方金融条例》：第一条　为了充分发挥金融服务经济社会的作用……制定本条例。《河北省地方金融监督管理条例》：第一条　为了加强地方金融监督管理……制定本条例。《天津市地方金融监督管理条例》：第一条　为了加强地方金融监督管理……制定本条例。《四川省地方金融监督管理条例》：第一条　为了加强地方金融监管……制定本条例。《上海市地方金融监督管理条例》：第一条　为了规范地方金融组织及其活动，维护金融消费者和投资者合法权益，防范化解金融风险，促进本市金融健康发展，推动上海国际金融中心建设，根据相关法律、行政法规和国家有关规定，结合本市实际，制定本条例。

上海市针对上海国际金融中心制定相关地方性法规，同时规定部分全国性法律在上海市暂停适用。此举可以弥补上海国际金融中心建设中法律依据空白的现状，赋予同上海国际金融中心建设相适应的立法和法律适用空间。以上的《意见》《方案》示例仍然受制于当前层级化立法权的配置模式，中央立法权管辖全国范围内重大的法律法规、规章。这也包括基本经济制度下的金融、外贸基本制度。①

二、上海金融司法尚须"取长补短"

在世界银行发布的《2020 年营商环境报告》中，我国总体排名 31 位，比上年上升了 15 位，这些进步也得益于司法实效的发挥。从上海最高法院公开数据可知，2019 年上海法院各项审判质效均走在全国法院前列，多项核心指标全国排名第一。为加快建设国际金融中心的步伐，我国于 2018 年成立了上海金融法院，上海金融司法无疑已经走在全国法院的最前列。但无论是上海金融法院的专门化实践中的缺陷，②抑或全球各大金融中心司法与上海的差异，上海金融司法还尚须从中"取长补短"。

（一）打造"上海仲裁"的国际化品牌

从金融法治环境建设的角度来说，相比纽约、伦敦、香港和新加坡等国际金融中心，上海的国际化程度还比较低。因此，在上海国际金融中心未来的发展过程中，加强其国际化建设将是重要的建设目标，具体到司法层面，基于普通法在国际贸易中的重要地位，上海法院在国际商事诉讼中的竞争力较弱。司法的声誉关系到国际贸易纠纷

---

① 张圣泽. 地方金融立法背景下的法系衔接问题：以上海国际金融中心为例 ［J］. 金融法苑，2020（1）：204-213.

② 当前上海金融法院还存在适格专家较为稀缺，专家参审与中立性不足等缺陷。杨飞凤. 我国金融法院的专门化研究 ［D］. 上海：华东政法大学 2019 年硕士论文，2019：47-51.

的选择管辖地，对比迪拜国际金融中心法院从"国内法院"走向"国际法院"的路径，[①] 上海金融法院欲转变为"全球法院"的可操作性不强。[②] 因此，发展国际化的仲裁中心无疑是上海金融司法（广义的司法，即包括仲裁、调解等纠纷解决机制）走向国际化更可行的路径。

无论是伦敦享誉全球的国际仲裁院，还是香港和新加坡的顶级国际仲裁中心，它们对于国际金融中心的重要作用都不容忽视。目前上海国际仲裁中心在案件来源和仲裁人员构成方面已突出一定的国际化特征，[③] 但商事仲裁的整体协同创新还不够，特别是上海国际仲裁中心在全球商事仲裁体系中的话语权还不足。在此方面，首先，上海国际仲裁中心还需对标国际知名仲裁中心的核心价值，凝练自身的仲裁特色，无论是开庭与质证的严谨性还是裁决中的综合考虑以及展现出的公正独立性、强调仲裁的友好型等，都需要将中国做法传达给世界，让上海国际仲裁中心打开知名度，增加世界对上海仲裁中心的信任和参与。其次，从国家战略层面而言，上海国际仲裁中心很大部分在支持"一带一路"倡议，众多境外法官均来自"一带一路"沿线国家，在未来上海国际仲裁中心还需进一步支持上海国际金融中心的建设，在中国贸易走向世界的同时将上海仲裁带向全球，让上海国际仲裁中心成为跨国企业解决经济纠纷的仲裁首选地。

此外，上海国际金融中心的司法国际化还应加强国际化法律人才

---

① 2004 年迪拜国际金融中心法院（DIFC）设立之初的定位是区域性法院，即在管辖权上是以属人管辖和属地管辖为主，2011 年通过修正案方式，DIFC 扩张了管辖权，以当事人协议为主可管辖与 DIFC 因素无关的跨国案件，实现了从区域法院向全球法院的转变。丁冬. 金融审判竞争视野下的司法供给——迪拜国际金融中心法院建设的启示 [J]. 金融理论与实践，2019（7）：62-68.

② 上海金融法院目前的管辖范围、法官任职资格及庭审语言等都还在我国《法官法》和《民诉法》规定范围内，如效仿域外金融法院、国际商事法庭扩张管辖权，聘任普通法国家法官，采用英语作为庭审语言等做法以实现国际化转变还存在诸多立法制约。

③ 截至 2020 年底，上海国际仲裁中心的当事人已经遍及全球 80 余个国家和地区，多起案件的双方当事人均为境外主体。外籍及港澳台仲裁人员占 37.41%。参见上海国际仲裁中心报道：http：//www.shiac.org/SHIAC/arbitrate_informations_detail.aspx？id=308。

培养和储备工作。① 关于涉外管辖，域外送达、司法结果互认等问题，尚须进一步做出努力。

（二）强化上海金融法院的"能动性"

上海金融法院作为专门法院，首要功能当然是发挥司法裁判的核心作用，其次便是审理疑难案件，履行规则供给职能，以发挥司法的"能动性"作用。尽管在过去的两年里上海金融法院做出了一系列的典型案例裁判工作，然而过于多元的尝试可能会将法官资源浪费于审判工作以外的地方。作为我国金融司法机关的"新晋网红"，上海金融法院在聚光灯下的工作环境难免过于急功近利，这一点在上海金融法院发布的两周年工作成果有所显示，多样的创新尝试能否为司法裁判加持动力尚且存疑，但过去两年法官们既充当纠纷裁判者，也承担法律研究、行政管理等工作的现实确实将金融法院发展成一个新晋"创业公司"。

首先，强化上海金融法院的"能动性"，为不稳定的金融市场提供规则供给，需要为法官"松绑"，以此使专业法官回归审判工作。依据上海金融法院发布的两周年工作成果显示，过去两年法官们除了充当纠纷裁判者，也担任了法律研究、行政管理等工作。上海高院公开数据显示，2019 年上海法官人均办案 299.6 件，较 2018 年同比上升13%，除去节假日意味着每个法官日均办案均在 1 件以上。金融市场发展带来了案件数量的增长，员额制背景下基层法官的审判工作已经压力重重，精细化、高质量司法的实现需要切实为法官再"松绑"。

在此方面需充分应用"智慧法院"建设成果。智慧法院在近年被全国法院系统列为一项创新，其要义是从申请立案到诉讼审判，再到执行结案，对包括法官与其他所有诉讼参与人在内的需求，都能作出

---

① 沈伟. 法与金融视阈下的上海金融法院：逻辑起点和创新难点 [J]. 东方法学, 2018（3）：14-28.

智能响应、提示与指导。目前我国法院利用互联网技术大大提高了法院的审理效率，其智慧化程度可能已经走在世界前列。如上海金融法院的网络化立案、智能辅助文书书写系统、自动语音识别庭审记录、金融大数据"智源"平台等，大大提高庭审效率，有力促进了庭审公开。① 未来各级法院还需深化区块链、大数据等技术在智慧法院建设中的应用，切实为法官"松绑"。

党的十九大报告提出，要"深化司法体制综合配套改革，全面落实司法责任制"。重视科技对司法体制综合配套改革的引领作用是应当遵循的基本原则之一。建设智慧法院对于促进司法体制改革具有重要意义。智慧法院也因此在近年被全国法院系统列为一项创新，其要义是从申请立案到诉讼审判，再到执行结案，对包括法官与其他所有诉讼参与人在内的需求，都能作出智能响应、提示与指导。目前我国法院利用互联网技术大大提高了法院的审理效率，其智慧化程度可能已经走在世界前列。

目前，上海金融法院在建设智慧法院方面已经做出以下几点尝试。第一，2018 年 11 月，上海金融法院开通两微（微信微博），为网络普法，自助立案提供了平台。第二，上海金融法院已实现网络化立案，法院现场也有诉讼文书的智能辅助书写系统，从案件类型、选择案由到自助打印，帮助你按照格式填写诉讼文件，打印提交。庭审现场运用语音自动识别做记录，大大提高庭审效率，有力促进了庭审公开。第三，上海金融法院正着力建设集数据收集、提炼、分析、预测功能为一体的金融大数据"智源"平台，集服务金融审判执行、服务当事人诉讼功能于一体的金融案件"智审"平台，集干部业绩考核、警务保障、后勤管理于一体的"智管"平台和集智能合议、云端服务于一体的"智慧法庭"。但在此基础上，我们对标目前国内智慧法院的

① 黄震，占青.我国金融法院的创新实践与未来展望——以上海金融法院的创设探索为中心的实证研究［J］.金融理论与实践，2020（1）：57-66.

集大成者——杭州互联网法院，其在智慧法院建设过程中突出的创新点有以下几点。第一，"异步审理模式"，即将涉网案件各审判环节分布在杭州互联网法院网的诉讼平台上，法院与原告、被告等诉讼参与人在规定期限内按照各自选择的时间登录平台，以非同步方式完成诉讼审理模式。这种模式对比传统诉讼审理模式来说更加节约时间和经济成本，使得司法更为便捷化，信息化，是"司法为民"的有力践行。针对上海金融法院的管辖范围，部分学者认为其应实现跨省审理，甚至对于全国重大金融案件均由其审理，因此，引入"异步审理模式"对于金融法院节约成本，提高司法审判效率意义重大。第二，司法区块链，杭州互联网法院于2018年9月引入司法区块链，其主要由三层结构组成：一是区块链程序，用户可以直接通过程序将操作行为全流程的记录于区块链，如在线提交电子合同、维权过程、服务流程明细等电子证据；二是区块链的全链路能力层，主要是提供了实名认证、电子签名、时间戳、数据存证及区块链全流程的可信服务；三是司法联盟层，即使用区块链技术将公证处、CA/RA机构、司法鉴定中心以及法院连接在一起的联盟链，每个单位成为链上节点。司法区块链可以通过时间、地点、人物、事前、事中、事后六个维度解决数据"生成"的认证问题，真正实现电子数据的生成，存储，传播和使用实现全流程记录，全链路可信，全节点见证。[①] 第三，大数据深度运用电子送达平台。杭州互联网法院于2018年4月宣布电子送达平台正式上线，探索破解民事审判诉讼文书"送达难"问题，并同时发布《杭州互联网法院司法文书电子送达规程（试行）》。该平台根据立案时当事人的姓名和身份证号等信息，利用大数据自动检索当事人名下的所有手机号码、绑定的宽带地址、电商平台账号、电子邮箱等常用电子地址，再将搜集到的信息与立案时的当事人提供的信息进行比对，倘

---

① 杭州互联网法院司法区块链上线，电子数据全流程可信：https://baijiahao.baidu.com/s?id=1612004706382834910&wfr=spider&for=pc。

若一致则默认为送达地址,如果不一致,则自动对当事人名下的手机号码、宽带地址、电商收货地址等信息进行深度挖掘。此种方式从技术上提高了审判效率。除此以外,互联网法院还将在线审理,人工智能等技术应用在司法审判中,其对于上海金融法院的智慧化转型具有很大的借鉴作用。同样,海南省高院引入大数据和人工智能技术、自主研发的覆盖量刑规范化智能辅助办案系统,其对于节约办案时间解决案多人少的问题具有重要意义。而同为国际金融中心的迪拜法院在智慧化探索上引用区块链技术实现跨境执行的免认证功能、通过编码将规则与合同写入智能合约等。①

我们期待上海金融法院能够充分利用我国现今互联网行业先进技术,利用我国金融科技(FinTech)和监管科技(RegTech)的"弯道超车"引进更多互联网法院甚至之外的高新技术,形成司法裁判的一些新规则,提升上海市国际金融中心建设的法治环境竞争力。

其次,法院"能动性"的发挥需要审判研究工作及大量审判研究人员的支持。目前上海市金融法院在人员配备上均是曾长期奋战在金融审判一线的法官,具有丰富的金融类纠纷审判经验。创设金融法院将这些人才集中到一起受理大量金融案件,有利于提高其专业化水平,提高审判效率和水平。② 国外许多发达国家设立专门金融审判机构的一个重要目的就包括希望培养一批专门型金融审判人才。我国创设上海金融法院的目标之一,也在于培养能够适应未来新金融发展趋势的专业金融审判人才队伍,以加强法律人才群体的内部交流和流动性,并有效解决人才储备问题。构建金融法学研究平台的同时也是在培养专业金融审判人员。对金融审判人员要求其应具备较高的法律知识与金融常识以及较为丰富的金融审判实践,必要时也可以考虑借助

---

① 丁冬. 金融审判竞争视野下的司法供给——迪拜国际金融中心法院建设的启示 [J]. 金融理论与实践, 2019 (7): 62-68.

② 沈伟. 法与金融视阈下的上海金融法院:逻辑起点和创新难点 [J]. 东方法学, 2018 (5).

专业金融类人才的力量，完善金融司法研究机制。

比拟同样的专门法院——杭州互联网法院，其在 2018 年 10 月成立互联网法治研究院，主要目的在于推动互联网法院持续深入改革和互联网空间治理的法治研究。[①] 笔者以为此种研究与实践相结合的模式完全可以套用于上海金融法院。即上海金融法院可成立自己的金融法学智库平台，其主要工作可围绕以下几点：第一，对金融司法领域的前沿问题开展研究，在为自身审判工作提供意见的同时也为相关法律和政策制定提供决策建议；第二，搭建前沿学术研讨和国际交流平台，为国际金融法学研究和金融市场的有效治理提供智力支持；第三，通过与高校共搭实习基地，在高校开办金融司法系列讲座等活动与高校及科研院所建立深度合作机制，为培养后续储备型专业人才提供支持；第四，通过组织编译国外研究著作，定期发布研究报告等方式达成与人才中心，金融机构的合作机制。

最后，上海金融法院还应力推在立执审过程中发现、培育、审理、推广的典型案件，以此树立中国标准、上海规则，为类案裁判和金融市场的法制教育工作发挥指导性作用。[②]

（三）完善上海金融司法 ADR 机制

为有效化解金融纠纷，上海的法治建设还需要进一步突出"一行两会"在金融纠纷多元化解决机制中的支撑作用，积极发挥金融监管部门的职能定位和专业优势，抓好已有各项多元化解决机制的落实工作，促进矛盾纠纷化解。大力推进金融仲裁，鼓励金融机构采用金融仲裁的方式解决金融纠纷，充分利用社会化纠纷解决力量和资源，便捷、高效地解决纠纷。此外，金融行业协会也应当积极发挥对金融纠

---

① 互联网法治研究院（杭州）揭牌成立：http://hztl.zjcourt.cn/art/2018/10/31/art_1225222_25459374.html.

② 黄震，占青. 我国金融法院的创新实践与未来展望——以上海金融法院的创设探索为中心的实证研究 [J]. 金融理论与实践，2020（1）：57-66.

纷化解的促进作用，继续扩大行业协会在金融纠纷案件调解中的覆盖面，针对当前债券违约纠纷、融资租赁纠纷持续高发的态势，推动建立债券、融资租赁纠纷专项金融纠纷多元化解机制。坚持将非诉解决挺在前面，加强诉调对接，进一步拓宽调解通道，将更多的金融矛盾纠纷纳入到多元化解机制中，为保障金融稳定贡献力量。具体而言，对于上海市甚至我国更多的国际金融中心，均可以积极采取措施构建金融 ADR 机制。

1. 提倡金融机构内部解决纠纷机制，并由金融监管机构实施监督

金融消费纠纷的专业性强，金融机构作为金融法律关系中的一方当事人，掌握着丰富的信息资源，在某些涉及消费者隐私权的纠纷案件中，由金融机构的内部机构处理和解决，具有便捷、省时省力及保密性强等优势。以金融机构设立专门的金融消费纠纷处理部门为前提，具有以下三个方面的职责：一是为金融消费者提供多样化的投诉渠道，一般包括开设投诉热线和投诉信箱，设立专门的投诉柜台或者窗口；二是对金融消费者的投诉进行处理，通常要求投诉部门热情积极地为投诉的消费者服务，尽力做好解释和说服工作，根据金融消费者的合理诉求，报告主管上级，及时纠正改善；三是做好每一年度或季度的金融消费者投诉报告，对金融机构各部门的服务情况进行详细分析，及时作出自我检讨，改善金融服务。

2. 充分发挥金融行业协会的双重纽带作用，切实保护金融消费者权益。金融行业协会是金融监管机构与金融机构之间、金融机构与消费者之间的纽带。一方面，行业协会可以将金融监管机构的消费者保护要求融入行业协会的自律规则中，促进监管机构对消费者保护工作的落实，在充分发挥行业性优势积极引导金融机构行为的同时，减少监管成本。另一方面，行业协会一定程度上代表了金融行业的形象。行业协会自身举办一些社会公益活动，加强金融消费知识的宣传和教育，以调和金融行业与消费者间的关系，有利于减少纠纷争议的发生。

同时，应当提高金融行业协会处理金融消费纠纷过程的透明度。金融行业纠纷处理程序应当公开化，以接受社会公众和广大金融消费者的监督。要避免行业协会充当垄断协议的幕后推手，消除消费者对行业协会的不信任感，加强行业协会维护消费者权益的职能，健全相关职能机构和完善保障措施，以更好地维护金融消费者的权益。

3. 以非营利法人形式设立全国性的第三方金融消费纠纷调解中心

当前我国已经于 2014 年成立中证中小投资者服务中心有限责任公司（以下简称投服中心），其属于证券金融类公益机构，归属中国证监会直接管理。投服中心的主要职责包括：面向投资者开展公益性宣传和教育；公益性持有证券等品种，以股东身份或证券持有人身份行权；受投资者委托，提供调解等纠纷解决服务；为投资者提供公益性诉讼支持及其相关工作；中国投资者网站的建设、管理和运行维护；调查、监测投资者意愿和诉求，开展战略研究与规划；代表投资者，向政府机构、监管部门反映诉求；中国证监会委托的其他业务。

以新加坡为例，2005 年 8 月，其设立了全国统一的金融争议调解中心（FIDREC），在对金融机构与金融消费者之间产生的纠纷解决上起到了不可替代的作用。从 2009 年 7 月 1 日至 2010 年 6 月 30 日，FIDREC 共处理案件 2055 件。特别是在金融危机之后"雷曼迷你债券"事件的处理上，截至 2009 年 11 月 22 日的数据显示，新加坡金融纠纷调解中心共接收 1760 起与雷曼产品有关的个案，其中已有 72% 得到解决、完成听审过程或正在等待双方签署和解协议，仅剩下 415 起个案仍有待仲裁、听审或调解。① 选择金融纠纷调解中心化解金融纠纷，在新加坡广大金融消费者看来，不仅无须花费高昂的律师费，而且可以在相对轻松的氛围内使纠纷得以公平、公正的处理。

借鉴新加坡等处理金融消费纠纷的实践，特别是香港地区金融纠

---

① 刘胜军，金洁．新加坡金融业争议调解机制 [J]．西部金融，2011 (11)：34-35.

纷调解中心制度的经验，我国可以也依托金融行业协会建立一个全国性的金融消费纠纷调解中心，拓宽金融纠纷处理的渠道，为金融消费者维权及金融纠纷的解决开辟新的途径。由于我国疆域辽阔、行政区域众多，通过唯一的金融消费纠纷调解中心处理全国的金融消费纠纷业务的辐射范围有限，所以该中心在各省、自治区、直辖市还应设置分支机构，接受金融纠纷调解中心总部的领导和监督，在金融消费者和金融机构平等协商、互谅互让的基础上提出最优的纠纷解决方案，公正、高效、快速地处理本地区内金融消费者投诉和进行金融消费纠纷调解工作。①

---

① 熊进光. 金融衍生品侵权法律问题研究 [M]. 北京：中国政法大学出版社，2014（10）：229-237.

第十四章 基于混合法建设国际金融中心的构想

一、混合型法律制度的法理基础与现实需求

（一）普通法系与大陆法系的特征及比较

所谓法系，是指比较法学家按照法的历史传统和形式上的某些特征，对世界各国法律体系所作的分类。就西方国家而言，其法律体系主要可分为大陆法系和英美法系。这两大法系各具特点，但在不少方面也存在分歧。这种分歧不可避免地会影响到其国内商事法，因为一国国内商事法是一国法律体系的有机组成部分，不可能脱离一国的法律体系而孤立地存在。通常认为法律制度分为两大体系，即以法国法、德国法为代表的大陆法系（Continental Law System），以英国法、美国法为代表的普通法系（Common Law System），也称英美法系。在大陆法系中，曾有人说法律由教授们制定。在普通法系中，曾有人说法律由法官们制定。这些当然是宽泛的概括。法学家和教授们对于民法发

展在法典化之后走向终结。在普通法系中，虽然法官在需要填补漏洞的地方仍继续制定法律，大部分法律如今由立法机关制定。但是，作为对于这两种体系的起源的描述，上述概括不啻于一种对于两者的发展史的向导。

由于历史、文化和宗教等方面的差异，两大法系有着各自显著的特点。（1）大陆法系（Continental law）形成于西欧，以法国和德国为代表。除了这两个国家之外，许多欧洲大陆的国家，如瑞士、意大利、比利时、卢森堡、荷兰、西班牙、葡萄牙等国，均属大陆法系。大陆法国家是成文法国家，法律是大陆法的主要渊源。大陆法国家的法律包括宪法、法典、法典以外的法律和条例等。判例在大陆法国家原则上不作为法的正式渊源，但20世纪以后，尽管大陆法国家是成文法国家，判例的作用也是不能忽视的。（2）普通法系（Common Law），又称为英美法系，它形成于英国，习惯上以1066年诺曼底人征服英格兰作为其开端，以后扩展到美国及其他过去曾受到英国殖民统治的国家和地区，主要包括加拿大、澳大利亚、新西兰、爱尔兰、马来西亚、新加坡、巴基斯坦，我国香港地区也属于英美法的范围。这一法系以英国和美国为代表（故称英美法系），在法的结构和渊源上都具有不同于大陆法的特征。

大陆"成文法"与美英"判例法"的总体特征有许多不同之处，这主要表现在以下几个方面：首先，在法律地位方面。在"成文法"法律样式中，成文法典、法规是法律渊源的主体，它们由国家专业的立法机关制定并颁布，在指导社会生活上具有极高权威。人们按照成文法典、法规来规范自己的行为，法官也必须依照法条来审理案件。而在"判例法"法律样式中，由于"遵循先例"的原则，使判例成为法律渊源的主体，判例被法官和律师援用。

其次，在法律价值方面。在"成文法"国家，判例作为法律渊源的价值常常被否定。① "成文法"国家禁止法官通过司法来立法，以往判例不得予以援引，法院判案只得援用成文法典、法规。在"判例法"国家"法典形式很少使用"，但是成文法典仍然有一席之地，它们是在"判例法"的基础上制定并受到种种限制，它们只充当次要的配角。

再次，在法官的职能方面。在"成文法"法律样式下，法官的作用是有限的，他们的主观能动性受到种种限制，他们的作用只能是依照成文法条来审理案件。② 他们不得援引已往的判例，更不能通过司法来立法。在典型、正统的大陆法系国家中，法官被视为一个由法学家和立法者所设计、建造的法律机器的操笔者，扮演着次要的或是无足轻重的角色。而在"判例法"法律样式中，法官处在十分关键的优越的地位，他们有权解释法律，创制法律，推动法律的发展。法官们在经常而适当处理早期判决方面拥有巨大自由。在美国，人们认为"法官就是法"。因此，可以说判例法是"法官创制的法律"。

最后，在法学家的作用方面。在"成文法"法律样式下，法学家的作用很大，处于重要的优越地位，法学家是大陆法中的重要人物，立法者、检察官、司法行政官员、法官以及律师无一不受法学家思想的影响。法学家们把大陆法系的历史传统和形式上的法律条文融于法律制度的模式之中，传授给学生们，并著书立说加以论证。立法者和法官接受了法学家的法律思想和概念，在立法和执行中加以运用。因此，尽管法学不是一个正式的法律渊源，但它却有巨大的权威性。"法学家们不仅创造了近代民族国家理论、法律实证主义和权力分立学说，而且还创造了法典编纂的内容、形式和风格，提出了具有决定意义的关于审判职能的观点。于是，法学家成了大陆法系中真正的主角，大陆法也就成了法学家的法"。可以说，法学家是立法和法律解释

---

① 沈宗灵. 比较法总论 [M]. 北京：北京大学出版社，1987.
② [美] 约翰. 亨利. 梅利曼在《大陆法系》一书中写道："大陆法系审判过程所呈现的画面是一种典型的机械式活动的操作图。法官酷似一种专门的工匠，除了很特殊的案件外，他出席法庭仅是为解决各种争讼事实，从现存的法律规定中寻觅显而易见的法律后果。"

的灵魂。而在"判例法"法律样式中，法学家只是与法官共同为着解决一系列具体的司法问题而从事学习研究的人。因为法学家大部分是出身法官拥有丰富司法经验的人物，他们的著作之所以有影响，完全是因为其内容源于实践而又便于解决实际问题。

"成文法"和"判例法"作为人类法律实践活动的重要法律样式，既有其优越之处，又有其不足之处。大陆法系为世界上历史最悠久的法系，它的法律具有直接的法律效力。它有着自己独特的优点，主要表现为以下几点。第一，概括性。成文法典、法规以简洁明确的文字形式表现出来后，使人们一目了然并明确其法律上普遍意义，从而使法律带有概括性的作用。第二，权威性。"成文法"由国家立法机关统一制定，这使得它在国家政权所及的范围是一致和同时有效的，而且"成文法"的权威使得它在国内各个法院得到同样的适用。第三，约束性。法律一旦生效就产生约束力，而且这种约束力是由法律条件作出明文规定的。第四，固定性。法律一经制定成立后，便以确定的社会规范来对社会关系加以强制性调整。第五，概括性。由立法者以系统抽象的理论和思维创设出来的法律具有高度概括性和一般指导意义。它们被用来调整不同的社会生活的领域。① "判例法"虽然不具有"成文法"那种直接用文字予以表现的形式，但是它和"成文法"一样具有法律效力和法律规范作用。它的优点主要表现在以下几方面。第一，有机成长性。判例法最大的优点是它本身有一种有机成长的原则，因而能适应新情况。② 判例是"开放的体系"，有新的局面，就有新的判例与之对应。"判例法"的审判活动，是以过去的判例来作为审理新案的依据。此后，新的判例又可能成为今后审理同类案件的依据。这样可以使同等案件得到同等的处理，又可以不断适应新

---

① 庄伟燕. 人法合治与混合法 中国传统法律思想的传承与发展 [M]. 广州：广东高等教育出版社，2003 (8).

② 沈宗灵. 当代中国的判例 [J]. 中国法学，1992 (1)：35.

的局面。第二，连续性和稳定性。在"判例法"中，法官做出判决要遵循先例，而且由于前一判例作为审判的适用，已经给法官提供具体的评价和主见，这使得法官很难背离已有判例所体现的客观标准去发挥个人的见解。第三，灵活性。"判例法"的确定，虽然以"遵循先例"为原则，但是"判例法"毕竟是产生于司法实践中的法律规范，故在具体的运用中，还可以在不违反"判例法"基本原则的前提下，进行必要的、更为确切、适时的灵活适用以达到更好的功效。第四，高效率性。从判例的内容来看，它包含案件事实、对事实性质的评价、对当事人的处分以及理由，等等。法官在审理同类案件时可以迅速通过比较而得出结论，不必再次耗费精力，从而提高审判的效率。第五，监督性。"判例法"有利于社会公众对司法的监督。"判例法"对所有的判决所做的公开要求，使得法官在审理案件后，需将判决的理由尽可能详细地叙述出来，然后通过法律报告的形式公之于众。这样就促使任何一位法官都要审慎处理案件，认真判决。① 第六，"判例法"能够极大促进法官的机能。在实行"判例法"的国家，法官"造法"是"判例法"形成和延续的最根本的条件。法官们不仅要深刻理解法律的精神，而且要具有良好的职业道德。

凡事有利必有弊，尽管"成文法"和"判例法"均有着许多优点，但是它们同样都有着不足之处。"成文法"的局限性和不足之处主要表现在：第一，模糊性。成文法典或法规毕竟是用抽象的文字和术语写成的，藏在这些文字背后的真实立法意图宗旨是不容易被人们准确把握的，特别是一些本身就模糊的概念，如"情节严重""数额较大""态度恶劣""正当理由""公共道德"，很难使人们得出准确的解释。第二，不能包揽无遗，存在着法律上的漏洞和"真空地带"。"成

---

① 对此现代许多学者都持赞成看法。汪建成. 对判例法的几点思考［N］. 烟台大学学报，2000（1）。张璇，张敬明. 对判例法的几点思考［J］. 福建公安高等专科学校学报—社会公共安全研究，2000（1）.

文法"在制定过程中，由于它的特征所决定，不可能做到面面俱到。况且，社会是不停发展的，新情况、新问题的出现，势必会否定过去的东西，从而导致"成文法"出现不适宜于社会发展的客观时代需要的现象。第三，法律平等性在某些时候难以得到保障。成文法条的抽象性，给法官的主观能动性留有极大的用武之地。在这种场合下，法官实际上是凭着他内心的标准（良心、正义、公平）来审判的。而不同的法官，其文化素质、个人阅历、道德观念等总是存在差别的，这样，很难保证同类案件在不同法官审理中达到同等的结果。① 第四，法律的滞后得不到立刻补救。成文立法是一种很正式很严肃的国家行为，它本身要依照严格的程序进行。而且，成文法典、法规一经制定颁布，就不能在短时期内更改或废除，即使发现法典的毛病或不足之处，也不可能立即更改。即使法典已经不适于变化发展了的社会生活，有时，为了维护法律的严肃性和威严，也只能暂时将错就错，不能立即更改。因此，"成文法"不能及时灵活地反映社会发展对法律调整提出的不同要求。

"判例法"的缺陷和不足，主要表现在：第一，判例是"判例法"体系中法律渊源的主体，由于长期的历史积累，判例的数量随着时间的推移，出现浩如烟海、纷繁庞杂的情况，这就会导致后人在查找断案依据时花费很多时间和产生很多的麻烦。② 同时它使得法律离大众越来越远，夸张一点讲，在"判例法"国家，离开了律师的帮助，公众便无法知道到底应当如何生活；另外，国家必须花大力气进行判例的编纂、整理工作，必须增加投入进行法律人才尤其是高水平的律师的培养，结果也会带来诉讼成本的提高和司法资源的浪费。第二，"判例法"是从许多个案中总结出来的，而判例是法官对具体案件作出的具

---

① 崔敏. "判例法"是完备法制的重要途径 [J]. 法学，1988（8）. 张建. 开创判例法法典化、成文法判例化的双轨制法律体系 [J]. 中国律师，2001（10）.

② 汪建成. 对判例法的几点思考 [N]. 烟台大学学报，2000（1）.

体判决，具有一定的独特性。世界上的事物是千差万别的，在生活中很难找出两个绝对相同的事件。因此，判例的可比性又是相对的大略的而非严谨的，这就使"判例法"带有片面性或不准确性。"判例法"弹性过大还会失去法律的规范性和严肃性。第三，"判例法"的基本原则是"遵循先例"，因此，"判例法"的审判操作过程都要沿用这一标准。这就会使得"判例法"带有僵化的保守倾向，这样会不利于法律变革。第四，"判例法"有可能会造成司法高于立法的弊病。判例法就是法官法，判例法将创制法律的权利交给了法官，法官既是立法者，又是执法者。法官往往被看作公平、正义的化身，但是法官也是人，因此法官也有可能会创造出错误的判例，这样法律的权威性就会受到破坏。①

（二）两大法系的融合趋势

大陆法和英美法在法的结构和法的渊源上均具有不同的特征，但从一个多世纪的发展趋势来看，两者差别正在逐渐缩小。我们联系当今世界许多国家立法的现实，许多国家的法律（法典）都呈现出"二元"或"多元"法系的性质。在大陆法系国家，判例的作用日益受到重视，而在英美法系国家，成文法更是已成为法的重要渊源，两者之间的对立逐渐在缩小，这无疑表明了两大法系有彼此靠近的趋势。其实这种趋势不仅体现在形式上，也体现在法的具体内容上。例如，近些年来，德国、法国、荷兰、意大利等传统的大陆法系国家，分别在各自的立法中，不同程度地吸收、借鉴或移植了不同法系的内容。诸如德国 1975 年的《一般交易条件法》、2001 年的《德国债法现代化法》和 2002 年的《德国侵权行为法》等，都先后分别借鉴和吸收了法国、奥地利、意大利、荷兰、以色列、瑞典、美国、英国、欧洲议会、

① 庄伟燕. 人法合治与混合法 中国传统法律思想的传承与发展 [M]. 广州：广东高等教育出版社，2003（8）：129–142.

欧洲法院判例、《联合国国际货物销售公约》，以及相关条约和欧盟指令的内容等。还有"《欧洲合同法原则》的前两部分中，至少有 132 个条文是以《联合国国际货物销售公约》的规定为模式的"；"这两个法律文本都对德国债法改革产生了巨大的影响"。① 最近，德国的公司法改革模仿了美国法的许多创新之处。由此，充分体现出德国现代立法和法典的完善所必需的比较法研究早已打破了法系和"一元法"的界限，有力地证明了在法律全球化的发展趋势下，尽管大陆法系和英美法系代表了两个不同的法系，但它们并不是毫不相干、互不影响的关系。相反，随着国际贸易和国际投资的发展，随着现代市场经济日益呈现出全球化、一体化的要求，两大法系在很多方面的分歧正在逐步缩小，民族国家的现代法律体现着国际社会法律的融合性、趋同性和共同性的发展趋势。

实际上，早在 18 世纪末，英国功利主义学者边沁便从合理主义的立场出发，对历史主义的"判例法"予以抨击，其结果是今天英美法系的部分法律成文化。现代英美议会立法大量增加，给予"成文法"应有的地位。如美国大部分州已有自己的宪法和刑法典。委托立法范围也日益扩大，甚至一些公私团体也可以草拟"成文法"，如美国"法律协会"20 世纪 50 年代制定了一部《统一商法典》。现代美国著名法官卡多佐（Cardozo）一定程度上强调逻辑推理在司法上的重要性，他确信存在着公认的社会标准和客观的价值模式，这使法律具有一定的统一性和连贯性。② 但大陆法系的判例化趋势更为明显，如现代法国行政和侵权行为的形成很大程度上即是"判例法"的成文化。联邦德国也明确宣布，联邦宪法院的判决对下级法院有强制性约束力。意大利、葡萄牙和西班牙等也偏离了古典大陆法系的传统模式，纷纷

---

① ［德］莱茵哈德，齐默曼；韩光明译，德国新债法——历史与比较的视角 ［M］. 北京：法律出版社，2012.

② ［美］A. L. 考夫曼；张守东译 ［M］. 北京：法律出版社，2001.

建立独立的司法系统，扩大法官的自由裁量权。欧盟的统一，使得那些成文法体系的国家和判例法体系的国家，越来越处在一个"混合的管辖和混合的法律体系"中。① 由此可见，法律的历史始终是在推崇法官广泛的自由裁量权和坚持严密细致的规则之间来回摆动，理性遭受经验的考验，经验则被理性所发展。在司法上，当代"判例法"是"成文法"生长的促进手段。"成文法"也不再是一成不变的，判例的积累会导致新的"成文法"出现。

当然，两大法系由于历史和传统的不同所形成的巨大分歧，尽管目前在缩小，但短期内并不会完全消除。两大法系并未统一，并未汇合成单一的西方法系。在法的渊源上，英美法系成文法的作用虽在提高，但目前判例法仍是法的重要渊源；大陆法系国家判例虽日益受到重视，但其作用显然无法与成文法相提并论。在法的具体内容上，两大法系亦有诸多分歧。② 不可忽视的是，当代世界主要国家立法依靠相对固定的"成文法"和流动性的判例来调整法的稳定性和可变性，从而显现出明显的趋势就是"混合法"的出现。人类社会正朝着多极化、多元化的方向发展。这种社会政治生活的变化，必将对两大法系，乃至世界其他国家的法律产生深远的影响。可以预言，未来各国的法律可能会有折中、融合的一面，既适用"成文法"又采纳"判例法"，已经成为世界各国法制发展的共同趋势。③ 世界各国将在保留自己的文化传统和法律制度的民族性、独立性的前提下，以更加积极的姿态迈向新世纪。

---

① William Tetley, Mixed Jurisdictions. Common Law V Civil Law (Codified And Uncodified) [J]. Louisiana Law Review, 2000.
② 秦立崴. 国际商法 [M]. 北京：北京理工大学出版社，2016（11）：10-13.
③ 赵秉志，田宏杰. 判例的适用与现代刑事司法的发展趋势 [J]. 中国刑事法杂志，2001（2）.

(三)"混合法"的法律样式

在西方比较法学的研究中,比较法学者们经常使用 mixed legal system 或者 mixed jurisdictions 来指混合法系。杜兰大学(Tulane University)的佛农·帕尔默(Vermon Palmer)教授就其书籍:《世界范围内的混合法域:第三种法系》(*Mixed Jurisdictions Worldwide:The Third Legal Family*)书中概括了混合法现象的性质。在其导论"扩展的法系一瞥"中,帕尔默教授写道:"混合法域已经存在于物理和智性的孤立之中,从世界法系家族中被切断。在某种意义上,每一个混合法域生来都是一个注定内向发展、意识到'他者'和杂交性的独子,不是这种,就是那种。位于地球四角的混合法域现在似乎是被文化海湾和大洋隔离开的大独居者。地理学家可能会很好地注意到,他们展现出与远方岛屿、贸易前哨和船运航线的亲和性。"[①] 加拿大麦吉尔大学教授威廉(William Tetley)明确地区分了"mixed jurisdictions"与"mixed legal system",他认为,"mixed jurisdictions"是指那些混合法律体系所支配的国家或国家中的一个政治实体;"mixed legal system"是一个其现行法律来源于一个以上法律传统或法系的法律体系。[②] 我国学者经常将前者译为"混合法域",而将后者译为"混合法律体系"。西方学者一般使用狭义概念,认为混合法系指的就是英美法系与大陆法系相混合的法律体系;也有采用广义概念的,比如加拿大渥太华大学的学者将混合法系分成:"民法法系和普通法系的混合体系""民法法系和穆斯林法的混合体系""民法法系、普通法系和习惯法的混合体系""民法法系、穆斯林法和习惯法的混合体系""普通法系和习惯法的混合体系""普通法系、穆斯林法和习惯法的混合体系""犹太教法、民法法

---

① Vermon V. Palmer, Mixed Jurisdictions Woridwide [M]. The Third Legal Family (Cambridge, 2001), 2001: 3.

② [美] William Tetley, Mixed Jurisdictions. Common Law V Civil Law (Codified And Uncodified) [J]. Louisiana Law Review, 2000.

系和普通法系的混合体系"。实际上，西方学者至今并未对"混合法系"的概念达成一致，因为"给混合法系下一个明确定义的时机尚未成熟，目前只能尝试就混合法系的特征作概括性描述"。① 我国学者根据西方学者的研究成果，对混合法系从广义和狭义两个层面进行界定。一般认为，从广义上讲，混合法系是指由两个或两个以上法律传统或法系的成分所构成的法律体系；从狭义上讲，混合法系则是指由民法法系和普通法系混合构成的法律体系。有学者指出，法系的概念和划分，更多的是对过去的、既有的法律发展格局的一种总结；而对混合法系的研究则不仅如此它更重要的是对未来法律发展趋向的一种展望、一种描绘、一种预测。② "混合法"的法律样式是指将成文法和判例法这两种法律样式在某一格局中融合为一体的新型法律实践方式。③ 从某种意义上来说，我国事实上已经不能被单纯认为属于大陆法系国家，而是偏向于混合法系国家。④

　　虽然目前还没有一个得到一致认可的混合法系的定义，但法学家们还是试着来描述混合法系的主要特征。美国法学家帕尔默教授（Vernon Valentine Palm-er）认为，如果一个法律制度具有以下特征则属于混合法系⑤：第一，混合的独特性。世界法律体系呈现多样化，有宗教法、习惯法、商人法、教会法、罗马法和法官法等，但是可以归为"混合法系"的混合成分是建立在大陆法和普通法基础上的。第二，数量和心理的特征。混合法系的二元性应该明显地被一般观察者所发现，在数量方面，混合发生之前可能有一定的数量要求，如美国

---

　　① Vemon Valentine Palmer. Mixed Jurisdiction Worlduide：The Third Legal Family［M］. Cambrige University Press，2001：7.

　　② 夏新华. 混合法系发展的前沿兼论中国法学家的理论贡献［J］.《湘潭大学学报》（哲学社会科学版），2008（3）.

　　③ 庄伟燕. "混合法"理论与当今司法改革［J］. 学术研究，2003（5）：67-71.

　　④ 霍普勋爵，刘晗. 普通法世界中的混合法系［J］. 清华法学，2012，6（6）：161-173.

　　⑤ Vemon Valentine Palmer，Mixed Jurisdictions Worlduide：The Third Family. Cambridge University Press，2001：7-10.

得克萨斯州和加利福尼亚州的法律体系中也包含一些大陆法系的成分，但仍被称为普通法系，而路易斯安那州则被视为混合法系，因为前者包含的民法法系成分远不如后者明显。在心理上来说，法律职业者和普通的大众都可以认识和承认法律的双重特点。因此，混合法系不仅有大量法律规则的混合，而且有制度本质和法律思维上的混合。第三，结构性的特征。根据这一特征，在私法和公法领域，英美法和大陆法分别占主导地位。因而对于混合法系来说，出现了大陆法的私法和英美法的公法并立的局面。与私法领域的大陆法成分相比，混合法系中的公法是典型的英美法，比如分权原则、法官独立、行政行为的司法审查、法律的正当程序等，当然，每一领域内都不会是纯粹的大陆法或英美法，但往往由其中一种占据支配地位。[①] 西方学者对帕尔默教授提出的特征并非没有异议，比如南非开普敦大学丹尼尔，维瑟（Daniel Visser）认为第三个特征不是通常意义上混合法律制度所必备的因素，因为先验地说英美公法和大陆私法的分野并非是判断一个法律制度是否是混合法律制度的必需条件。[②]

　　"混合法"这种法律样式的发展过程十分漫长。我国自古有"混合法"的发展"基因"。西周、春秋的法律模式是"判例法"。它是继承商代某些基本的法律原则和大量判例之后形成的，并在宗法贵族政体的基础上得到空前的发展。战国和秦代，封建中央集权官僚政体取代宗法政体，同时"成文法"取代"判例法"，法律由以君主为首的国家机关依照一定的程序制定出来并公布。法官依照成文法律进行审判活动，不能发挥主观能动性创制判例，也不能援引以往的判例，整个社会都处于"皆有法式""事皆决于法"的状态中。

　　封建社会历朝统治者都十分重视"成文法"的作用。中国社会每

---

① 刘兆兴. 比较法学 [M]. 北京：中国政法大学出版社，2013（9）：75-77.
② [南非] 丹尼尔，维瑟；朱伟东译. 混合法律制度生成中的文化力量 [M]. 北京：法律出版社，2008：11-57.

个朝代都有其代表性的法典，但是，由于成文法典自身存在着不可克
服的缺陷，判例制度始终都发挥着特殊的作用。"春秋决狱"的延续便
是一个非常明显的例子。整个封建社会，在人法关系上是"人法并
行"，"判例法"与"成文法"有机结合在一起，起着完善法和发展法
的重要作用。中国自西汉到清末的封建时代，其法律样式的总体面貌
是"成文法"与"判例法"相结合的"混合法"。这种法律样式对中
国近代社会产生巨大影响。

　　我国学者认为，在经济全球化的21世纪，法律样式变迁的内在规
律决定了"混合法"将成为世界法律发展潮流的契合。[①]20世纪90年
代末，武树臣教授在以全新的比较法理论重新审视世界法律文化后断
言：21世纪中国法律实践的大趋势是"混合法"，"混合法是中国数千
年法律实践的最大特征，也是祖先奉献给全人类的伟大宝藏，同时还是
西方两大法系未来发展的共同趋向。"[②]自21世纪以来，欧洲已多次召
开世界性混合法研究学术会议。有学者提出大陆法系与普通法系在近
一个世纪以来有相互靠拢的趋势，即向"成文法"和"判例法"相结
合的"混合法"发展。[③]夏新华教授也认为，混合法系将成为世界发展
的一个潮流。[④]庄伟燕认为，"混合法"是一个更高层次的法律实践样
式，它不仅需要一个有力的理论作指导，以摒弃以往的种种偏见，而
且还需要一个集中的统一有序的指挥和协调。同时还需要一批素质优
良的立法司法人员。可以说，"混合法"的构筑是一个庞大复杂的社会

[①]　黄震. 发现中国"混合法"——一个中国法学概念的学术史考察 [J]. 河北法学，2010
（2）：46-50.

[②]　武树臣. "混合法"——成文法与判例法相结合 [J]. 政治与法律，1996（5）：3.

[③]　威廉·泰特莱（William Tetley）在《混合法：普通法与民法（成文法与非成文法）》中
（Mixed Jurisdictions：Common Law vs Civil Law（Codified And Uncodified）)中将"混合法"界定为：
"在一个国家或一个国家的政区内实行混合司法制度。例如苏格兰可以说是混合法，因为它的司法
体系部分源于民法传统，部分源于普通法传统"。William T. Mixed jurisdictions Common law vs. civil
law（codified and uncodified）[J]. Louisiana law review 2000（3）：677-738.

[④]　夏新华. 混合法系发展的前沿——兼论中国法学家的理论贡献 [J]. 湘潭大学学报（哲学
社会科学版），2008（3）：24-30.

工程，在没有"混合法"传统只有单一法传统的国家或地方，"混合法"的实现是甚为艰巨的事情。而中华民族过去的"混合法"实践经历证明，中国式的"混合法"是成功的。它的成功并非仅仅源于中华民族的智慧，而在于它反映了人类法律实践的内在规律。①

此外，在一个更大的领域中，受经济全球化的趋势影响，国家商事法律体系不断扩张。对于共同商法体系的需求以及随后对于在这个领域由立法机关制定的同一规则的渴望开始侵蚀相互的边界。正如爱丁堡大学的乔治·贝尔（George Joseph Bell）教授在其《苏格兰法释义》（*Commentaries on the Law of Scoland*）的导言中所说："商法是普世的。它是基于自然衡平的、规制不同国家的人之间交易的、并且管理国家间交往的、独立于地方习俗和特定国家的内部法律的万民法（the law of nations）的一部分。"② 同样，牛津大学的民法教授詹姆斯·布莱斯（James Bryce）也曾预言认为："一个普通法和民法两大法系相互融合从而产生一种统一私法体系的时代即将到来。任何法律部门越是居于经济利益领域之中，从属于它的规则就越是倾向于在所有国家都一样，因为理性和科学在经济利益领域充分发挥作用。"③

事实上，普通法系和大陆法系早已出现相互融合的特征。联邦德国汉堡大学教授 K. 茨威格特和康斯坦茨大学教授 H. 克茨指出了两大法系在走向"混合法"：现在有某些"混合的"法律体系，要把它们放在正确的法里面是不容易的一例。如希腊、美国的路易斯安那州、加拿大的魁北克省、苏格兰、南非、以色列、菲律宾、波多黎各、中华人民共和国和其他一些法律体系。对于它们在式样上最接近的是哪

---

① 庄伟燕. 人法合治与混合法 中国传统法律思想的传承与发展［M］. 广州：广东高等教育出版社，2003（8）：142.

② George J. Bell, Commentaries on the Law of Scotland and on the Principles of Mercantile Juisdiction (7″ ed. , 1870)，preface, p. ix.

③ James Bryce, Studies in History and Jurisprudence（Oxford：Clarendon Press, 1901），p. 144.

一个法系。① 又如南非法律承继了大陆法系和普通法系的传统，英国法自身不断的"大陆化"特征。② 特别在金融商事领域，无论是大陆法系国家指导案例的应用，还是普通法系国家大量制定法的施行，都已证明两大法系有正在靠拢的趋势。早在 1892 年，美国为实现法律能够迅速回应社会变迁和价值观念更迭的目标，联邦和州立法机关都开始冲破普通法中"除非在紧急情况或为了某种特殊目的，立法就是一种恶性"的观点，③ 就此开启法典化运动，随着国际监管标准在全球范围内被广泛的应用，不同法系间的金融法也越发趋同。④ 正如美国伊利诺斯大学比较法教授彼得·哈伊认为："美国现在的法律制度既不是一个纯粹的法律制度，也不是仅由法律或法典编纂构成的，倒不如说它是一种混合制度。"以证券领域为例，美国作为普通法的典型代表，是全球最早施行证券法的国家，而其证券法恰恰是通过大量的制定法（如州蓝天法、《1933 年证券法》等）来施行的。同样，以我国为例的大陆法系国家，除了司法指导案例的出台，在证券法、公司法等条文制定上也参照了大量英美法系国家的法律规定。

当前，全球金融创新呈现大众化趋势，金融竞争的加剧也越发暴露出成文法的弊端。在大陆法系国家，赋予司法判例普遍的法律效力仍然存在明显的制度性障碍。而司法判例作为司法理念，则需要突破法系的藩篱。⑤ 因此，在金融创新的背景下，探索混合型法律制度建设既能够使得法院从"法条主义"的束缚中挣脱出来，从而弥补法律自

---

① ［德］K. 茨威格特，等. 潘汉典译. 法系式样论 ［J］. 法学译丛，1985（4）：9.

② Prabirjit Sarkar, Common Law vs. Civil Law: Which System Provides More Protection to Shareholders and Promotes Financial Development, Journal of Advanced Research in Law and Economics, Vol. 2, Issue 2 (4), Winter, 2011: 144.

③ ［美］罗斯. 庞德；唐前宏，摩湘文，高雪原译. 普通法的精神 ［M］. 北京：法律出版社，2000：111.

④ 周仲飞. 全球金融法的诞生 ［J］. 法学研究，2013，35（5）：175－194；Mark J. Roe. Legal Origins, Politics, and Modern Stock Markets ［J］. Harvard Law Review, 2006 (120): 476.

⑤ 于同志. "案例指导"何以发生 ［J］. 法律适用（司法案例），2017（10）：26-30.

身不完备的属性①，也能从制度上确立司法判例的效力，实现判例法融合成文法的发展模式。

二、粤港澳大湾区基于"混合法"建设国际金融中心的优势条件

（一）粤港澳大湾区产业互补性强

粤港澳大湾区具有雄厚的经济实力，大湾区经济总量大，经济融合度高，为粤港澳三地金融业合作发展奠定了良好基础，提供了更大的合作发展空间。2018 年大湾区 GDP 总量达 1.64 万亿美元。截至2017 年底，粤港澳大湾区三地银行总资产合计约 7 万亿美元，银行存款总额高达 4.7 万亿美元，均超过纽约大湾区和旧金山大湾区；2017年，粤港澳大湾区原保险保费收入约 1280 亿美元，占全国总保费的近四分之一，具有建设国际金融枢纽的良好基础。② 粤港澳通过深港、珠澳、泛珠三角等多种形式的多年合作，在交通运输、人才、金融服务等各方面都形成了良好的合作态势。随着三地经济的不断发展壮大和不断融合，粤港澳三地金融业将有更大合作发展空间和合作发展环境。

粤港澳三地金融业占据各自经济的主要份额，香港、澳门的服务业占据其经济总量的 90%，其中金融业又占主要份额，经济发展较单一，制造业较薄弱，而这恰恰是广东的强项，广东金融业已成长为广东省国民经济中的支柱产业。粤港澳大湾区经济融合、金融合作发展有利于优化湾区金融结构、扩大湾区金融领域更加开放。粤港澳大湾区经过多年多种形式的发展合作，形成了较为完备的产业体系，产业

---

① 法律的不完备性理论（Incomplete Law Theory）最早由哥伦比亚大学的卡塔琳娜·皮斯托教授和伦敦政治经济学院的许成钢教授提出。上海交通大学黄韬教授在其专著《公共政策法院——中国金融法制变迁的司法维度》及其论文《为什么法院不那么重要——中国证券市场的一个观察》指出，法律的自身属性决定了法律具有不完备性。

② 王哲. 构建粤港澳大湾区金融全产业链［N/OL］. 中国报道，［2020-10-09］，http：//www.chinareports.org.cn/djbd/2019/0409/8638.html.

优势互补，经济融合度逐步提高。广东有发达而先进的制造业和战略性新兴产业；深圳有世界级高新技术产业集群，创新能力较强；香港、澳门具有先进的服务业中心，国际化水平领先。这种较大的经济总量，较高的经济融合度，优势互补的产业体系、产业结构和价值链，为金融服务实体经济提供了巨大的业务空间，为粤港澳三地金融业合作发展奠定了良好基础，也是推动粤港澳大湾区实现金融融合和一体化发展的原动力。

另外，粤港澳大湾区金融基础好，金融体量大，具备了广泛而深入的合作基础条件和合作优势。广州、深圳是内地金融中心，香港是国际金融中心，金融业在粤港澳三地都是经济支柱产业。庞大的金融体量为粤港澳大湾区金融深度合作提供了极好条件，良好的金融基础为粤港澳大湾区金融合作发展提供了广泛的合作空间。

（二）粤港澳大湾区的区位优势

纵观历史，世界上被称为"超级连接器"的有巴拿马运河、英吉利海峡隧道等区域，它们的共同点都是掌控了货物贸易的黄金要道，其一启一闭之间，左右了很多上下游城市的兴盛衰亡。

相较之下，粤港澳大湾区也有这样的"超级连接器"地位。大湾区之所以会被定义为我国的千年大计，就是因为它以 21 世纪海上丝绸之路的支点，卡在了中国与世界交换生产要素的大动脉上，成为一个无可替代的超级枢纽平台。其中，广州是商贸的枢纽，其作为国际商贸中心、综合交通枢纽，广州在珠三角经济运行当中，发挥了重要的引领、辐射作用。这里有全国规模最大的专业批发市场，有号称"中国第一展"广交会，每一个档口背后，都连接着泛珠三角的一个工厂。这座千年商都就像中国制造与世界市场之间的连接器，上承生产，下承消费，极大地拉动了广东地区的产业扩张和经济增长；香港是资本的枢纽。在中美脱钩的大势下，香港作为超级联系人的重要性越发突出。不管过去还是未来，外商投资要进入内地，经常都会选择香港作为中介桥梁。内地走出去寻找全球资本融资，也经常会把香港当作跳板。而且在人民币国际化的历史进程中，香港发挥着非常突出的作用。毫无疑问，香港就是中国的金融"码头"，一个每时每刻都在吞吐着境内外资本的控制中枢，深圳是科创的枢纽，也是创新的枢纽。近年来的科技创新实力不断增长，使得深圳有望成为下一个硅谷的有力竞争者。这里产业链完备，任何一个从硅谷过来的方案，都能在几十千米范围内凑齐所有东西，从而批量生产落地。硅谷想法与中国制造，在深圳实现了完美对接。以至于越来越多的全球最强大脑，把深圳当成了创客之都，一个国际科创中心冉冉升起。作为一个超级枢纽平台，大湾区集散了海内外各类要素资源，拥有绝对区位优势足以在全球产业链分工中占据一席之地。

同时，粤港澳大湾区交通设施好，物流系统发达，对促进三地金融合作发展提供了良好的基础条件。粤港澳大湾区城市群基本实现交通互联互通，一小时生活圈已经形成。海陆空运输体系完善，粤港高铁、粤澳城轨、港珠澳大桥的相继建成，大大提升了粤港澳三地各方面的往来便利。苏、皖、赣、粤、港到东盟的物流大通道，云、川、贵、粤、港到东盟的物流大通道基本建成，对促进粤港澳大湾区金融深度合作和对外交流提供了良好的基础条件。人员的经常往来流动、货物的快捷流通，加快了大湾区及内地到东盟的人流、物流、信息流、资金流的流通速度，为粤港澳大湾区金融业的合作发展和对外开放提供了契机，湾区内的各个商业银行、证券业、投资业、保险业等将迎来新的巨大的发展机遇。

（三）国家政策的大力支持

从 2005 年我国明确提出建设"湾区发展计划"，到 2015 年"一带一路"倡议共建粤港澳大湾区以来，粤港澳大湾区建设从地方构想逐步上升为国家战略。2017 年 7 月 1 日，《深化粤港澳合作，推进大湾区建设框架协议》在香港签署，在习近平总书记见证下，香港特别行政区行政长官林郑月娥、澳门特别行政区行政长官崔世安、国家发展和改革委员会主任何立峰、广东省省长马兴瑞共同签署了《深化粤港澳合作 推进大湾区建设框架协议》。为加强特区政府积极参与大湾区发展，行政长官在 2018 年《施政报告》宣布成立高层次的"粤港澳大湾区建设督导委员会"，由行政长官担任主席，成员包括所有司局长。督导委员会负责全面统筹香港特区参与大湾区建设的事宜。此外，政制及内地事务局建议设立粤港澳大湾区发展办公室，并委任粤港澳大湾区发展专员。

2019 年 2 月，国务院下发《粤港澳大湾区发展规划纲要》（以下简称《规划》），在湾区城市群中，《规划》对湾区金融服务业的定位是"建设国际金融枢纽"，明确提出要提升大湾区在国家经济发展和对外开放中的支撑引领作用。为此要求有序推进湾区金融市场互联互通，建立粤港澳大湾区金融监管协调沟通机制，加强跨境金融机构监管和资金流动监测分析合作；完善粤港澳反洗钱、反恐怖融资、反逃税监管合作的信息交流机制；建立和完善系统性风险预警、防范和化解体系，共同维护金融系统安全。规划中对大湾区建设的基础条件和优劣势均详细列出，其中，区位优势、雄厚的经济实力、创新要素发达、领先的国际化水平以及良好的合作基础为粤港澳大湾区的发展提供了充足的基础条件。[①]

2020 年 11 月，香港特区政府宣布粤港澳大湾区发展办公室正式成立，以加强推动和协调特区政府有关大湾区建设的工作。办公室主要工作包括加强特区政府就参与大湾区建设的内部协调及为行政长官主持的粤港澳大湾区督导委员会提供秘书处支援；促进与本地持份者的交流和合作，收集他们对推进大湾区建设所提供的机遇及相关政策措

---

① 何晓军. 粤港澳大湾区的国际金融枢纽战略定位如何实现［EB/OL］. 北大金融评论.
［2020-09-10］. https：//mp. weixin. qq. com/s/3t7OeEJU0ovqGOxkd-9X8A.

施的意见；加强与国家发展和改革委员会、国务院港澳事务办公室、其他中央政府部委、广东省政府、澳门特区政府及大湾区主要城市的市政府及其所设的大湾区建设办公室等紧密联系，以及透过策略性的宣传推广活动，加深社会各界对大湾区建设的认识和为香港市民和企业带来的重要机遇。

从国家战略的角度考量，大湾区具备境内境外两个金融市场的优势，承担着促进人民币国际化的使命。香港金融市场的开放体系、法治环境，以及与国际接轨的监管制度是内地金融市场无法具备的"软实力"，这使得中外投资者可以在共同接受的规则体系和制度安排下，在香港市场开展人民币的投融资活动。

然而，正如《规划》所言，粤港澳大湾区建设在"一国两制"背景下既有优势，也面临着一定的挑战，粤港澳社会制度和法律制度的不同抑制了市场互联互通水平的提升。因此，我国有望在阿联酋 DIFC 和 ADGM 混合法制度建设的经验下，在粤港澳大湾区建设类似金融中心，以促进粤港澳大湾区国际金融枢纽的战略实现。

三、粤港澳大湾区基于混合法建设国际金融中心的制度构想

由于粤港澳大湾区内一个国家、两种制度、三个关税区、三种货币的复杂情势，增添了许多区域融合发展中的障碍，要让粤港澳大湾区媲美世界级的纽约湾区、旧金山湾区和东京湾区，还面临着一系列的困境与挑战。理论界的研究和实务界的创新实践为粤港澳大湾区创新治理的蓝图提供了丰富的研究资源，同时也将问题聚焦在了机制体制和制度创新方面。学界普遍认为统筹协调的区域性战略规划、畅通的资源要素流通、有效的协同治理是破解粤港澳大湾区目前发展困境的重要路径，但怎样以创新的模式实现这些路径值得探讨，本节将从国际金融中心建设的视角对粤港澳大湾区的体制展开创新研究。

（一）粤港澳大湾区的法制现状

1. 粤港澳大湾区立法现状

粤港澳大湾区区域立法是指在粤港澳大湾区范围内，通过立法主体制定的施行于湾区的法律制度。以下先梳理湾区内粤港澳各自立法的状况（见表14-1）。

表 14-1　粤港澳大湾区立法现状及特点

区域		立法现状	立法特点
粤	我国现行立法体制	"一元两级多层次"："一元"是指全国人大是最高立法机关，"两级"是指国家的立法权可以分列为中央与地方两个级别。"多层次"是指无论是中央立法还是地方立法，立法主体所处的地位都是多层次的	—
	广东省及珠三角九市的地方立法权	省级立法权（省级人大及其常委会）	（1）广东省地方性法规与港澳相近；（2）广东省地方性法规为港澳同胞提供便利条件；（3）运用经济特区立法权与港澳规则衔接
		经济特区立法权（如深圳、珠海、汕头人大及其常委会）	
		设区的市立法权（省会市人大及其常委会）	
	广东省区域立法实践	澳门大学横琴岛珠海校区的立法实践：2009年6月全国人常《关于授权澳门特别行政区对设立在横琴岛的澳门大学新校区实施管辖的决定》；2012年11月澳门立法会《订定横琴岛澳门大学新校区适用澳门特别行政区法律的基本规范》	
		珠澳口岸交界、深港口岸交界以及横琴口岸交界的区域立法实践：2001年11月国务院《关于广东省珠海市和澳门特别行政区交界有关地段管辖问题的批复》；2006年10月全国人大常委会《关于授权香港特别行政区对深圳湾口岸港方口岸区实施管辖的决定》；2019年10月全国人大常委会《关于授权澳门特别行政区对横琴口岸澳方口岸区及相关延伸区实施管辖的决定》	

续表

区域		立法现状	立法特点
粤		广东省及深圳、珠海的单边立法	
港	特别行政区立法会	特别行政区立法会是香港特别行政区高度自治的、唯一行使立法权的机关。特别行政区行政长官只能制定行政法规，而不能制定法律。在香港特别行政区，所有政府法例均由特别行政区律政司辖下法律草拟科的律师草拟。政府条例草案须经行政会议批准后，方可提交立法会。条例草案提交立法会后，须经过若干阶段的正式程序	（1）普通法与制定法并存；（2）香港立法属于地方立法；（3）香港立法会对法案、议案的表决程序不同①
澳	特别行政区立法会	根据澳门基本法的规定，澳门特别行政区依法享有行政管理、立法、司法等方面的高度自治权。澳门组建了新的立法会行使立法职能。立法会制度吸收了澳葡时代的积极因素，延续了议员由直接选举、间接选举、委任三部分组成的做法	（1）拥有高度自治权；（2）实行单轨立法制度；（3）拥有广泛的立法权限

2. 粤港澳签署区域协议现状

近年来，随着我国区域政策的实行，区域性行政协议事实上已经成为我国实现区域合作和解决区际争端的最为重要的法治协调机制之一。粤港澳大湾区的区域协议，是指粤港澳三地政府、法院或者其他组织间签署的各种协议。目前，在粤港澳大湾区范围内已经签署的，包括中央有关部门与粤港澳或香港、澳门签署的区域协议主要有以下几种（见表14-2）。

表14-2 粤港澳签署区域协议现状

类型	签署主体		时间	名称
区域行政协议	区域基础性行政协议			
	内地、香港、澳门相互之间签署的CE-PA	商务部与香港特别行政区政府财政司	2003年6月	《内地与香港关于建立更紧密经贸关系的安排》
		商务部与澳门特别行政区经济财政司	2003年10月	《内地与澳门关于建立更紧密经贸关系的安排》

---

① 荆洪文．粤港澳大湾区法治一体化路径研究［D］．长春：吉林大学，2019：163。

续表

类型	签署主体		时间	名称
区域行政协议	内地、香港、澳门相互之间签署的CE-PA	商务部与香港特别行政区政府财政司	2014 年 12 月	《关于内地在广东与香港基本实现服务贸易自由化的协议》
			2015 年 11 月	《服务贸易协议》
			2017 年 6 月	《投资协议》《经济技术合作协议》
		香港特别行政区政府与澳门特别行政区政府	2017 年 10 月	《香港特别行政区与澳门特别行政区关于建立更紧密经贸关系的安排》
	《泛珠三角区域合作框架协议》	福建、江西、湖南、广东、广西、海南、四川、贵州、云南 9 个省区人民政府，香港、澳门 2 个特别行政区政府	2004 年 6 月	《泛珠三角区域合作框架协议》（简称"9+2"区域合作框架协议）
	《粤港合作框架协议》《粤澳合作框架协议》	广东省人民政府与香港特别行政区政府	2010 年 4 月	《粤港合作框架协议》
		广东省人民政府与澳门特别行政区政府	2011 年 3 月	《粤澳合作框架协议》
	《深化粤港澳合作推进大湾区建设框架协议》	国家发展改革委、广东省人民政府、香港特别行政区政府、澳门特别行政区政府	2017 年 7 月	《深化粤港澳合作推进大湾区建设框架协议》
	区域专业性行政协议			
		粤港澳大湾区三方	2018 年 1 月	《粤港澳大湾区卫生与健康合作框架协议》
		工业和信息化部与广东省政府	2018 年 9 月	《深化工业和信息化合作共同推进粤港澳大湾区建设的战略合作协议》
		人力资源和社会保障部与广东省政府	2019 年 3 月	《深化人力资源和社会保障合作推进粤港澳大湾区建设的战略合作协议》
		粤港澳大湾区城市民政部门召开联席会议，"9+2"城市与会各方	2019 年 4 月	《粤港澳大湾区城市民政事业协同发展合作框架协议》

类型	签署主体		时间	名称
区域司法协议	内地与香港的区域司法协议	最高人民法院与香港特别行政区政府	1999 年 3 月	《最高人民法院关于内地与香港特别行政区法院相互委托送达民商事司法文书的安排》
			2000 年 2 月	《最高人民法院关于内地与香港特别行政区法院相互执行仲裁裁决的安排》
			2008 年 8 月	《最高人民法院关于内地和香港特别行政区法院相互认可和执行当事人协议管辖的民商事案件判决的安排》
			2017 年 3 月	《最高人民法院关于内地与香港特别行政区就民商事案件互相委托提取证据的安排》
			2017 年 6 月	《关于内地与香港特别行政区法院相互认可和执行婚姻家庭民事案件判决的安排》
			2019 年 1 月	《关于内地与香港特别行政区法院相互认可和执行民商事案件判决的安排》
			2019 年 10 月	《关于内地与香港特别行政区法院就仲裁程序相互协助保全的安排》
	内地与澳门的区域司法协议	最高人民法院与澳门特别行政区政府	2001 年 9 月	《最高人民法院关于内地与澳门特别行政区就民商事案件相互委托送达司法文书和调取证据的安排》
			2006 年 4 月	《最高人民法院关于内地与澳门特别行政区相互认可和执行民商事判决的安排》
			2008 年 1 月	《最高人民法院、澳门特别行政区关于内地与澳门特别行政区相互认可和执行仲裁裁决的安排》

续表

类型	签署主体		时间	名称
区域司法协议	香港与澳门的区域司法协议	香港特别行政区政府与澳门特别行政区政府	2005 年 5 月	《香港特别行政区政府与澳门特别行政区政府关于移交被判刑人的安排》
			2013 年 1 月	《关于香港特别行政区与澳门特别行政区政府相互承认和执行仲裁裁决的安排》
			2017 年 12 月	《香港特别行政区与澳门特别行政区对民商事案件相互委托送达司法文书的安排》
区域民事协议	以粤港澳大湾区非官方组织的民间机构作为民事签约主体签署的致力于推进粤港澳大湾区建设的一种区域协议	粤港澳三地房地产协会、商会	2019 年 3 月	《粤港澳大湾区建设合作协议》
		中国联通国际有限公司、中国联通广东省公司、香港电讯、澳门电讯有限公司	2019 年 3 月	《粤港澳大湾区信息通信服务合作协议》
		澳门电影协会、广东省电影行业协会、香港电影工作者总会	2019 年 3 月	《粤港澳电影合作框架协议》
		广东省广播电台与香港有线电视	2019 年 3 月	《粤港澳大湾区战略合作协议》
		粤港澳大湾区研究院、香港"一国两制"研究中心、澳门发展策略研究中心	2019 年 6 月	《粤港澳大湾区智库联盟框架协议》

3. 粤港澳大湾区的监管现状

随着粤港澳大湾区金融合作的不断深入，三地金融监管合作的重要性日益凸显。然而三地监管体制存在较大差异，香港是分业监管模式，澳门是统一监管模式，而内地是协调监管模式。以下主要梳理当前三地的金融监管现状（见表 14-3）。

表 14-3　粤港澳大湾区的监管现状

区域		监管体制		
		中央（政府）监管	地方监管	行业自律监管
粤	协调监管	金融稳定发展委员会、中国人民银行、银保监会、证监会	地方金融监管局	行业协会
港	分业监管	金管局、保险业监管局、证监会	—	银行公会、保险业联合会、交易所
澳	统一监管	金管局	—	银行公会、保险公会

（二）粤港澳大湾区的法律冲突

法律冲突是一种常见的法律现象。有学者将法律冲突分为以下三种情形：法律规定与社会价值的冲突、法律体系内部的冲突以及法律规定与社会事实间的冲突。①

粤港澳大湾区的建设涉及广东省与香港、澳门经济特区之间三种法域、两种制度下的法律规定问题。从立法的角度来看，广东省与香港、澳门地区之间享有的立法主体、立法权限范围、立法适用的范围等都明显的不同，势必会造成立法协同建设粤港澳大湾区存在冲突。特别是在法律制定、法律适用、法律执行上的冲突。如在投资管理制度、对外贸易制度以及金融创新制度等方面三地均存在法律冲突的情形，即其法律冲突的表现形式更多集中在第二种情形。

如在金融创新领域，2018 年 5 月 4 日国务院关于印发《进一步深化中国（广东）自由贸易试验区改革开放方案》的通知，提出"建立金融业对外开放试验示范窗口相适应的制度体系，健全金融创新发展和监管体制"。根据《立法法》第八条的规定，涉及"基本经济制度以及财政、海关、金融和外贸的基本制度"等经济事务时，只能制定

---

① 谢晖. 法律哲学 [M]. 长沙：湖南人民出版社，2009：157-158.

法律。因此，广东自由贸易试验区健全金融创新发展的同时，必然会导致立法权限超出地方政府，甚至是国务院权力的范围。那么，在不违反《宪法》《立法法》等上位法依据的前提下，如何在粤港澳大湾区自由贸易港内进行金融创新是需要思考的问题。

从司法的视角来看，根据《香港特别行政区基本法》和《澳门特别行政区基本法》的有关规定，香港、澳门特别行政区实行高度自治，享有独立的司法权和终审权。从执法的视角来看，实现粤港澳大湾区自由贸易港执法协作，必然要求广东省与香港、澳门地区各部门在各自职能权限范围内实现执法方式、执法原则、执法目标等执法活动的和谐统一。[①]

(三) 粤港澳大湾区基于混合法建设国际金融中心的构想

1. 构建独立的组织架构

我国具有庞大的金融体系和经济总量，也需要除上海以外更多的国际金融中心来激活区域内金融市场的活力，实施多元化的方式来探索新型国际金融中心建设的路径具有一定的可行性。

当前全球已有东京湾区、纽约湾区和旧金山湾区三大湾区，分别有与其实体产业经济和科技创新配套服务的东京和纽约国际金融中心，旧金山的金融业，也非常发达，都有发达的金融司法制度。2019年2月18日党中央和国务院颁发《粤港澳大湾区发展规划纲要》（以下简称《规划》），粤港澳大湾区将成为世界第四大湾区。与前述三大湾区不同，这一湾区前有东南亚十多个发展中国家，后有广袤纵深的内陆腹地，要在"一国两制"框架内，建设为充满活力的世界级城市群、具有全球影响力的国际科技创新中心、"一带一路"倡议的重要支撑、内地与港澳深度合作示范区和优质生活圈。这同样要求有配套

---

① 石逸群. 论粤港澳大湾区自由贸易港法律冲突及其协调 [D]. 广州：广东外语外贸大学，2019.

的国际金融中心及其法律制度发挥基础设施作用。虽然香港已经是国际金融中心，但需深圳和广州作为区域性金融中心相辅相成为大湾区提供金融服务。

借鉴阿联酋两大国际金融中心建设的经验，我国在粤港澳大湾区基于"混合法"建设国际金融中心具有一定的可操作性。首先，需要借鉴阿布扎比国际金融中心建立的中央与地方双向授权模式，以此取得金融中心在金融创新方面的合法性。其次，在该新型金融自由区设立独立的注册局、监管局和金融法院，形成共建共享的金融法制基础设施，并将我国区块链、人工智能等最新金融科技成果应用到国际金融中心。最后，金融法院应对标国际司法裁判规则，将判例法引入司法体系中，形成混合法的发展模式，实现对金融创新纠纷更快的措施应对。此外，阿布扎比国际金融中心在发展过程中积极与国外政府组织机构合作，建设离岸仲裁中心等措施也值得我国借鉴。更为重要的是，阿布扎比国际金融中心已在我国成立专门的办公机构，与我国多方达成密切合作，有助于我国深入地了解阿布扎比国际金融中心的创新动态。

2. 区域专门金融法院的业务管辖和功能

由于金融服务的特殊性和专业性，具有强烈的外部性外溢。这迫切要求大湾区将金融法庭单独建制设立金融法院对金融案件进行集中管辖，配备专业金融审判法官，以便完成党中央和国务院对湾区金融服务的定位要求，满足金融诉讼争端解决，共同协作完善大湾区金融司法制度，服务大湾区建设。

在具体业务管辖范围和功能方面，大湾区金融法院可比拟上海金融法院，成为各基层金融法庭的上诉法院，同样也管辖区内拟定标的的初审案件，地方高院法院作为其业务管辖和指导也是上诉法院。在具体管辖案件范围方面，仿照《关于上海金融法院案件管辖的规定》，大湾区金融法院管辖的金融民商事案件范围可包括：证券、期货交易、信托、保险、票据、信用证、金融借款合同、银行卡、融资租赁合同、委托理财合同、典当等纠纷；独立保函、保理、私募基金、非银行支付机构网络支付、网络借贷、互联网股权众筹等新型金融民商事纠纷；以金融机构为债务人的破产纠纷；金融民商事纠纷的仲裁司法审查案件；申请承认和执行外国法院金融民商事纠纷的判决、裁定案件。同时，当事人对当地基层人民法院作出的第一审金融民商事案件和涉金融行政案件判决、裁定提起的上诉案件，均由专门的金融法院审理。

通过上述构建，由此确保专门金融法院发挥以下四大功能：（1）金融法院通过集约管辖，更有效地定分止争，加大对金融消费者和投资者的保护；（2）管辖行政诉讼案件，对金融监管部门在内的行政主体所实施的各项行政行为，依法进行司法审查和监督；（3）创新规则制定，司法判决形成的规则要有前瞻性和示范性，成为我国参与国际金融市场治理的"试验田"、制定国际金融规则的"孵化器"；（4）行政、民事和刑事三合一，提高司法裁判效率和威慑力，同时探索金融法院内部多元纠纷解决机制，如指导诉讼交易方调解、仲裁与和解，降低诉讼成本，以节约稀缺司法资源。

此外，大湾区金融法院应该尽量做到与香港、纽约等国际金融中心的金融规则保持一致性、连续性和稳定性。对此，首先，需要建立普通法国家的国际金融中心的判例库和法规库，跟踪前沿法律规定和判例规则，同案同判，或者便于援引国际最新判例规则，节省学习成本。其次，法院需要着重研究和协调大陆法与普通法的法律冲突。因为金融跨期信用交易活动通过合同重新构造了复杂的法律关系，突破了大陆法系传统的物权法、合同法、公司法和担保法等民商法的既有规则与法律关系，要将缔约过失责任、违约责任、侵权责任等逐渐形成特定性的金融私法制度，与跨国界金融交易引致的纠纷裁判纳入国际私法和公法与国际软法进行协调。然后，专门法院需要与最高法院积极协调沟通，将最高法院司法解释、指导判例、司法审查、各种冠以"纪要""通知""指引"或"意见"名称的司法文件等形式和效力各异的司法解释制度规范化，应遵循"个案裁判—规则形成和积累—指导案例—司法解释—立法完善"的路径形成金融裁判规则的判例法制度，突破传统教义法学和民法范式的僵硬迟滞局限，快速响应情势变更，同时保持金融规则与其他国际金融中心的连续性、确定性和普适性。通过司法解释创设具有正当性和普遍性的裁判规则，法官和法院发挥良好的全球和中国区域的公共政策制度功能。最后，确立保护金融企业家法律制度。把金融简单地看成融资是错误的，金融是配置自然和社会资源的一整套生产性的治理机制，使这套治理机制对实体经济发挥作用，需要金融企业家创新和正当的法律规则保护。要将粤港澳大湾区建成世界第四大湾区，更需要工商企业家、金融企业家和政治企业家勠力同心。①

---

① 汪其昌. 专业化金融法院，为区域金融发展提供司法保障 [EB/OB]. [2020-09-29]. https: //mp. weixin. qq. com/s/62JGGVPvjuusasRcULnfiw.

第十五章　我国基于混合法建设国际金融中心的法制路径
——以粤港澳大湾区为例

综观世界三大湾区的发展历程都有非常宝贵的、先进的经验，但是这些经验遇到粤港澳大湾区的发展时却无法直接套用，其根本原因在于粤港澳大湾区所处的"一国两制"的大背景。因此，粤港澳大湾区的发展首先要考虑的是如何从顶层设计的角度解决好"一国两制"不同法系的法律协同问题。

当前我国现行成文法之间已存在不少冲突，再引入混合法必然会导致引入的普通法与现有法律规则之间形成更多冲突，要想达成两者之间的平衡，需要聚集众多法律专业人士和金融从业人员，在专业评估后不断修正引入的法律规定。协调不同制度、不同法系思维的冲突也并非简单的工作，化解维护相关政策和促进司法国际化之间的矛盾以及平息既得利益者对相关条文规定的反对也尤为重要。

目前，粤港澳大湾区的法律协同问题主要有以下几个方面，首先是国际法和大湾区内法律适用的相关问题。在"一国两制"和基本法的保证下，现时已有超过 200 项国际条约和协议适用于香港，如《公民权利和政治权利国际公约》《经济、社会与文化权利的国际公约》和国际劳工公约等。因此，大湾区会面临的一些问题既适用国际法，又可能适用国内法，如何协调国际法和国内法的冲突是大湾区面临的法律问题。

其次是属于中央与地方权力边际和粤港澳三地间关系的法律问题。中央和粤港澳的行政关系属于中央和地方关系，对大湾区来说，粤港澳三地又不能完全等同于内地其他各省市之间的关系，其中还涉及广东省和特别行政区之间的关系。根据宪法的规定，地方政府对于地方事务具有一定的自主权，但是涉及中央管治权范围如人才流动、便利通关和跨境建设等又不属于地方事务。未来有必要通过法律明确中央和粤港澳三地的权力边际范围。

最后是粤港澳三地间司法协作与法律适用体制机制问题。随着大湾区的发展，粤港澳三地间的司法协作显得非常重要且必要，比如由于历史等原因，香港与台湾、澳门和内地至今仍未有一套移交逃犯机制等。因此，未来三地间司法协作也需要不断探索多元化的解决机制，共建完善的湾区法治。①

我国如欲创设借鉴普通法系的国际金融中心，需要赋予地方政府和金融中心总管机构充分的自主权，其中就包括自由制定法规的权利，并且尽可能简化程序，通过修正案方式不断实现现有的法律法规与社会变化之间的协调。在面对法规与政策可能存在的冲突上，金融中心需要在两者间做出权衡，着眼于制度构建的未来效益，以实现权益最大化目标。

---

① 陈晓锋. 粤港澳大湾区法律协同是发展的关键［EB/OB］．［2020-09-29］. https：//mp. weixin. qq. com/s/DCh6kCkn16zBV8tdcD1F6A.

一、建立立法协同机制

(一) 设立区域立法协调机构

为协调粤港澳大湾区的立法冲突，可设立粤港澳大湾区立法协调机构。具体设立方式，可通过如下方式实现。

首先，粤港澳三地立法机构联合成立立法协调机构，内部人员由粤港澳三地立法机关人员参与，吸收法律、经济、管理类专家加入，定期召开会议，讨论常设机关提交讨论的提案或立法项目，形成大会决议，来指导各地的立法工作，协调各地的法治冲突，降低不同社会制度与法律体系产生的壁垒。

其次，为缓解执法冲突，解决"执法难"与提高执法效率，政府执法部门也应当通过各种方式参与其中，让处于执法一线的执法者来参与讨论立法，充分考虑执法者意见，便于解决执法难、执行难的问题。立法协调机构不仅是立法协调者，也是执法监督者，监督各地法律法规的执行，调研实际执行情况并发现存在的问题，向各级政府或人大提供相应的对策建议。

(二) 针对重点领域开展协同立法

建议粤港澳大湾区在重点领域开展协同立法。如在市场经济秩序与营商环境方面，要促进三地生产要素的合理流通，突破流通壁垒，促使资源、人才、资金的有效利用，优化营商环境；在公共服务与社会保障方面，要在社会保障和人力资源信息服务优化等方面进行立法协作，协调区域劳动人事争议，促进大湾区劳动人事关系的和谐发展。

通过以上各重点领域的立法协同，为粤港澳大湾区重点领域的协同发展提供高效务实的立法保障与制度供给。[①]

(三) 健全法律协调机制

由于大湾区内各市行政级别、立法权限都有差异，为了协调解决各方的法律冲突和新法制定的额外成本，粤港澳大湾区应健全长效的法律协调机制，使其推动三地的法制协调、制度对接和机制衔接。

从协同立法的方式来看，建议采取政府推进为主、社会演进为辅的路径；从协同立法的范围来看，可循序渐进地从具体性的大湾区共同事务进展到一般性的大湾区共同事务。从步骤看，要承接已有基础，根据《法律框架合作协议》，制定区际冲突法解决区域的程序规则，最后制定适用湾区的统一法，即各主体通过各自的法律程序和规范形式使大湾区内部合作相关法律达到实质的一致与协调。

从形式看，主要通过国家法律、行政法规、部门规章、省条例、经济特区条例等相应立法、特别行政区立法会相应立法、特别行政区政府附属立法，以及中央政府、相关部委、广东省及其有关市与特别行政区签署相应行政安排或行政协议来构建。从程序看，为了适应并保障湾区各项改革措施顺利开展，要及时向上级提请需要调整有关法律、行政法规的目录清单以及相关专项立法需求，凡是涉及需要调整现行法律的，应按照法定程序向全国人大及其常委会提出相关议案，经授权或者决定后实施，涉及调整现行行政法规的，应当按照法定程序经国务院授权或者决定后实施。

从内容看，上述有关立法和行政安排、行政协议要致力于解决人员、资金、货物、基础设施及信息机制的融通交流和公共服务共享，涉及出入境、海关、金融监管、交通建设、信息管理、社会保障等社会经济各领域相关法律法规。

---

① 易楠，李仕轩，易凌. 粤港澳大湾区立法协同研究 [J]. 政法学刊，2019，36（5）：51-57.

此外，由于大湾区地处三个不同法域，法律实践的主体和程序都有所不同，因此，在立法过程中除了要考虑资源配置追求效率最大化，更应该注重立法后司法、执法的费用和收益，即立法之后执法和司法是否可行、是否便利等问题。在立法实践过程中，可以按照急事先办的原则，根据湾区建设过程中迫切需要，先制定具有全局性、根本性意义上的法律，也可以按照由易到难的原则，最先制定的法律可以稍微简单点，以后再细致完善，还可以按照由浅入深的原则，从局部立法到整体立法。①

（四）发挥软法路径作用

一般认为，软法是指那些按照传统效力结构划分未必完整、不依靠国家强制力保障实施，但能够产生社会实效的法律规范的总称。② 软法规则是处于较高层次的一个治理规则，是社会治理当中大量需要而且是实际存在的一个中央层次的治理规则。软法具有协商、共识和合法性等核心要素，其价值取向和规范导向能够有效地维护权利、化解冲突、推动和谐，更好地回应我国当前社会发展中主体与诉求多元化的趋势。

从实践来看，粤港澳三地主要通过软法来推进经济一体化。（1）中央政府与港澳特别行政区政府签订行政协议。（2）通过泛珠三角合作平台，签订相关泛珠三角合作协议来推动包括粤港澳在内的泛珠三角经济一体化，如 2004 年《泛珠三角区域合作框架协议》《泛珠三角区域知识产权合作协议》等。（3）粤港澳三地通过平等协商签订行政协议包括三个层次：一是粤港澳政府之间签订的行政协议，如 2010 年粤港政府签订的《粤港合作框架协议》等；二是粤港澳相关职能部门

---

① 谭博文. 冲突挑战与创新融合：粤港澳大湾区法治建设思考 [J]. 特区实践与理论，2019（5）：55-62.

② 韩德培. 论我国的区际法律冲突问题——我国国际私法研究中的一个新课题 [J]. 中国法学，1988（6）：5-6.

签订的行政协议，如 2004 年广东科技厅与澳门科技委员会签署的《粤澳科技合作协议》等；三是广东各市与港澳以及广东各市其职能部门与港澳相关职能部门签订的行政协议，如 2004 年香港律政司与深圳市司法局签署的《香港深圳法律服务合作协议书》等。四是不同领域的合作，随着粤港澳经贸合作的深入，浅层次的法律合作不能适应经济快速发展的要求，在 2007 年 8 月 2 日，广东与香港共同签订了《深化实施 CEPA、共同推进粤港服务业合作步伐协议》《关于加强粤港信息化合作的安排》《2007—2008 年粤港知识产权合作协议》等法律文件。为双方在经贸、环境保护、知识产权保护等方面的合作打下法律基础。[1]

因此，结合目前我国理论界的看法和实践中的做法，可作为粤港澳大湾区法治一体化软法路径主要有区域政策、区域协议、区域示范法和区域判例法等。[2]

二、深化金融监管合作，推动金融规则国际化

（一）构建金融监管协调机制

综观国际经验，无论是欧盟建设单一金融市场，还是英国退欧后设想与欧盟建立自由贸易区，都表明经济一体化是湾区经济腾飞的关键，而经济一体化的关键在于市场的深度融合和统一化，其中规则趋同是必要条件，只有规则趋同，准入和流通限制才能够做到完全取消。规则趋同也是"单一通行证"顺利推行的重要机制保障。因此，推动金融规则和标准趋同，促进金融治理环境的不断融合，是未来粤港澳

---

[1] 王紫零．全面构建粤港澳大湾区对外开放新体制的软法研究［A］．新兴经济体研究会、中国国际文化交流中心、广东工业大学．新兴经济体研究会 2018 年暨第 6 届新兴经济体论坛人类命运共同体论文集（上）［C］．新兴经济体研究会、中国国际文化交流中心、广东工业大学：广东省新兴经济体研究会，2018：9.

[2] 荆洪文．粤港澳大湾区法治一体化路径研究［D］．长春：吉林大学，2019.

大湾区金融监管合作的方向。

对此，粤港澳大湾区的发展首先需要从体制上深化金融监管合作，具体包括签订合作协议，设立协调机构，共享监管平台及数据等方式来促进监管合作，便于其他金融监管机构对跨境金融市场动态有更深入的了解，减少信息壁垒，及时解决金融合作中的问题与纠纷。

其次，粤港澳大湾区金融监管协调委员会可设立推动金融规则趋同的专项工作小组，组织大湾区三地各类金融市场主体，梳理内地和港澳各类金融业务规则与标准的差异，在此基础上凝聚共识、求同存异，划定具体金融业务实现同城化所需共同遵守的最低标准。

最后，在实施手段上，可借助"监管沙盒"，使其更好地适应国际法制和监管规则，降低试错成本，确保风险可控。目前香港地区的"监管沙盒"只适用于银行业相关金融科技及创新科技，由金管局推出，并对测试业务提出一定要求，明确测试的对象、范围及业务类型，还制定保障消费者权益的措施并且实施额外的风险管理措施[1]，但没有设定具体进入"监管沙盒"测试的流程，具有较大的弹性。内地和澳门地区可以借鉴香港地区的做法，将"监管沙盒"制度引入跨境金融服务中，由粤港澳事务委员会推行，并率先在银行业试行，由于三地银行业的沟通合作较多，测试成效更具参考价值。但有必要制定进入"沙盒"的具体流程，因为粤港澳三地的金融机构众多，如果每个金融机构都与委员会商讨再进入"沙盒"，时间成本和资金成本将会相当高昂。制定统一的流程标准虽灵活性不足，但减少了因"沙盒"准入规则不明而增加的监管风险。在银行业试行后，下一阶段可以在保险业、证券业进行推广，并根据"沙盒"测试反映的结果，不断调试金融监管措施，各地也可以根据自身区域的情况制定相应政策，支

---

[1] 张景智. "监管沙盒"的国际模式和中国内地的发展路径 [J]. 金融监管研究，2017 (5)：22-35.

持与发展跨境金融服务。①

(二) 转变金融监管方式

近年来，随着中国金融混业经营时代的到来以及金融创新和以互联网为核心的第四次科技革命的发展，互联网金融、准金融机构、地方金融机构等新型金融机构快速发展，中国金融创新产品高速发展，然而传统的金融监管手段不完善，对金融创新产品的监管落后于金融创新产品的发展，相关金融监管方式未能跟上时代发展的步伐，金融机构自主创新能力不足，需要进一步更新调整中国的金融监管理念，推动金融创新发展。因此，转变金融创新监管方式，健全中国的金融创新产品监管机制，简政放权，让渡监管权限给市场机构，支持金融机构自主创新，对于维护中国金融市场稳定具有重大意义。

粤港澳大湾区具有转变金融创新监管方式的天然优势，特别是可以借鉴香港金融创新监管方式的经验和相关法律体系②，在粤港澳大湾区内进行试点，探索适合中国国情的金融创新产品监管制度，确立适合中国的金融创新产品监管模式，完善金融创新产品的监管主体，完善对信用评级机构的监管，建立金融风险预警机制，待成熟后可进一步推广试点范围并向全国普及。同时，要减少行政审批，向服务型政府转变。金融监管委员会实施行政监管职能，行政审批等职能应让渡给市场机构，包括中国证券业协会、中国保险业协会、信托业协会、融资租赁协会、三大证券交易所、代办股份转让系统以及金融交易所等。

---

① 李莉莎，陈丽仪. 粤港澳大湾区金融监管合作的法律思考 [J]. 区域金融研究，2020 (3)：41-47.
② 任健. 香港与内地银行业监管体系比较 [J]. 河北金融，2004 (6)：7-8.

（三）支持综合金融监管创新试点

近年来，随着中国金融业的迅速发展，金融机构以外的大量金融活动，包括各类金融机构和非金融机构，需要实现全方位的金融监管予以规范，然而现行的金融监管规则、监管体系的改革并未跟上，某些金融业态处于监管真空、交叉地带，游离于监管体系之外，带来重大金融隐患。特别是大数据、云计算等新兴信息技术推动了以互联网金融为代表的金融创新蓬勃发展，各类互联网金融业态竞争激烈，比如支付宝、微信支付等网络支付金融的快速发展，不同于传统金融领域的货币结算除了现金结算之外的所有结算都是通过银行体系进行，监管部门可以通过央行的清算系统和商业银行的结算网络实现反洗钱、资金流向监管等目标，建立在网络支付基础上的各种互联网金融的结算体系是第三方支付平台，使得大量资金脱离银行体系和央行清算体系，削弱了央行的货币监管能力，导致互联网金融风险案件频发，加大了金融系统性风险。与此同时，金融混业趋势明显，当前的分业监管模式出现很多不适应的地方，容易产生监管真空和监管套利，导致重复监管，增加监管成本，无法满足金融混业经营监管的需要。

金融业的快速发展所带来的问题对提高金融综合监管能力提出了要求。创新金融综合监管机制，加强金融综合监管合作，对于加强混业经营监管、规范各类互联网金融业态、遏制互联网金融风险频发、优化市场竞争环境、提高投资者风险防范意识、实现规范与发展并举、创新与风险防范并举、建立和完善适应金融业创新发展新趋势的监管长效机制、推动金融业快速健康发展具有重要意义。

支持在粤港澳大湾区开展金融综合监管机制创新试点，探索金融综合监管创新，组建综合监管联席会议，开展粤港澳金融监管交流与合作，有利于加强广东省地方各级政府金融工作部门与驻粤金融监管机构的沟通协调，加强信息通报，建立责权对等的地方金融工作机制；有利于加强跨部门、跨行业、跨市场的金融业务监管协调和信息共享，进而组建大湾区金融综合监管合作理事会；有利于推动建立粤港澳的政府部门、金融监管机构、三地金融企业以及学者专家的智库平台，聚集丰富的金融智慧资源为大湾区建设提供智力支持；有利于创新粤港澳三地金融监管合作方式，在海峡两岸经济合作框架协议（EC-FA）框架下，逐步深化粤台金融合作，开展两岸金融合作试点，深化粤港澳大湾区金融合作，增强对全球的金融辐射能力。①

（四）充分运用科技拓宽金融融合与监管的边界

粤港澳大湾区金融融合发展，是一个动态演进的过程，其中制度的对接、监管的协调、市场的联通、机构的互设、产品的互认均需要时间和资源来进行具体的设计。在此过程中，科技的运用能够拓展协作的可能性边界，推动更有效、更平稳的融合发展。

首先，大湾区需要充分运用区块链、大数据、云计算、人工智能等金融科技，助力大湾区建设。逐步推动大湾区三地企业、个人征信信息和其他注册登记信息共享，并向大湾区金融机构开放，支持其充分运用大数据、云计算、人工智能技术，更加精准提供跨境个人信用贷款、企业小微贷款，以可负担的成本为大湾区有金融服务需求的社会各阶层和群体提供适当、有效的金融服务。支持和鼓励大湾区金融机构与金融科技公司、供应链平台和跨境电商等机构加强合作，更多运用区块链技术，开展跨境贸易融资业务。一方面提升单证资料核验便利性，大幅缩短贸易融资办理时间，另一方面提升交易信息的可追溯性，增强贸易背景的可信度，提升中小企业贸易融资可获得性。

其次，粤港澳大湾区还需创新监管科技（RegTech）手段，提升跨

---

① 逯新红.关于粤港澳大湾区金融监管合作的几点思考［J］.特区经济，2017（5）：15-18.

境金融服务监管效率和跨境金融风险防范能力。随着港澳地区各类金融产品和服务的不断丰富，新型账户交易形式日益增加，机构投资者交易类别和需求更加多样化，更多的程序化交易正在投入应用，跨境交易和资金流动愈加复杂，未来对跨境金融监管势必提出更高的要求。2018年，欧盟正式实施了《金融工具市场指令2》（MiFID Ⅱ）。MiFID Ⅱ鼓励金融机构和监管机构，运用科技手段来提高业务水平和监管效率。未来粤港澳大湾区金融监管可加强对区块链技术的运用，建立统一的风险监测平台，实现对跨境洗钱、逃税、非法外汇活动等信息和数据的实时共享，加强协作，提高跨境金融业务监管效率和能力。同时，可加强对大数据、云计算、人工智能技术的运用，提高违规风险识别的智能化水平，及时从海量跨境金融交易数据中，识别花样繁多的跨境套利、洗钱、逃税、非法外汇业务等违规业务模式。最后，可借助云计算与人工智能技术，进一步提升算力、完善算法，提高跨境金融风险识别速度和精度。

三、强化司法合作与保障

（一）增强司法的主导性

司法保障市场公平竞争、保障开放创新的水平直接影响着一个地区甚至一个国家营商环境的评价，法院应当重视商事裁判在确立行为规则、规范引导市场行为等方面的重要价值，以激发区域内的经济活力。目前粤港澳三地的法律制度有着明显的区别，内地法律为大陆法系，以成文法为主，澳门法律制度与内地类似，但是香港法律为英美法系，判例法也扮演着重要角色。对此，粤港澳大湾区可充分发挥司法的主导作用，实现三地的司法合作与保障。

首先，粤港澳可试点推行混合法，将部分香港金融相关的判例法，通过立法转换为大湾区地方法规。同时，也要探索设立大湾区内地跨境金融法院，建立跨境金融纠纷快速处理机制。目前，港澳与内地司法管辖权不同，适用法律也不一致，在金融纠纷的处理上可能存在不同标准，处理效率也不高。可探索设立大湾区内地跨境金融法庭，在遵循我国金融法律法规的前提下，参照国际通行规则，建立金融纠纷调解快速处理机制，统一处理大湾区内地市场与港澳的跨境金融纠纷，提高金融纠纷处理效率。

其次，司法需保障大湾区投资贸易的自由化和便利化。依法支持服务业扩大对外开放的政策，依法平等保护境内外民商事主体的权利。根据自贸区贸易业务的转型升级和发展情况，及时调整裁判尺度，妥善处理贸易纠纷，推动形成更加便利化、自由化的贸易环境。

最后，建立严格的粤港澳大湾区知识产权司法保护体系。粤港澳区域法院应加强与知识产权司法鉴定所等机构合作，发挥各自优势，有效解决"取证难、举证难、出证难"等问题。探索在法院内按照聘任、外包等方式选任具有专业知识的技术调查官，提升知识产权审判的专业性。最后，注重对区域企业迅猛增长情况下的司法保障。结合商业保理、融资租赁等新型金融业态迅猛发展的情况，通过裁判鼓励和支持"暗保理""售后回租"等新业态发展，制定完善相关裁判指引，强化裁判的规范和引导作用，有效防范和化解金融风险；加强对商事登记制度下企业抗风险能力较弱等问题的研判，注重对企业运行中不诚信经营、劳动者不诚信从业等行为的引导和惩戒。在涉外涉港澳台执行案件中，强化限制出入境等强制执行措施的运用，切实增强执行的威慑力和有效性，为大湾区经济高质量发展提供优质的司法服务。①

---

① 谢雯，丘概欣．粤港澳大湾区建设中司法合作与司法保障的路径——以涉港澳民商事审判为视角 [J]．法律适用，2019（9）：48-56.

（二）增强国际区际商事纠纷解决的开放性

在司法理念、裁判规则等方面全面对接国际经贸规则，健全国际民商事案件诉讼机制，不断满足中外商事主体司法需求。

首先，充分体现涉外涉港澳台商事审判的开放性和主动权。国际民商事案件管辖权的扩张与平衡是涉外审判的永恒主题，关系着一个国家司法能力，也直接影响着本国企业在外投资的利益保护。经济外向型的国家会尽量扩张本国的管辖权，如同美国的"长臂管辖"。[①] 对此，在涉外涉港澳台民事诉讼中，依法可以灵活把握协议管辖法院的连结点，最大限度保障域内外当事人协议选择法院的意思自治。另外，法院可探索适用"最低联系原则"，依法积极行使管辖权，推动构建自贸区与合作区开放型国际民事管辖体系，体现我国司法的开放性和话语权。而对于涉及粤港澳大湾区的案件，由于三地同属中国，需要在管辖权方面进行平衡，需要在内地与香港、澳门司法合作安排框架下，最高人民法院与香港、澳门司法机构就实践中出现的问题通过司法解释等方式进一步落实。另外，进一步完善域外法查明的专家库和案例库，健全法律查明专家出庭质证的程序、对查明意见的采用机制等，增强域外法查明的能力和公信力。

其次，以重大涉外案件审判为突破口提升我国司法的国际影响力。健全对重大敏感案件的发现、培育和审理机制，结合广东自贸区外向型经济特点，着力审理一批在辖区、全国乃至国际上具有影响力的商事案件，尤其是涉及证券信托、私募基金、商业保理等新类型金融案件以及外商投资领域中的外资准入限制和股比限制案件。积极推出法律产品并对外宣传，通过重大案件裁判的影响力，引领和规范国际贸易、外商投资等市场行为。

---

① 何其生. 大国司法理念与中国国际民事诉讼制度的发展 [J]. 中国社会科学，2017（5）：124.

最后，注重借鉴吸收域外有益的司法经验以推动法治统一性。坚持兼容并蓄、开放创新的发展理念，发挥深圳、广州与港澳的综合优势与比较优势，注重学习借鉴香港等地有益的司法制度和司法经验，如香港的律师费转付制度、强制答辩制度、调解的约束机制等，可在涉外涉港澳台商事案件中进行探索尝试，逐步推动粤港澳大湾区法治的统一性。①

（三）增强多元化纠纷化解的统一性

从英国、新加坡、迪拜等地的经验可以看出，建立与经济发展水平相适应的商事争议解决中心，是营造良好的法治化营商环境的必备条件和必然要求。例如，新加坡于 1990 年成立新加坡国际仲裁中心，1997 年成立新加坡调解中心，2015 年成立新加坡国际商事法庭，目标在于将新加坡打造成为亚洲及太平洋地区的国际商事争议解决中心。② 粤港澳大湾区也需构建统一顺畅的多元化纠纷化解机制，整合内地与香港、澳门的调解资源，推动形成诉讼、调解、仲裁顺畅衔接、相互配合的争端解决平台，是商事纠纷化解的破解之策，必将提升大湾区的整体竞争力。

首先，推动粤港澳形成统一协调的调解机制。在这方面，前海"一带一路"国际商事诉调对接中心已有丰富的探索经验，推动与香港调解机制搭建广泛的调解平台，聘请外籍和港澳台籍调解员参与调解，体现了国际化元素。但基层法院的探索毕竟受限，建议可由广东省高院牵头，发挥司法主导作用，加强与港澳地区司法机构、仲裁机构及调解组织的交流合作，推动建立标准统一、平等保护、共同接受的区际化的多元化解纷机制，在调解规则方面与国际调解实践接

---

① 谢雯，丘概欣. 粤港澳大湾区建设中司法合作与司法保障的路径——以涉港澳民商事审判为视角 [J]. 法律适用，2019（9）：48-56.

② 张淑钿. 粤港澳法律合作二十余年：成就与展望 [J]. 法治社会，2018（4）.

轨，在机构设置、调解程序、调解标准、组织人员等方面充分体现粤港澳各地的参与度和话语权。建立统一的调解员资质认证制度，完善调解员名册，增强调解员的区域流动性，构建统一的调解员职业水平评价体系，提升调解员的专业化、职业化的水平；打破调解的地域性限制，扩大司法确认的范围。

其次，丰富国际区际商事纠纷的调解模式。支持商事调解组织、行业调解组织、律师调解组织市场化运作，进一步扩大内地、香港、澳门律师调解员队伍，对收取当事人调解费用等方面给予支持，定期开展培训，激发相关调解组织的专业化、职业化优势。拓展港澳台籍与外籍调解员参与涉外涉港澳台案件调解的范围，完善"港澳台籍和外籍调解员+内地调解员"以及"港澳台籍和外籍调解员+调解法官"等商事纠纷联合调解机制，提高纠纷化解效率。

（四）增强粤港澳司法互助合作的顺畅性

在服务保障粤港澳大湾区建设过程中，充分考虑大湾区涉及到三个不同的法域所适用的法律制度和文化的差异。广东法院是对外司法交流的窗口，要积极发挥司法互助合作交流的作用，找准工作着力点，及时回应大湾区建设中商事主体的司法需求。

首先，推动香港与内地的民商事判决得到更好的承认与执行。香港和内地法院的判决相互得到承认与执行关系两地民众的切身利益，是当前内地与香港两地商事主体更为关注的问题。虽然当前内地与香港签署了民商事判决承认与执行的互助安排，但在实践中必然还有不少问题需要解决。对于还未纳入互助安排的事项，建议可先通过互惠原则，推进判决得到相互承认和执行，为进一步完善司法协作机制营造良好的氛围。

其次，探索香港律师以律师身份在内地出庭。随着内地与香港经济紧密合作，在涉港商事案件中，越来越多港籍商事主体希望聘请香港律师在内地出庭诉讼。对此，建议可先行探索香港律师在广东法院出庭支持涉港民商事案件诉讼，及时回应商事主体的司法需求，待条件成熟后再进一步铺开。

再次，建立粤港澳大湾区司法合作平台。为了更好地推进内地与港澳之间的司法合作，可在粤港澳之间建立区际司法合作平台，统筹协调行政、执法、司法等方面的问题。建立粤港澳三地司法信息共享交流机制，实现司法案例、法律法规等信息的互联互通。建立常态化的合作交流协商机制，更好地研究、协商、解决三地在司法合作中遇到的困难。

最后，强化粤港澳大湾区法律人才培养机制，引入具备国际法学背景的法律专业人才。如果将国际商事争议的解决比作一个庞大的国际竞争市场，而各国的法院以及各专业的国际商事法院是这个市场竞争的参与者，那么法院的法官队伍无疑是决定该法院在市场上的竞争力与影响力的核心因素。[①] 因此，粤港澳需建设面向国际的司法机构，而法庭的法官队伍结构（尤其是国籍分布等）历来很为争议双方所关切。因为"每个人都不可避免地会在行为之前有自己的预先立场，而国籍对一个人立场的选择具有重要影响"。[②] 对跨国商人而言，他们在决定将争议诉诸某一争议解决机构和选择争议解决人员（像法官或仲裁员）时自然也不例外。对此，国际著名仲裁评论员Bishop早就一针见血地指出："争议双方当事人在选定他们的仲裁员或法官时，他们通常会偏爱一名与其国籍相同，或者至少属于相同文化和法学背景的人。[③] 因为当事人可以根据仲裁员或法官的国籍来判断推

---

① 何其生，刘桂强，钱振球，等. 当代国际商事法院的发展——兼与中国国际商事法庭比较 [J]. 经贸法律评论，2019（2）：29.

② 刘岩. "一带一路"倡议下我国设立国际商事法庭的必要性 [N]. 沈阳工业大学学报（社会科学版），2018（6）：501.

③ Bishop & Reed. Practical Guidelines for Interviewing [J]. Selecting and Challenging Party-Appointed Arbitrators in International Commercial Arbitration，1998：401.

测其对案件实体问题的看法，或者据以表明仲裁员或法官理解该方当事人所处的法律制度。当事人也可能偏向于选定一名来自这样一个国家的仲裁员或法官。"① 总体来说，引入国际法官有利于我国司法竞争力的提高及国内外司法文明的交流。同样，在提供代理诉讼等专业法律服务方面，我国对于法律工作者的身份也存在一些限制条件。这在某种程度上构成当前我国试图引入普通法的人力资源建设国际金融中心的障碍。

因此，在不违背现行法律的前提下，首先，金融法院可聘任香港法院中拥有我国国籍的法官。当然，更好的选择是在金融中心建立平行的法官及律师等雇员的任职规定，特聘普通法系下经验丰富的司法工作人员参与金融法院的构建。其次，金融中心可在税收制度、薪酬待遇等方面制定一系列吸引人才的规定，鼓励境外拥有普通法系下法律实践经验的华人律师、留学生等参与到金融中心的法制建设中去。大湾区也可与地方高校、研究院开展联合培养项目，为其可持续发展储备人才。

此外，在法律人才方面，粤港澳可建立区域法律人才协同机制，如建立大湾区律师行业协会，发挥律师行业协会在法律事务合作中的联结作用，定期组织交流论坛讲座，增加粤港澳三地律师交流与学习的机会；制定粤港澳大湾区律师业合作监管制度，明确联营律所双方负有对等的法律责任，完善联营律所的法律责任体系；签订粤港澳大湾区律师业协同发展协议，实现三地法律服务市场的对等开放等。②

---

① Stephen R Bood, The International Arbitrator: From the Perspective of the ICC International Court of Arbitrator. Northwestern Journal of International Law & Business, Vol. 12, Issue 1 (Spring/Summer 1991).

② 深圳蓝海大湾区研究院. 粤港澳大湾区法律服务协同合作发展路径研究 [EB/OB]. [2020-09-29]. http://www.lhisz.cn/h-nd-109.html.

结　语

　　金融中心时起时落，是世界历史上一个不变的现象。正如金融历史学家卡西斯所说，这些中心的发展需要几个条件，这些条件中最重要和最经常辩论的包括：稳定和政治机构；货币的强势；充足的储蓄，可随时投资于国外；强大的金融机构，坚定但侵入性的国家监管；税收负担轻；高技能劳动力；高效的通信手段；以及丰富、可靠和可广泛获取的信息。这可能不是详尽无遗的，但很难反驳。"全球金融中心指数"报告是评价世界金融中心竞争力的主要出版物，它根据对金融专业人员的全球调查，确定了成功成为金融中心城市的六个竞争力领域。第一个因素是商业环境，这是由司法管辖区的法治和反腐败决定的。第二个因素涉及人力资本，即金融部门是否有熟练员工。第三个问题涉及税收，这需要在税收负担和可持续性之间采取平衡的方法。第四个因素是基础设施，包括便利的长途运输路线设施以及可靠和快速的信息通信技术。第五个因素与这个地方的声誉有关，它在各种国际排名中的地位经常证明了这一点。第六个因素是城市的金融部门发展。

基于世界国际金融中心的历史和现状，法律制度对国际金融中心建成的影响值得进一步加以研究和探讨。一方面，金融法制本身的完备性对于国际金融中心的建设具有重要意义，发达国家金融市场的法制实践值得我国加以参考。英美等国在建设发达的金融市场过程中采取的一系列金融法治措施对于我国金融市场的法治改革具有一定的借鉴意义，特别在国际金融中心建设过程中，关注全球发达国家的金融法制实践，建设面向国际统一的法制标准，有利于我国更快地实现金融中心的国际化发展目标。另一方面，在人民币国际化和金融全球化的背景下，我国金融体系复杂庞大，地区性金融试点变革具有一定的可行性。我国基于"混合法"建设国际金融中心，需要充分发掘各大国际金融中心的建设经验，并在此基础上依据我国国情，探索具有中国特色的"混合法"发展模式。

尽管当前受新冠肺炎疫情影响，中西方意识形态对立进一步加深。在我国基于混合法来建设国际金融中心的观点可能会面临颇多质疑。对此，转变意识形态对立下的法治观念尤为重要。诚如美国学者弗朗西斯·福山所言，"'现代政治的奇迹'是国家构建、法治和问责构成平衡。"[1] 国家能力是法治和民主得以发展的前提，而一定程度的法治和问责也是国家能力可持续发展的前提。[2] 我们在推崇创新司法制度时需要清晰的认识到，以混合法的创新模式来建设国际金融中心的方式并非是在否认大陆法系的价值，相反，双重授权下国家能力的相对"弱化"使法治的"发展"得以可能。更有人指出，未来所有的法系都会变成混合法系。这当然取决于如何混合，"大杂烩"对于任何人来

---

① 福山（Francis Fukuyama）对政治发展的认识有三个维度：国家建构、法治和问责。基于对世界各地情势的总体判断使他更强调国家能力。因为没有一定的国家能力去贯彻法律，法治只是一纸空谈，而没有一定国家能力作为基本秩序的维护者，民主很可能成为民粹的狂欢。而其对中国的判断始终是"国家能力过强"，只有发展法治和问责才能使国家能力发展变得更有价值。

② ［美］福山. 政治秩序的起源 从前人类时代到法国革命 [M]. 桂林：广西师范大学出版社，2012.

说都没有用。但是，在邻国有可资借鉴之处的时候，为什么一定要坚守原则呢？在这一点上，一些杰出的比较法学者的论述值得注意。如1924年，法国教授列维，乌尔曼（Levy Ullmann）曾说，"苏格兰法给未来开化民族的法律提供了一个图景，即盎格鲁—撒克逊法系和大陆法系的结合"。① 更为晚近的康拉德·茨威格特（Konrad Zweigart）和海因，克茨（Hein Kitz）教授大力宣扬，作为种英国和大陆法系传统共生的特例，苏格兰法值得比较法学者特别加以注意，因为它可能有助于他们推动未来民法和普通法逐渐融合的伟大进程。② 这一论点适用于一般的混合法系。这些法系可以被看作未来的理想体系——法系融合的试点。③

　　显然，当前上海、北京和深圳在短期内可能无法达到香港的国际金融中心地位，④ 新冠肺炎疫情也在深刻影响着国际局势的变化和国际资本的流动，我国在加快对外开放步伐的同时，需要更多的金融中心为资本流动注入活力。诚如一些学者所言，我们不需要推崇全盘激进的法律移植。毕竟，外来规则和当地习惯与传统的不协调会带来很多问题。⑤ 然而无法否认的事实是：金融市场的"周期性波动"导致具有刚性特征的大陆法系在金融法制中缺乏必要的灵活性和开放性。社会科学的纷繁复杂决定了事物之间往往并不存在单一的因果关系，引入混合性法律制度的创新，也不可能解决我国建设国际金融中心在金融法领域的所有问题。我国探索适应国际金融中心的混合性法律制度，在某种程度上是中华法系的"混合法"样式及其运作机制的复

---

① Henri levy-Ullmann, The Law of Scotland (F. P. Walton trans. 1925) 37 Juridical Review 390.

② Konrad Zweigart and Hein Kotz, An Introduction to Comparative Law [M]. Oxford University Press, 1998: 204.

③ 霍普勋爵，刘晗. 普通法世界中的混合法系 [J]. 清华法学，2012，6（6）：161-173.

④ 夏春. 普通法更有利于金融市场发展吗？[EB/OL]. [2020-06-19]. https://mp.weixin.qq.com/s/miDTIt5mbCTSBEo1cFMlkg.

⑤ 缪因知. 法律如何影响金融：自法系渊源的视角 [J]. 华东政法大学学报，2015，18（1）：102.

兴，也是中国法发展较为合理的选择，与中国法律现代化真正的目标是一致的。① 如果能够认清这一点，我们就可以转变固化的法律执念，抛却大陆法系和普通法系简单对立的想法，在大陆法系的现实基础上吸收普通法系的优势，并尝试将其应用到国际金融中心建设中，探索实现我国"混合法"发展的新模式和新道路。

---

① 黄震. 中华法系与世界主要法律体系——从法系到法律样式的学术史考察 [J]. 法学杂志，2012（9）：43-49.

后 记

很多关心我的朋友都表示好奇，我是何时开始研究国际金融中心的问题。其实，我对于国际金融中心的关注已经有十余年的历史。2013 年我赴美国罗格斯大学做访问学者期间，经常受邀去纽约参加金融界的一些活动，在兴趣驱动下曾对纽约国际金融中心的情况做过初步的了解。访学期间得到北京大学美国校友会吴刚博士、丁大庆博士、程沅博士、周洪博士等在美国金融界从业的资深校友热情接待和大力支持，并与相关专家学者就国际金融中心有关问题展开讨论。在美国期间，北大法学院校友陈晓伟、宿君伉俪组织了多次友好而热烈的交流，彰显纽约国际金融中心更为丰富的内涵。"海内存知己，天涯若比邻"，与吴刚博士、丁大庆博士、程沅博士、周洪博士和陈晓伟、宿君等北大北美校友一起度过的美好时光，让我至今深怀感激和眷念。

2013 年我们曾创意一项研究计划"全球国际金融中心城市指数"，以推动全球国际金融中心城市的评价工作。我们找到时任美国亚洲金融协会董事会主席、现贝克资本董事长兼 CEO 张克先生，建议美国亚洲金融协会立项支持该研究计划。虽然这项计划由于种种原因没有如期启动，但前期的调研激励我对全球各地的国际金融中心城市现状与沿革进行深入持久的调研，特别是我作为金融法专家，将关注点更多放在思考法律制度在国际金融中心形成和发展中的作用。

结束美国的访学归国之后，随着 2014 年北京大学金融校友联合会的成立，我们展开了一系列富有实效的学术交流活动。记得北京大学校友、原摩根大通亚太区总经理龚方雄先生 2016 年在"金融客咖啡"举办年会演讲中指出："英美法更有利于国际金融中心的发展，英美法更能支持金融创新"。他建议我国在粤港澳大湾区加强国际金融中心的建设工作，特别是要发挥香港具有英美法传统的优势。会后我与他进行单独的讨论，给我留下了深刻的印象，也激发我从法治的角度对于国际金融中心建设做出更多的思考。

2018 年 3 月中央全面深化改革委员会第一次会议审议通过了《关于设立上海金融法院的方案》，该年 8 月 28 日上海金融法院正式揭牌成立。上海金融法院的成立，加速了我对国际金融中心建设与法律制度的问题进行专题研究。我多次应邀参加研讨会，探讨上海金融法院对上海国际金融中心的影响。我和我指导的研究生占青女士一起展开了调查研究，特别是得到了阿布扎比国际金融中心中国首席代表傅诚刚先生的大力支持和帮助，亚洲金融合作协会和阿布扎比国际金融中心中国办公室联合为我们的研究报告《国际金融中心建设与混合型法律制度创新》举办了专题的研讨会，感谢亚洲金融合作协会陈克文秘书长、对外经贸大学高西庆教授、中国政法大学李曙光教授、阿布扎比国际金融中心金融监管局首席执行官邓伟政先生等专家的赐教和讨论，也非常感谢《陕西师范大学学报》2020 年第 5 期将我们的阶段性成果及时予以发表。

就在我们进行调研的时候，横琴新区进入一个新的发展阶段，如今横琴粤澳深度合作区已正式挂牌运作了。记得 2020 年元旦过后，时任横琴新区金融和财政局局长池腾辉先生专门到北京拜会我，与我探讨横琴金融创新与发展。谈及我正在关注国际金融中心建设的问题，池腾辉局长很热情地把我推荐给横琴智慧金融研究院，建议将"国际金融中心建设与法律制度研究"课题向横琴智慧金融研究院申请立项进行专题研究。在李晓院长、黄云础副院长的大力支持下，课题很快进行了评审立项，本书就是在这一课题支持下完成的研究成果。在此过程中，横琴粤澳深度合作区金融发展局曹晓东等同志也给予了大力的支持。谨以此对池腾辉局长、李晓院长、黄云础副院长、曹晓东先生和横琴智慧金融研究院致以诚挚的谢意！

本书的出版，并不意味着我们对于国际金融中心研究的结束，国际金融中心的建设与法律制度的关系，还有非常多的问题值得我们进一步研究，希望在本书出版之后能得到更多的专家学者的批评和指正。在之前的课题研究过程中，我们也充分关注和部分吸收了有关学者的研究成果，特别是周仲飞先生《国际金融中心法治环境研究》和吴弘先生《上海国际金融中心建设的法治环境》等著作，给我们启发颇多。本书成稿之后，北京市地方金融监管局局长霍学文先生、中金公司首席经济学家彭文生先生、中国金融出版社赵学锋先生等专家给予了审读、关心和指导。此外，我们还参考了更多相关学术论文，由于人员较多就不一一具名了，学术研究就是在相互借鉴和学习接力中不断前行，谨对周仲飞先生、吴弘先生、霍学文先生、彭文生先生、赵学锋先生等研究者表示由衷的感谢！

本书出版得到了中国金融出版社的热情支持，很早得以立项确定出版。特别是责编肖炜先生、董梦雅女士费心费力，不辞劳苦，让我尤为感动。多年来我主编的《中国金融科技安全发展年度报告》和其他有关金融领域的著作主要在中国金融出版社出版，在此谨向中国金融出版社的领导和编辑致以敬意与感谢！虽然出版过程遇到一些曲折，北京市政协经济委员会副主任、振兴国际智库理事长李志起先生得知此事之后，提议将本书列入"振兴国际智库名家文库"，加速了本书的出版进度，在此特别感谢李志起先生的厚爱。

"众里寻他千百度，蓦然回首，那人却在灯火阑珊处。"回首十年追寻路，我对国际金融中心法律制度创新的研究，落脚处却是我的博士生导师、北京大学武树臣教授提倡的中国古已有之混合法样式！在中国的第三个金融法院即将落地西部成渝地区之际，中国和全球的国际金融中心在百年未有之大变局中将涌现出更多的新事物、新课题，我们希望能有机会进一步在各方支持下，对于国际金融中心建设以及金融法院等课题展开长期的跟踪研究，有关成果能够产生更大的社会价值和学术价值。如果读者朋友对于本书有建设性的建议或者批评意见，请直接给我发送电子邮件，我的邮箱地址为 hzhlaw@126.com。谢谢读者朋友的支持和关爱！

黄震

2022 年 2 月 22 日

于北京金规书院